마음의 시간

여기 그리고 지금과 연결하기

마음의 시간 여기 그리고 지금과 연결하기

발행일 | 2025년 9월 5일 1쇄 발행

지은이 | 어빈 D. 얄롬, 벤저민 얄롬
옮긴이 | 이혜성
발행인 | 강학경
발행처 | (주) 시그마프레스
디자인 | 김은경, 우주연
편 집 | 김은실, 이지선, 윤원진
마케팅 | 문정현, 송치헌, 김성옥, 최성복

등록번호 | 제10-2642호
주소 | 서울특별시 영등포구 양평로 22길 21 선유도코오롱디지털타워 A401~402호
전자우편 | sigma@spress.co.kr
홈페이지 | http://www.sigmapress.co.kr
전화 | (02)323-4845, (02)2062-5184~8
팩스 | (02)323-4197
ISBN | 979-11-6226-512-3

HOUR OF THE HEART

* 책값은 책 뒤표지에 있습니다.

역자 서문

이 책, *Hour of the Heart: Connecting in the Here and Now*(마음의 시간: 여기 그리고 지금과 연결하기)는 스탠퍼드대학교 정신의학과 명예교수이자 세계적인 독자를 가지고 있는 심리치료 소설가인 어빈 얄롬 박사가 93세의 고령에 이르러, 자신의 60여 년 동안의 심리치료사로서의 경험을 22개의 사례를 통해 정리한 심리치료 사례집이다.

얄롬 박사는 후학들에게 심리치료의 과정과 내용을 가르치기 위해 300여 개의 심리치료 이야기 중에서 22개의 이야기를 골라, '여기 그리고 지금'의 상황에서 개별 환자와 일대일로 마음속 이야기를 나누며 서로 변화하고 성장하는 과정을 보여주고 있다.

이 책은 얄롬 박사 부자의 공동작품이다. 아버지의 심리치료 경험이 아들의 관찰력과 통찰력, 협업을 통해 쓰인 책이다. 얄롬 박사는 자신과 같은 길을 걷게 된 막내아들과 함께한 작업이 즐거웠고, 자신의 아들이 자신의 마지막 제자가 되었음을 기뻐한다고 했다.

이 책에서 얄롬 박사가 강조하는 것은 심리치료의 두 가지 원리이다.

첫째는, 심리치료의 결과는 치료사와 환자가 맺는 치료적 동맹의 내용에 의해 결정된다는 것이다. 얄롬 박사는 '치유하는 것은 관계이다'라는 만트라(신조)를 자주 언급하면서, 치료적 동맹은 치료사와 환자가 맺는 친밀하고 신뢰 깊은 관계임을 강조한다.

이 책에서 얄롬 박사는 특히 치료 동맹 안에서 치료사의 자기 개방 문제에 집중한다. 치료사와 환자의 치료 과정에서 치료사가 자기 개방을 하는 것이 치료 동맹을 더욱 촉진시킬 수 있다고 확신하면서, 이 책에 나오는 모든 사례에서 그는 아내 매릴린과의 관계를 솔직하게 이야기한다. 그러면서도 얄롬 박사는 여전히 논란의 여지가 있는 이 주제(치료사의 자기 공개)에 대해 조심스럽게 조언한다. 전통적인 심리치료에서는 치료사의 권위를 유지하거나, 환자의 역전이 가능성에 대한 우려로 인해 치료사의 자기 공개는 신중하라고 권고해왔다.

둘째는, 심리치료에서 단기 치료의 효과에 대한 강조이다. 얄롬 박사는 60여 년 동안 장기 치료적 접근을 실시해왔다. 그는 심리적 문제가 단기간에 해결되는 것이 아니라고 믿었기 때문에 장기 치료에 집중해 왔지만, 90세에 접어들며 자신의 기억력 저하를 염려하여, 단기 치료적 접근 방식을 시도하기로 한다.

그는 자신의 SNS에 장기 치료 대신 단기 치료를 실시한다는 광고를 올렸고, 의외로 많은 환자들이 치료 예약을 신청했다. 영어권 나라는 물론, 비영어권 나라에서도 다양한 계층의 환자들이 인터넷과 줌을 통해 시공을 초월해 연락을 해왔다. 얄롬 박사는 실제로 단기 상담을 해본 결과, 장점도 많기 때문에 단기 치료에 대한 연구가 필요하다고 말한다.

인간은 본질적으로 서로 연결되기를 갈망하는 존재이며, 코로나 팬데믹을 겪으며 이러한 욕구는 더욱 강렬해졌고, 더 가깝고 깊이 있는 관계를 열망하는 사람들이 전 세계 곳곳에서 시차 관계 없이 심리치료를 원하고 있다는 것을 인식하게 되었다. 이러한 변화된 상황에서 환자는 시간적 제약으로 인해 자신의 문제를 더 빨리 정리하고 표현하게 되고,

치료사는 그 과정을 촉진하기 위해 자연스럽게 자기 공개를 하게 되는데, 이는 치료 관계를 더 따뜻하고 가까운 관계로 만들 수 있다는 점을 강조하고 있다. 그러나 마음속 깊은 문제를 해결하고 변화하며 성장하는 데에는 더 많은 치료 기간이 필요하기 때문에, 적절한 치료사를 후속으로 소개하는 조치도 필요하다고 얄롬 박사는 말한다.

결론적으로, 얄롬 박사는 이 책을 통해 심리치료의 중심이 치료사와 환자 사이의 관계에 있다는 점이 얼마나 강력한지, 그리고 치료사의 개방성이 치료에 어떻게 변화를 불러일으킬 수 있는지를 보여준다. 한마디로, 이 책은 심리치료에서 치료사의 역할, 상담에서 상담자의 역할이 얼마나 중요한지를 다시금 일깨워주는 책이다.

******

이 책은 어빈 얄롬 박사가 93세의 고령에 이르러 자신의 60여 년 동안의 심리치료사로서의 경험을 22개의 사례를 통해 정리한 심리치료 사례집을 번역한 것이다. 또한 내가 번역한 열 번째 어빈 얄롬 박사의 책이기도 하다.

2025년 4월, (주)시그마프레스에서 보내온 검토용 가제본의 제목은 *The Hour of the Heart*였는데, 5월에 출판된 책의 최종 제목은 *Hour of the Heart*로 되어 있었다. 나는 책의 최종 제목에서 정관사 'The'를 'Heart'에만 붙인 편집 의도에 주목했다. 심리치료란 결국 인간의 마음(Heart)을 읽고 이해하고 배려하며 위로하는 작업이며, 인간의 삶은 시간(Hour) 속에서 이어진다. 얄롬 박사는 그 많은 시간 중에서도 진정으로 인간의 마음을 깊이 생각하고 치료사와 환자의 참된 마음이 만나는 시간, 곧 심리치료의 시간을 강조하고자 했던 것은 아닐까. 즉 우리에게 주어진 시간(Hour) 중에서 오직 그 마음(the Heart)에 집중하는 시간이 심리치료의 본질임을 말하고 싶었던 것 같다.

궁극적으로 그의 치료법은 인간의 마음과 마음을 '여기 그리고 지금(here and now)'에 연결하는 데 목표를 두고 끊임없이 노력하는 것이라 할 수 있다. 이 생각은 상담에 대한 나의 핵심적인 철학과도 일치한다.

지난 2005년, 우연히 읽게 된 얄롬의 심리소설 *The Schopenhauer Cure*(**쇼펜하우어, 집단심리치료**)의 번역을 시작으로 나는 ㈜시그마프레스와 인연을 맺게 되었고, 그 이후 20년 동안 얄롬의 책 10권을 줄줄이 번역·출판하게 되었다. 2017년에는 샌프란시스코에 있는 그의 사무실을 찾아가 직접 얄롬 박사를 만나, 그때까지 내가 번역·출판한 그의 책 7권을 전달하고 약 한 시간가량 대화를 나누었다. 세계적인 명성을 지닌 스탠퍼드대학교 명예교수이자 심리치료 소설가이며 심리치료사인 어빈 얄롬 박사는 그 명성에 걸맞은 카리스마와 포스를 지니고 있었다. 그와 나눈 짧은 대화의 주제는 인간의 마음과 정신 건강을 돕는 심리치료사와 상담자의 역할, 그리고 인터넷과 온라인을 통한 심리치료의 효과에 관한 것이었다. 내용적으로는 깊이 있게 다루지 못하고 겉만 스친 정도였기에 아쉬움이 남았다. 내가 그때 건네준 책들을 그가 얼마나 소중히 간직하고 있을지는 알 수 없다.

******

나는 근본적으로 상담심리학자라기보다 상담자 교육자이다. 1968년 미국에서 상담을 공부하기 시작한 시간과 1974년 한국에 돌아와 상담을 가르쳐온 시간을 합하면 어느덧 57년이 되었다.

한국에서 사범대학을 졸업하고 중학교에서 5년간 국어교사로 재직한 후, 미국 매사추세츠의 Fitchburg State College에서 Guidance and Counseling 전공으로 교육학 석사학위를, University of Virginia에서 Counselor Education 전공으로 교육학 박사학위를 받았다. 귀국 후에는 서울여자대학교와 이화여자대학교에서 상담 교수로 26년간 상담을 가르쳤다. 또한 한국청소년상담원 원장을 7년간 역임했고, 2010년 한국상담대학원대학교를 설립하여 지금까지 총장으로 재직 중이다.

나는 상담 현장에서 직접 상담을 하기보다는 강의실에서 상담의 원리와 실제를 강의하고, 유능한 상담사를 양성하며 상담 실행을 위한 프로그램과 정책을 세우는 일에 집중하며 살아왔다. 따라서 나에게 있어 상담은 심리학의 한 영역으로서 심리적 부적응을 돕는 분야이면서, 동시에 학생의 전인적 성장을 지원하고 그들의 삶을 설계하도록 돕는 교육적 활동이라는 개념이 강하게 자리 잡았다.

나는 사범대학에서 교사로서의 훈련을 받았고, 미국 대학에서 인본주의 상담이 주류를 이루던 시절에 상담자 교육을 받은 경험이 있다. 그렇기에 나에게 상담이란 인간의 자아 확립과 타인과의 관계 회복, 잠재능력 개발과 자기다운 삶의 의미를 찾아 행복하게 살아가도록 돕는 과정으로 각인되어 있다. 즉 상담이란 삶을 사랑하는 학문, 삶의 의미를 찾아가는 여정, 삶의 방식을 다듬는 훈련이라는 나름의 정의를 가지고 있다. 상담은 이러한 과정을 통해 건강한 인간으로 성장하고 자기를 실현하며 살아갈 수 있도록 돕는 것을 목표로 한다. 이러한 이유로 나는 상담이 인문학과 융합하여, 인간의 본질을 탐구하는 인문학에 기반한

'인문상담학'의 구축을 통해 더욱 풍부해질 수 있다고 믿게 되었다. 특히 어려서부터 문학에 대한 꿈을 간직했던 나는 문학적 요소를 활용한 상담, 즉 상담의 내용과 과정에 문학적 활동을 적극적이고 창의적으로 접목하는 상담을 오랫동안 꿈꾸어왔다.

이러한 나의 상담에 대한 꿈은 2010년 한국상담대학원대학교를 설립하면서 현실화되기 시작했다. 나는 이 학교를 세우며 '인간의 전인적 성장, 소통, 실현을 돕는 창의적 · 전문적 · 유능한 상담사 양성'을 교육목표로, '인문학에 기반한 인문상담의 구축'을 특수교육 목표로 설정했다. 그리고 인문상담을 상담의 한 분야로, 철학상담과 문학상담을 상담의 한 방법으로 개설하여 석사 및 박사 학위를 수여하고 있다. 개교 당시부터 인문상담 관련 교과목을 개발 · 운영하고, 철학상담 및 문학상담 프로그램을 만들어 널리 보급해왔다. 이러한 나의 생각에 큰 영향을 준 것은 바로 어빈 얄롬의 심리치료 사례들이다. 얄롬은 정신과 의사이면서도 심리치료사로서의 정체성을 확고히 하며, 환자와 나눈 이야기를 통해 복잡한 마음을 치유하고, 그 사례를 소설 형식으로 정리해 발표했다. 나는 그의 탁월한 인문학적 소양과 문학적 재능에 감탄하며, 그의 심리치료 세계를 '이야기치료를 통한 인간적 성장'이라고 명명한다.

******

이제 나는 56년에 걸친 나의 상담 인생을 정리하면서, 나의 상담 세계를 관통하는 주제를 '인문학에 기반한 인문상담'이라고 명명하고, 이를 다음 다섯 개의 소주제로 정리해본다.

1. 인문상담은 삶을 사랑하는 학문
   인문상담은 삶의 의미를 찾아가는 여정
   인문상담은 삶의 방식을 가다듬는 훈련
2. 인문상담은 철학상담(상담의 과정과 내용에 철학적 사유와 질문을 활용)과 문학상담(상담의 과정에서 문학적 통찰력과 표현력을 활용)을 아우르는 개념
3. 인문상담의 과정은 romantic(힘과 용기를 주는)하고 인문상담에서 추구하는 인간은 authentic(진솔하게, 마음을 읽는)하고 인문상담은 개인의 나다운 happy life(행복한 삶)을 목표로 한다.
4. 상담이 문학을 만나고 문학이 상담을 만나서 마침내 문학상담이 된다.
5. 인문상담은 삶 속의 상담, 상담 안의 삶을 추구한다.

56년 동안의 상담 인생을 통해 나는 다음의 사실들을 다시금 확인하고 있다.

"상담은 심리치료를 지향하고, 심리치료는 상담으로 진행된다."

"상담은 단순한 기술적 개입이나 문제 해결의 도구가 아니라, '삶', '사람', 그리고 '나'에 대한 사랑을 바탕으로 상담자와 내담자(치료사와 환자) 사이의 진정성 있는 인간적 참만남을 통해 삶의 의미를 함께 찾아가는 여정이다."

"상담과 인문상담의 최고(最高) 최종(最終) 목표는 '나다운 나', '인간다운 나'로 성장하여 '내가 바라는 삶', '보람을 느끼며 살아가는 삶'을 살 수 있도록 돕는 것"이다.

******

유난히도 더웠던 5월과 6월의 매일을 나는 이 책을 읽고 번역하며 보냈다. 얄롬의 책을 10권이나 번역하면서, 나는 그의 심리치료와 인간에 대한 끝없는 열정과 사랑에 깊이 공감했다. 특히 그가 아내에게 보여준 지고지순한 사랑에 감탄하며, 그의 노익장이 오래 이어지기를 진심으로 기원한다.

이 책의 번역을 세심하게 도와준 사랑하는 후배이자 동료인 김성희 선생님에게 깊은 감사의 뜻을 전한다. 또한 이 책의 출판을 맡아준 (주) 시그마프레스 강학경 대표님과 편집부 김은실 차장님에게도 진심으로 감사의 뜻을 전한다.

2025년 7월

이혜성

차례

서론

한 때 나는 대담한 생각을 했다. 심리치료를 어떻게 해야 하는가에 대한 나의 가장 중요한 통찰들을 모아 유용한 책으로 만들자는 생각이었다. 그 결과물이 *The Gift of Therapy*(치료의 선물)라는 책이었다. 책의 서문에서 나는 일흔이라는 늙은 나이에 나에게 두 가지 일이 일어나고 있다고 썼다. 첫째, 내 환자들이 내가 얼마나 더 그들을 도울 수 있을지 걱정하기 시작했다. 내가 휴가를 떠났다가 다시는 돌아오지 않는 것은 아닐까? 곧 내 무덤을 찾게 되는 것은 아닐까? 둘째, 내 죽음이 임박했다고 느끼면서 나는 내가 심리치료사로서 40년 동안 배운 것들을 가능한 한 빠르게 전하고 싶다는 강한 욕구를 느꼈다.

지금 생각하면 나의 이러한 두려움은 조금 성급한 것이었음이 드러났다. 20년이 훨씬 지난 지금도 나는 여전히 환자와 치료사 모두를 어떻게 돕는 것이 최선일지를 고민하고 있다. 이제 아흔 세 살에 가까워진 지금 죽음에 대한 걱정이나 내가 어렵게 얻은 교훈을 전하고자 하는 욕구는 정말로 시급한 것이 되었을지도 모르겠다. 확실하진 않지만 20년

쯤 지난 후에 다시 확인해 보아야겠다!

한 가지 분명한 것은, 심리치료사로서 60년 가까이 일해오면서 변하지 않은 점이 있는데, 그것은 바로 인간이 서로 연결되기를 갈망한다는 것이다. 이것은 도움을 구하는 사람들을 이끄는 중심적인 힘이다. 사람들은 더 가깝고 더 깊이 있는 관계를 갈망한다. 이러한 풍부한 관계를 발전시키는 핵심은 다른 사람과 친밀한 관계를 공유하려는 열망과 마음을 열려고 노력하는 능력이다. 이것은 충분히 쉬운 것처럼 들릴 수 있지만, 내가 만난 대부분의 환자들에게는 이를 실천하는 것이 어렵다. 친밀감에는 취약성(정서적인 상처)이 뒤따른다. 친구나 친척 또는 파트너에게 기꺼이 나의 마음을 열지 않는 한 친구, 친척 또는 파트너가 나에게 마음을 열도록 기대할 수 없다. 이런 정서적인 상처는 모두 안전하지 않다고 느껴지는 것이 정설이다. 우리 중 대부분의 사람들은 정서적 상처로 엉망이 되는 경험을 해 보았을 것이다. 그것은 끔찍한 느낌이기 때문에, 재빨리 방어 태세를 갖추게 되는데 그중에서도 가장 중요한 것은 다시는 마음을 열지 않겠다고 결심하는 것이다. 그러나 안타깝게도 마음을 열지 않는다면, 우리가 갈망하는 인간관계를 결코 얻을 수 없다.

실존 심리치료에 대한 나의 작업에 익숙한 사람들에게는 이처럼 대인 관계를 강조하는 것이 다소 부사언스럽게 느껴질 수 있을 것이다. 사실 **치료의 선물** 서문을 다시 읽으면서 나는 이 두 가지를 '병행하지만 별개의 관심사'라고 언급했다는 것을 알았다. 실존 심리치료는 인간존재의 본질 — 죽음, 고립, 삶의 의미, 자유 — 을 직면함으로써 발생하는 내적 갈등에 초점을 둔다. 나는 이 실존적 렌즈(이것은 구체적이고 완전한 치료 접근법은 아니지만)가 개인과의 작업에 많은 영향을 주었음을 언급했다. 반면 대인관계 치료에서는 환자들이 타인과의 가까운 관계를 형성하고 유지하는 데 어려움을 겪기 때문에 고통을 받는다고 본다. 나는 이러한 관점을 주로 집단치료 작업에서 적용했으며, 집단 내 구성원들 간의 반응에서 나타나는 교류, 충동, 감정에 주목했다.

그러나 나는 이제 이 두 가지 관심사가 그렇게까지 다른 것이 아닐 수 있다고 생각한다. 실존적 불안을 유발하는 가장 큰 원인 중 하나는 우리가 이 우주에서 혼자라는 조건이다. 우리는 완전히 다른 사람과 우리의 경험을 결코 완전히 공유할 수 없다는 궁극적인 절대적 고립이 두렵다. 이 두려움은 고립된 우리가 더 큰 전체의 일부임을 확신시켜 주는 것으로 위안을 받게 하는 대부분의 종교에서 중요한 신학적인 역할을 한다. 종교를 믿든 믿지 않든, 다른 사람들과 깊은 유대감을 갖는 것은 많은 사람들에게 고립감과 그에 따르는 불안감을 해소할 수 있는 최고의 방법이다. 이런 의미에서, 사람들이 대인관계 문제 해결을 위해 상담받을 때, 그것은 실존적 고민과 상당히 관련이 있음을 말해 준다.

그래서 이 책에 들어있는 이야기들은 모두 각각의 개별 환자와 일대일로 작업하는 것에 관한 것이지만, 나의 접근 방식은 명백히 대인 관계에 중점을 둔다. 두 사람 사이의 감정적 공간을 '여기 그리고 지금(here and now)'으로 하고 더 깊이 파고들어 거기서 배운 것을 사용하여 환자가 다른 사람들과 더 잘 어울릴 수 있도록 돕는다. 다시 말하지만, 실존과 대인 관계는 그렇게 분리되어 있지 않다.

존재에 대한 고민을 덜기 위해서는 인간과의 연결관계에 대한 욕구가 필요하다는 것은 확실히 나에게도 해당되는 말이다. 2019년에 65년 동안 함께 살아온 내 아내 매릴린이 세상을 떠난 후, 인간과의 연결욕구가 더욱 뚜렷해졌다. 매릴린이 떠나고 난 몇 달 후에 코로나바이러스가 나타났고, 이 책 내용의 틀을 잡은 시기였던 그 후 3년 동안 나는 철저히 격리된 생활 속에서 힘겹게 보냈다. 거기에 내가 노년기에 접어들었다는 사실까지 더해졌다. 거의 모든 나의 친구와 동료들이 세상을 떠났거나, 최대 빨리 떠나게 될 것 같았다. 노년기에 사는 것이 다른 선택지보다 나을 수도 있기는 하겠지만 단점도 있다.

나이가 들면서 실존적 문제에 대해 많이 생각하게 되었다. 노화의 주요 특징 중 하나는 기억력 저하이다. 이 책의 주요 특징이 기억력 저하를 관찰하는 것이기 때문에, 나는 이 서론에서 다음 두 가지 중요한 측면을 언급하는 것 외에는 많은 것을 밝히지 않을 것이다. 첫째로, 6년 전에 나는 더 이상 내가 치료한 환자들의 치료 내용의 중요한 세부 사항들을 모두 기억할 수 없다는 결론을 내렸다. 대신에 나의 사소한 기억들을 즉각 즉각 기록해서 도움이 필요한 환자들에게 단일 세션 상담을 하는 것이 좋겠다고 생각했다. 이런 단일 세션 상담에서 얻을 수 있는 가장 설득력 있는 교훈들이 이 책의 핵심이다.

둘째, 여기에서 이야기하는 내용은 나, 어빈 얄롬의 목소리로 전달되지만, 글은 나와 막내 아들 벤저민이 함께 쓴 것이다. 여기에 묘사된 많은 환자들과의 만남과 거기에 관련된 많은 치료적 실마리를 내가 동시에 머릿속에 담을 수 없다는 것을 깨달았기 때문에, 필요에 의해 흥미로운 합의에 도달했다. 다행히 벤은 수년 동안 나의 글을 편집해 온 훌륭한 작가이다. 이보다 더 좋을 수 없게 타이밍이 잘 맞았다. 벤은 25년 동안 연극계에서 일하고 나서 아버지의 직업적 그림자에 가려지지 않으려 노력한 탕자인 자기가 가족 사업에 합류하기로 결정했다고 말했다.

이 책에 대한 열망이 현실적으로 무너져가는 나의 마음 때문에 뒤엎어지려고 하는 때 벤은 결혼과 가족 치료에 관한 박사 학위 과정을 밟고 있었다. 벤과 함께 글을 쓴 결과로 나의 경험과 그의 관찰과 통찰력 있는 질문이 풍성한 조화를 이루게 되었다. 정말 운이 좋았다! 그와 협업해서 하는 일은 즐거웠다. 그와 나는 나의 가설을 명확하게 하기 위해 도전하고 다시 생각했다. 그러면서 내가 이 책을 쓰는 동안 내 막내 아들을 나의 마지막 학생 중 하나로 생각하는 것이 기뻤다.

용어와 중요한 주의사항

마지막으로 몇 가지 지침 사항이 있다. 책 전체에서 자주 등장하는 두 가지 용어를 명확히 할 필요가 있다. 첫째, 나는 **친밀감**(intimacy)에 대해 자주 이야기한다. 나는 이 용어를 오늘날 우리 문화에서 흔히 사용되는 것처럼 성적인 또는 육체적인 친밀함을 묘사하는 데 사용하지 않았다. 오히려 나는 가까움, 애정, 친숙함, 즉 사람들이 서로에게 따뜻하고 부드럽게 마음을 여는 것을 나타낼 수 있는 수많은 단어들에 대해 이야기하고 있다. 이 책에 나오는 이야기에 묘사된 것처럼, 치료는 이러한 친밀함을 경험하고 실천할 수 있는 안전한 공간이어야 한다.

둘째, 상담을 위해 나를 찾아오는 사람들을 **환자**(patient)라고 부른다. 이 용어는 다소 문제가 있다. 심리치료 분야는 의학 교육을 받은 정신과 의사들에 의해 시작되었기 때문에, 그들은 자연스럽게 **환자**라고 불렀다. 그러나 최근 수십 년 동안 심리치료는 심리학자, 결혼 및 가족 치료사, 사회복지사, 다양한 종류의 상담사들이 주도하는 영역이 되었으며, 이들 대부분은 **내담자**(clients)라는 용어를 사용한다. 나는 이 두 용어 모두 별로 마음에 들지 않는다. 하나(paitients)는 질병을 암시하고, 다른 하나(clients)는 상업적 관계를 떠올리게 한다. 상담(consultation)과 관계되는 **상담자?**(consultor?)라는 단어가 있는데, 이 단어는 귀를 거스르지 않고 입에서 쉽게 맴돌기는 하지만 그래도 이것도 아니다. 나는 나 자신을 **동료 여행자**(fellow travelor)라고 생각하고 싶다. 동료 여행자는 우리가 여행하는 길을 조금 더 잘 바라볼 수 있는 사람이라고 생각하기 때문이다. 그럼에도 불구하고 나는 이 이야기들에서 **환자**라는 말을 사용했다. 이는 내가 이들에게 지속적인 치료를 제공하거나, 의학적 책임을 지겠다는 뜻이 아님을 분명히 하고 싶다.

마지막으로, 이 책은 상담을 원하는 사람들과의 단일 세션의 만남에 대한 이야기 모음집이다. 치료사나 치료에 관심이 있는 사람들에게 도움이 되도록, 특정한 교훈을 전하거나 특별한 딜레마를 드러내기 위해 300개가 넘는 이야기 중에서 22개의 이야기를 선택했다. 단 한 번의 만남이 효과적인 상담 치료의 모델로 간주되어야 한다고 주장하는 것이 아니라는 점을 분명히 밝히고 싶다! 이 경고를 여기에 넣는 것은 불필요하겠지만 보험회사와 제약회사들이 치료기간을 점점 더 짧고 효과가 떨어지게 만들도록 우리 분야를 몰아붙이고 있다는 점을 고려할 때, 나는 이 점을 분명히 할 필요가 있다고 생각한다. 내가 실험하는 단일 세션 상담이 반복되기를 바라는 것이 아니라, 독자 여러분들이 단일 세션 상담에서 전달되는 교훈을 받아들이고, 가장 도움이 되는 방식으로 그것을 여러분 자신의 상담 실천에 포함할 수 있기를 바란다.

CHAPTER 1

늙은 치료사의 하루

그 날은 순조롭게 시작되지 않았다. 나는 새벽 3시에 다리에 경련이 일어나 잠에서 깼다. 통증이 쉽게 가라앉질 않았다. 내 옆에서 깊이 잠들어 있는 아내 매릴린을 방해하지 않으려고 조심스럽게 침대에서 빠져나왔다. 고통을 누그러뜨리려고 뜨거운 물이 미지근해질 때까지 샤워를 하고 몸을 말린 후 다시 침대로 돌아갔다. 뜨거운 물이 근육을 부드럽게 해주자 경련이 좀 나아졌고, 다시 잠들기 위해 애를 썼다. 그러나 잠이 들려고 '열심히 노력하는' 것은 항상 실패하기 마련이다. 불면증은 몇십 년 동안 이어져온 나의 고질병이다.

수면제가 내 기억력을 감퇴시키는 데 일조하고 있는 것 같다는 담당 의사의 말에 따라 나는 억지로 수면제의 양을 줄여가고 있다. 나는 호흡 연습을 해본다. 반복해서 숨을 들이마시면서 '차분하게', 숨을 내쉬면서는 '편안하게'라고 속삭이면서 몇 년 전에 배운 명상법을 따라해 본다. 그러나 아무 소용 없었다—'편안하게'를 속삭이면서 느낀 약간의 진정이 곧 또 다른 나의 오래된 고질인 불안으로 바뀐다. 이제는 주의를 돌려서 숨을 세는 데에 집중하기로 한다. 몇 분 후에 나는 숨을 세는 것을 잊어버리고 휴식을 모르는 나의 마음은 어디론가 방황하고 있음을 발견한다.

일 년 전에 매릴린은 서서히 퍼지는 혈장암(血漿癌)인 다발성골수종 진단을 받았다. 그녀는 지금 일련의 화학요법 치료를 받는 중이나 아직 특별한 진전은 없는 상태이다. 수십 년 동안 나의 사랑하는 반려자인 그녀의 따뜻함과 숨소리는 상당히 익숙하다. 그러나 지금은 뭔가 새로운 것, 그녀의 내부에서 전쟁을 일으키고 있는 이 고약한 병이 우리 사이에 끼어들었다.

그날 밤 나는 그녀가 평화롭게 쉬고 있는 모습을 보고 기뻤고 희미한 불빛 아래에서 그녀 얼굴의 주름을 가만히 바라보았다. 우리는 중학생일 때부터 서로 떨어질 수 없는 관계로 함께 해왔다. 지금 나는 대부분의 나의 시간을 그녀의 건강을 염려하면서 보내고 우리가 아직 함께 할 수 있는 시간을 즐기기 위해 노력하고 있다. 밤마다 나는 그녀 없는 나의 삶을 염려하면서 지낸다. 어떻게 그녀가 없는 시간을 보낼 것인가? 누구와 함께 나의 생각들을 나눌 것인가? 어떤 외로움이 나를 기다리고 있을까?

정신이 완전히 흐트러진 것을 알아차리고 나는 다시 잠들기를 포기했다. 시계를 보니 어느덧 오전 6시가 되었다. 어쨌든 내가 모르는 사이에 나는 한두 시간 깜빡 졸았던 것 같다.

아침 식사 후에 나의 스케줄을 보았다. 그날은 두 개의 약속만이 있었다. 하나는 종결 면담으로 제리와의 마지막 세션. 제리는 내가 일 년 동안 보아온 환자로 40대의 성공한 변호사이다. 최근에 2년간 사귄 여자친구가 떠났고 이것은 그가 세 번째로 연속해서 실패한 인간관계였다. 그는 그 대답을 찾기 위해 나에게 왔다.

"나는 그 이유를 모르겠어요." 그는 첫 번째 세션에서 말했다. "나는 멋진 집을 가졌고 좋은 직업을 가졌고 많은 돈을 가졌어요. 도대체 이유가 무얼까요? 나를 좀 보세요." 그는 자신이 입고 있는 잘 재단된, 값비싸 보이는 양복을 가리키며 손짓했다.

제리는 우리가 보통 말하는 따뜻하고 편안한 남자는 아니었다. 그는 까다로웠고 종종 비판적이었다. 그는 나의 치료비에 대해서 투덜거렸고 내 사무실로 가는 통로를 따라 심어진 꽃들을 더 잘 가꾸는 정원사를 두라고 제안했다. 그리고 사무실에 들어와서는 벽에 걸린 예술품을 폄하하는 말을 하기도 했다.

우리의 처음 두 세션에서 그는 내가 최고 치료사라는 말을 들었고 그는 최고에게서 최고로 대접받아야 하기 때문에 나에게 왔다고 계속해서 말했다. 그의 이 말은 내가 그를 신속하게 고쳐주지 못해서 실망스러운 표현으로 곧 변했다. 분명히 그의 표정은 결국 내가 최고가 아니라는 것을 말하고 있었다.

그러나 시간이 지나면서 우리는 성공했다. 무엇이 효과가 있었을까? 우리에게는 두 가지 중요한 요소가 있었다. 첫째로 제리는 그의 삶에 변화를 주고자 하는 동기가 매우 강했다. 겉으로는 몹시 까다로워보였지만 그는 어떤 식으로든지 자기가 자기 자신의 인간관계 문제에 기여하고 있다는 사실을 깨달았고 이를 해결하기 위해 필요한 모든 노력을 기울이고 싶어했다. 나는 그의 진행속도를 늦추고 숨을 돌리게 한 다음 그의 문제의 일부는 그가 자신에게 엄청난 요구를 하고 있다는 것과 내가 그를 마술사처럼 고쳐주기를 기대한다는 데 있다는 것을 알게 했다.

"잠시 동안 당신의 여자친구 입장에서 생각해 보세요." 내가 제안했다. "만약 당신이 '최고'가 아니라면, 만약 당신의 정원이 전문적으로 잘 가꾸어지지 않았다면, 만약 당신이 제리의 품 안에 완벽하게 어울리지 않았다면 어떨까요? 그럼에도 불구하고 제리가 당신을 사랑하고 지지해 줄까요?"

"잘 모르겠네요." 그가 말했다.

"대신에 그는 당신을 계속해서 비판할 것이고, 결국 당신은 자신과 당신의 관계를 쓰레기같이 생각할 거예요. 그리고…?" 나는 그 질문들을 그냥 내버려두었다.

제리는 잠시 생각했다.

"그러면 아마도 당신은 제 곁에 있지 않겠지요." 마침내 그가 말했다.

까다롭고 때로는 불친절한 그의 태도가 자신의 인간관계에 큰 영향을 준다는 인식이 그를 일깨웠다. 그는 자신이 어떤 역할을 하고 있는지 깨닫고 변화하기 시작했다. 그 후 몇 주 동안 그는 본격적으로 자신을 개선해 나갔다. 그가 나에 대해 지나치게 비판적이거나 그가 마땅치 않아하는 사람들에게 불평을 할 때마다 그는 조심했다. 그는 사람들, 특별히 잠재적으로 로맨틱한 관계를 맺게 될지도 모르는 사람들과의 관계에 대해서는 더욱 책임 있게 말했다. 그리고 가시돋친 말을 하는 그의 날카로운 혀를 부드럽게 하려고 노력하기 시작했다. 자신을 변화시키려는 제리의 맹렬한 노력이 그의 치료의 진전에 필수적인 요인이었다. 이런 요소들은 내가 통제할 수 있는 것이 아니었으나 그의 치료를 진전시킨 또 다른 요인이 있었다. 그것은 제리와 내가 만들어가고 있는 강력한 관계였다. 처음부터 제리는 나를 시험하고 있었다. 왜 나의 예술적 취향이 그 모양인가? 나의 멋진 차는 어디에 있는가? 왜 나는 아직도 그를 완전히 고쳐주지 못하고 있는가? 그가 내뱉는 모든 가시돋친 말들을 나는 참고 있었다. 나는 공감적이었고 따뜻했고 그를 조금이라도 낫게 하려는 도전이라고 생각되면 기꺼이 그를 밀어붙였다. 점차 그는 부드러워졌고 나와 경쟁하는 것을 그만두었다. 우리들의 관계가 성숙되면서 그의 까칠한 공격은 줄어들었고 오히려 재치 있고 장난스러운 잽으로 느껴져서 나는 그것을 슬쩍 받아치거나 때로는 짚고 넘어가기도 했다. 조금씩 우리는 우리 분야에서 말하는 '차료적 동맹'이라고 부르는 강력한 연대감을 가지게 되었다.

이 동맹을 구축하고 활용하는 것은 나의 치료 접근에서 가장 중요한 요소이다. 지금 생각하면 수없이 많았다고 느껴지는 나의 강의와 저술을 통해 나는 "치유하는 것은 치료사와 환자가 맺는 관계에 있다."고 역설했다. 변화를 이끄는 것은 환자가 써내는 워크시트나 치료사가 내놓는 빛나는 질문이나 환자가 매일 차트에 기록해야 하는 행동 변화에 있지 않다. 나의 치료 방식에서는 치료사와 환자 사이의 솔직한 관계가 서로를 발견하고 배우고 변화하고 치유하는 매개체이다.

제리와 나는 일 년 동안 이런 관계를 유지하면서 아주 훌륭하게 발전했다. 그는 더 다정해졌고 가끔씩 나에게 불쾌한 말을 내뱉을 때면 나는 그것을 짚고 넘어갔다. 그는 사과하는 법을 배웠고 비꼬는 말을 내뱉기 전에 조금씩 조심하기 시작했다. 때때로 그런 말을 칭찬하는 말로 대체하는 것을 아주 자랑스럽게 생각하기도 했다. "길가에 있는 레몬 나무는 이번 주에 훨씬 보기 좋아졌네요." 라거나 또는 "책장에 있는 부처님 상은 생각했던 것보다 훨씬 흥미롭네요." 라고 말했다.

나는 제리와 매주 만나는 세션을 기다리게 되었고 오늘 11시 50분에 모든 세션이 끝나서 작별할 때가 된 것이 슬펐다. 그러나 제리와 나는 치료를 시작할 때 분명히 일 년 단위로 하자고 동의했다. 확실히 그는 일 년간의 치료에서 많은 효과를 보았고 우리는 둘 다 그의 앞으로의 인간관계가 로맨틱할 것이고 그렇지 않다 하더라도 풍요롭고 만족스러울 것이라고 소망했다.

그날 내 스케줄에 잡혀 있던 두 번째 세션은 사뭇 달랐다. 수잔이라는 여인과의 상담인데 나는 그녀와 단 한 번의 세션만을 하기로 했다. 단 한 번의 세션? 단 한 번의 세션으로 효과적인 치료를 할 수 있단 말인가? 왜 나는 이런 방법을 시도하려고 하는가? 이를 설명하기 위해서 나의 치료 연대표(年代標)를 잠깐 설명하려고 한다.

이 일이 있기 약 5년 전쯤, 내가 80대 초반이었을 때 나는 기억력이 약해지는 것을 느꼈다. 평소에도 약간의 건망증이 있었다. 약속 수첩, 안경, 또는 차 열쇠를 아무 데나 두곤 했다. 하지만 이번에는 좀 달랐다. 나는 나를 알아보는 사람, 내가 아는 사람들을 만나면서도 그 사람의 이름이 떠오르지 않기 시작했다. 때때로 나는 말하는 중간에 멈추었고 익숙한 단어들을 떠올리려고 애쓰다 막히기도 했다. 그리고 매릴린과 영화를 보면서도 점점 더 빈번하게 등장인물들의 흐름을 따라가지 못하곤 했다.

이런 상황이 계속되면서 내가 거의 60년 동안이나 해오던 장기 치료를 더 이상 진행하기가 불가능해졌다고 생각되었다. 그래서 3년에서 4년씩 지속되면서도 정해진 답이 없던 개방형 세션 대신에 모든 새 환자들에게는 12개월 단위로 세션을 하자고 미리 동의를 받기로 했다. 그리하여 제리와 나는 이 새로운 형식을 따랐던 것이다. 나는 이 새로운 틀에 대해 약간의 상실감 같은 것을 느꼈다. 왜냐하면 단기 치료는 나의 치료접근에 큰 변화를 의미하며 환자 욕구에 의한 것이 아니라 치료사인 나의 필요에 따른 것이었기 때문이었다. 그러나 곧 계속해서 남을 돕고자 하는 나의 호기심에 찬 마음이 그 상실감을 이겨냈다.

궁극적으로는 이 단기 치료 방법이 좋은 해결책이 될 수 있음을 알게 되었다. 환자를 신중하게 조심스럽게 선택하기만 하면 일 년 동안 함께 작업하면서 거의 언제나 많은 것을 환자에게 제공할 수 있었다. 사실 일부 환자들의 경우에는 시간 제한이 오히려 그들에게 긴박감을 일으키는 동기부여가 되기도 했기 때문에 지난 5년 동안은 나와 환자 모두에게 좋은 결과를 가져다주었다. 그러다가 내가 87세쯤 되었을 무렵부터 나는 환자들의 세부 사항을 기억하기 위해 각 세션이 끝난 후에 기록한 요약본에 점점 더 의존하기 시작했고, 이 요약본을 손에 들고 있어도 환자의 얼굴과 이름이 때때로 낯설게 느껴지기 시작했다. 나는 흔들렸고 내가 제공할 수 있는 치료의 가치에 대해 의문을 품기 시작했다. 아직도 내가 제공할 수 있는 것이 많다고 생각했지만 양심상 일 년이라는 짧은 기간 환자들과 지속적으로 일할 수 없다는 것이 분명해졌다.

그러나 아직은, 아직은… 내가 더 이상 치료를 계속할 수 없을지도 모른다는 사실에 나는 아찔했다. 환자들과 그들의 가장 어두운 생각을 공유하고 돕고 새로운 길을 발견하는 여정에 동행하는 것, 이것이 내 인생 대부분의 일과였고 나의 일은 곧 나의 소명이었다. 만약 심리치료사가 아니었다면 나는 무슨 일을 했을까? 진실을 말하자면, 나는 일을 그만둔다는 사실에 분노했고 깊은 경악에 빠졌다. 나는 나의 늙음, 나의 무력감을 받아들일 준비가 되어 있지 않았다. 치료를 그만둔다는 생각은 내가 빨리 노쇠해서 물러나는 것이고 곧 피할 수 없는 죽음으로 이어지는 것이라고 속으로 생각했다.

나는 이 딜레마를 심사숙고했다. 환자들의 요구를 먼저 생각해야 했기 때문에 장기 치료를 하는 것은 불가능했다. 그러나 나는 수십 년간 치료와 연구를 통해 흔하지 않게 높은 수준의 통찰력과 전문성을 발전시켰다는 것을 알았고 그것은 아직 유효했다. 거기에 더하여 나는 어떤 식으로든지 계속 이 분야에 기여하고 싶은 개인적인 욕망도 있었다. 어떻게 하면 다른 사람을 위험에 빠뜨리지 않으면서 환자에게 도움이 되고 무언가를 제공하면서 세상에 계속 참여할 수 있을까? ―심리치료 세계에서 환자들에게 또 나 자신에게, 아무도 위험하게 하지 않으면서 충분히 도움이 될 수 있을까? ―그러던 중 나는 관습에 얽매이지 않는 독특한 아이디어를 얻었다. 어쩌면 나는 사람들을 단 한 번, 단 한 시간 만나서 상담할 수 있을 것이라는 아이디어였다. 그 시간 안에 내가 할 수 있는 모든 것을 제공할 수 있을 것이다 ―통찰력, 지도, 따뜻하고 수용적인 태도로 임하면서 ―만약 적합하다면, 그들에게 치료를 계속할 수 있도록 그들의 도전에 잘 맞추어 줄 수 있는 내 동료들을 소개해 줄 수도 있을 것이다.

이런 단기 치료에 대한 생각이 나에게는 심오했으면서 대단히 생소했다. 나는 항상 치료는 장기적인 과정으로 생각했고, 끝없이 계속되는 고전적인 정신분석이 아니라 해도, 때때로 환자들이 자신에 대해서 더 잘 이해하고 삶을 의미 있게 변화시킬 수 있도록 충분히 긴 시간을 갖게 하는 것이라고 생각했다. 그러면서도 어떻게 단일 세션으로 효과 있는 치료를 할 수 있을지에 대한 나의 의문은 적어도 재미있는 실험이 될 수 있을 것이라 생각되었다.

이런 생각이 떠오르고 나서 얼마동안 나는 회의론(환자에게 진정으로 도움이 되기보다는 나 자신의 노쇠를 막기 위한 장광설일 뿐이 아닌가?)과 흥분(나에게는 널리 알리고 싶을 정도로 연마한 나의 치료기술이 있고 그 치료기술은 어려움을 겪고 있는 많은 사람들에게 도움이 되었으며 의심할 여지없이 가치가 있다는 것을 널리 알리고 싶은 흥분) 사이에서 시달렸다. 이에 대한 나 자신의 생각을 조심스럽게 살펴볼 시간을 가졌다. 이 치료의 중요성이 절감된다는 사실을 받아들이지 않으려고 나의 자존심이 저항하고 있었다. 그러나 나는 어떤 면에서는 이해한다. 나는 나의 노쇠를 받아들여야 하고 다음 세대에게 이 횃불을 전적으로 넘겨주어야 한다는 것을 알고 있다. 솔직히 이 실험 자체가 어떤 결과를 가져올지 전혀 알 수 없었지만 그 자체가 흥미로웠다. 그래서 나는 단기 치료, 내가 전에 효과적이라고 믿었던 치료보다 아주 짧은 기간에 변화하려는 동기를 부여하는 것이 무엇인지를 알아내는 모험을 시작했다.

나는 팔로 알토 사무실에서 단일 세션 모형 상담을 제공하겠다고 직접 또는 온라인으로 발표하고, 나의 페이스북에는 내가 장기 치료에서 은퇴한다고 알렸다. 몇 시간 안에 예약이 쏟아졌다. 내가 기대한 것보다 훨씬 많았다. 전 세계에서 몰려왔다. 영어를 사용하는 국가에서는 물론, 터키, 그리스, 이스라엘, 독일 등 다른 많은 나라에서도 상담 예약 요청이 들어왔다. 줌이라는 수단이 공간의 장벽을 무너뜨렸기 때문이다. 그들은 인생의 여러 발달 단계의 사람들이고 여러 형태의 삶을 사는 사람들이었다. 이 단일 세션 모형에 예약이 쇄도하는 것을 보면서, 내가 빠르게 인식한 것은 내가 전에는 한 번도 만나보지 못했던 여러 계층의 사람들과 만날 수 있을 것이라는 것이었다. 나와 함께 장기 치료를 진행해온 환자들은 엄두도 못낼 만큼 비싼 요금을 지불해야 했다. 내가 지난 20여 년 동안 아름다운 스페인식 별장 뒤뜰에서 비교적 전통적인 개인 치료를 해오던 것과 그 전 수십 년 동안 스탠퍼드대학교 정신의학과에서 일하던 것과는 다른 흥미로운 변화가 될 것이 분명했다. 이것이 환자들에게 효과적일 수 있을까? 이것이 나를 만족시킬 수 있을까? 그건 시간만이 대답할 수 있을 것이다. 이것은 분명히 새로운 방법이다. 그리고 내 나이의 새로움은 그것을 비웃을 수 없을 것이다.

이런 특별한 생각들은, 그날 아침 수잔과 나의 첫 번째 단일 세션 모형 상담에 대해서 내가 생각한 것이다. 나는 흥분되면서도 걱정스러웠다. 나는 언제나 두 번 짐작을 하지 않는 편인데 그 전날 밤은 매릴린의 건강과 나 자신의 약해지는 마음 때문에 어두운 생각으로 잠을 못 이루고 나서 나 스스로 의문을 가졌다. 이런 단기 치료에서 내가 정말로 얼마나 잘할 수 있을까?

나는 나의 편의대로 몇 가지 사실을 기억해냈다. 첫째로 나만의 특별한 치료접근은 언제나 **여기 그리고 지금**에 중점을 두어 왔다. 이렇게 해서 환자와 나의 관계는 순간적으로 변화하는 핵심적인 도구가 되었다. 환자가 가지고 있는 그 어떤 문제 성향들 — 불안감, 신경증, 타인과의 관계를 방해하는 행동들 — 은 모두 치료 세션에서 나와 상호작용할 때 드러나게 되어 있다. 최고의 치료사만을 원했던 제리가 그 좋은 예이다. 그는 도움을 청하기 위해 나에게 와서, 나에 대한 긍정적인 태도로 시작했음에도 불구하고 계속적으로 여러 방식으로 나를 비판했다. 여러 번 계속해서 나는 그의 이런 성향에 대해서 일깨워주었다. 처음에 그는 그런 지적을 나의 부적절성으로 돌렸다. 즉 내가 지나치게 예민하고 그의 재정적 성공에 대해서 내가 질투하고 있다고 했다. 그러나 조금씩 제리는 자기가 자기 생활 어디에서나 이런 방식으로 행동한다는 것을 알게 되었고 그것이 그의 인간관계와 그의 행복에 영향을 끼친다는 것을 깨닫게 되었다.

이 **여기 그리고 지금** 접근방식은 크게는 반역사적인 방식이라고 할 수 있다. 그 의미는 환자의 개인적인 역사에 크게 의존하지 않는다는 것이다. 이런 단일 세션 모형에서 환자의 지난 이야기를 깊이 파는 데 많은 시간을 보내기보다는 현재에 초점을 맞추고 환자가 하는 말과 행동과 동시에 그들이 누락하는 말과 행동에도 세심하게 주의를 기울인다. 나는 이런 접근법이 심각한 작업을 신속하게 해준다고 확신한다. 또한 이 접근이 흔들리는 내 마음의 한계와 내 능력 밖이라고 생각되는 환자들에게 계속 도전이 되는 그들의 과거에 얽힌 엄청난 세부 사항들을 훌륭히 연결해 준다는 이익이 있다. '**바로 여기 그리고 바로 지금**'에 초점을 맞추는 것이라면 나는 잘할 수 있다.

두 번째로 내가 생각하는 것은 단기간의 상담을 원하는 거의 모든 사람들이 이미 나에 대해서 잘 알고 있다는 사실이다. 60년 넘게 나는 많은 책을 썼다. 심리치료를 공부하는 학생들을 위한 영향력 있는 교과서를 포함해서 철학적인 소설들, 지금 이 책과 같이 치료의 과정을 쉽게 정리한 책들을 썼다. 이런 작업들을 통해서 나는 이 분야에서 잘 알려지는 행운을 얻었고 그리하여 상담을 원하는 대부분의 사람들은 내가 쓴 책을 적어도 한 권 이상을 읽었다고 말하고 있다. 그들이 보낸 대부분의 이메일을 보면 그들은 내가 대단한 지혜와 힘을 가지고 있는 사람으로 인식하고 있음이 분명했다. 나는 이것을 곧이 곧대로 믿지는 않는다. 때때로 우리는 백발의 노인들에게서 삶이 지혜를 찾는다. 그러나 사실은, 내 안에서 들려오는 작은 목소리가 있다. 내 안의 반항적인 청년이 "나는 아직 그렇게 늙지는 않았어!"라고 소리치면서 이 모든 일들을 무효로 하라고 한다. 그러나 대부분의 경우 나는 산 정상에서 지도자(guru) 역할을 하는 나에 대해 행복감을 느낀다. 사람들이 변화하도록 내가 힘과 도움을 줄 수 있다는 것을 깨달았기 때문이다.

이런 것들이 내가 수잔과 이야기하려고 줌 화면을 열고 사무실 의자에 앉을 때의 나의 마음이었다. 수잔은 오리건에 사는 깊은 우울증에 빠진 50세의 교사다. 우리는 빠르게 인사를 나누었다. 나는 페이스북에 밝힌 대로 단 한 번만 상담을 할 수 있기 때문에 가능한 한 많은 도움을 줄 수 있기를 희망한다고 말했다. 내가 이런 말을 하는 것이 몹시 이상했다. 내가 세션의 기본 원칙을 그녀와 나를 위해 설명하고 있는 것 같아서였다. 그녀는 고개를 끄덕이고 나서 곧 자신의 비극적인 이야기를 털어놓기 시작했다. 2년 전 목요일 저녁 10시경에 그녀는 냉장고를 열고 그녀가 만든 커다란 체리 파이가 거의 다 없어진 것을 발견했다. 그 파이는 다음 날 저녁 집으로 초대한 그녀의 절친한 친구들을 위한 후식으로 만들어 놓은 것인데 지금 그 파이는 붉은 속이 줄줄 흐르는 딱딱한 거죽 껍데기만 남아 있었다.

파이에 무슨 일이 일어났나? 신비한 일이 아니었다. 틀림없이 그녀의 남편 피터가 먹어치운 것이었다. 이런 일이 처음 있는 일도 아니었다.

"이 게걸들린 게으름뱅이야!" 울면서 그녀는 소리질렀다. 그녀의 체리 파이의 운명은 너무 했다. 더 이상 참을 수 없는 상황이었다. 다음 날 그녀는 5시 30분까지, 손님이 집에 오기 한 시간 전까지 사무실에서 일해야 했다. 그녀는 옷 갈아 입을 시간도 없이 테이블 세팅을 해야 하고 혼자서 새 파이를 구워야 한다. 이 경멸스러움!

분노로 가득 찬 그녀는 이 층으로 올라가서 이미 침대에 누워 있는 남편과 마주했다. 그들은 목소리와 분노를 높이면서 10분 동안 싸웠다. 남편은 언제나 자기가 주로 집안을 먹여살려 왔다고 했다(거짓말이라고 그녀는 받아쳤다). 그렇기 때문에 그는 파이 먹는 것을 즐길 권리가 있다고 했고 그녀는 그가 죽음의 골짜기로 들어가는 뚱뚱한 돼지라고 쏘아붙였다.

그는 그녀를 침실에서 밀어내고 카우치에서 자라고 하면서 침실 문을 쾅 닫고 열쇠로 잠궜다.

"좋아," 그녀는 소리 질렀다. "이 세상에서 내가 제일 하기 싫은 일은 이기적인 식충이와 한 침대에서 자는 일." 이라고.

다음 날 아침, 그녀가 침실 문을 강하게 두드리면서 큰 소리로 남편을 깨웠으나 침묵뿐이었다. 마침내 그녀와 두 딸이 문을 부수고 침실에 들어갔을 때 그는 이미 침대에서 죽어 있었다. 그들은 응급서비스를 불렀고 의료진들이 도착했을 때 그들은 그가 이미 몇 시간 전에 죽었다고 선고했다. 경찰이 도착해서 집을 잠그고 각 방을 조사했다. 수잔과 딸들은 긴 시간 조사를 받았고—분명히 경찰관은 범죄행위의 가능성이 있을 것이라고 했고 그들의 추론에 의하면 파이가 어떤 무기의 역할을 했을 지도 모른다고 했다.

"정말 끔찍한 일이군요." 내가 말했다. "그래서 당신은 남편의 죽음으로부터 얼마나 회복되었어요?"

"'제로'라고 말하겠어요." 수잔이 대답했다. "아무런 회복도. 전혀 없어요. 아마 저는 점점 더 나빠지고 있을 거예요. 그가 몹시 그립고, 마지막 밤에 그에게 했던 말 때문에 저는 죄의식에 사로잡혀 있어요. 한편으로는 나를 떠난 그에게 화가 나요. 저는 항상 울고 있어요. 지금 저는 끊임없이 먹고 있고 체중도 60파운드나 늘었어요. 최근에 정신과 의사를 만났는데 그는 제가 어떤 면에서 남편과 동일시하고 있다고 해요. 그게 무슨 도움이 되겠어요? 저는 심한 피부 트러블이 생겼고 계속 긁는 걸 멈출 수가 없어요. 거의 잠을 잘 수가 없고, 잠이 들면 언제나 피터 꿈을 꿉니다. 몇 달 안에 딸들이 대학으로 가버리면 식당에서 저 혼자 밥을 먹어야 하는데 틀림없이 사람들이 저를 보면서 '저 가련한 뚱보 여자가 혼자서 먹고 있네'라고 할 거예요."

그녀는 크게 숨을 쉬었다. 아마도 눈물을 삼키려는 듯했다.

"이제 됐어요, 얄롬 박사님. 저는 박사님에게 다 털어놨어요. 그게 전부예요. 무슨 말을 더해야 할지 모르겠어요." 그녀는 무너지듯 몸을 의자 뒤로 기대었다.

"수잔, 나는 남편을 잃은 여성분들과 많은 상담을 해왔어요. 당신이 지금 겪고 있는 일들이 나에게는 특별하지 않아요. 몇 가지 물어볼게요. 당신 남편은 2년 전에 돌아가셨다고 했어요. 일 년 전의 당신과 지금의 당신의 형편을 비교할 수 있어요? 다른 점이 있어요? 지금은 좀 덜 괴로운가요?"

"아니요. 그 반대예요. 그 사실이 저를 더 괴롭혀요. 남편 생각이 점점 더 많이 나고 있어요. 집에 혼자 있을 때면 슬픔과 외로움이 계속될까 봐 너무 두려워요. 제기랄, 이건 온당치 않아요."

"슬픔은 언제나 줄어들게 되어 있어요. 그러나 시간이 걸리죠. 대체로 슬픔은 예측 가능한 과정으로 지나가지요. 슬픔은 첫 해에 제일 강합니다. 배우자 없이 혼자서 처음 맞게 되는 생일, 처음 맞는 크리스마스 또는 새 해 전야, 그러나 시간이 흐름에 따라 고통은 줄어들게 됩니다. 그 후에 두 번째로 특별한 날을 거치면서는 뚜렷하게 덜 슬픕니다. 그러나 이런 일이 당신에게는 해당되지 않네요. 무슨 일인가가 당신을 막고 있이요. 제 생각에 그것은 당신의 분노와 관계가 있을 것이라고 짐작이 되는데요."

수잔은 격렬하게 고개를 끄덕였다. 내가 물었다. "그 끄덕임을 말로 표현할 수 있어요?"

"말로 할 수는 없어요. 그러나 박사님이 옳아요. 혼란스러워요. 나는 슬픔 속에 빠져 있다가도 갑자기 내가 느끼는 것은 대단한 분노예요."

“그 점에 초점을 맞춥시다. 당신의 분노에 대해서.” 내가 말했다. “당신의 마음이 분노로 흘러가게 내버려 두세요. 한 일이 분 동안 나하고 당신의 생각을 나누어 봅시다. 다시 말해, 그냥 마음속에 떠오르는 생각을 큰소리로 말해 보세요.”

그녀는 당황하는 것 같았다. 머리를 흔들더니 “어떻게 시작해야 할지 모르겠어요.”

“처음부터 시작하는 것이 가장 쉬운 방법일 겁니다. 당신이 제일 처음 분노했을 때를 생각하면서 말해 보세요.”

“분노… 분노. 제가 처음으로 분노를 느낀 건 저의 첫 호흡부터였어요. 태어날 때부터요.”

“계속하세요, 수잔.”

“제가 태어났을 때, 그 순간에도 분노가 있었어요. 제 어머니의 분노. 어머니가 제게 계속해서 했던 말을 기억해요. 어머니는 아들을 원했는데 만약 제가 아들이었으면 어머니는 거기서 멈추었을 거예요. 어머니는 단 하나의 아이만을 원했거든요. 그런데 그 아이는 제가 아니었어요. 어머니는 제게 그 사실을 계속해서 알게 해주었어요.”

“그래서 당신은 어렸을 적에 당신의 출생에 대해서, 당신의 존재에 대해서 들으면서 어머니가 불편했군요?”

“오, 맙소사, 네, 어머니는 언제나 제가 그걸 느끼게 했어요. 빌어먹을 엄마.”

“당신 아버지는?”

“나빴지요. 어떤 때는 어머니보다 더 나빴어요. 아버지가 즐기던 농담, 지치지도 않고 하던 말. 그것은 제가 태어날 때 간호사가 실수로 아기 대신에 우리 집에 태반을 주었다는 거예요."

"아, 수잔, 당신 아버지가 당신은 인간이 아니라 태반이라고 농담을 하다니 얼마나 끔찍해요."

"아버지는 그것이 정말로 우스운 농담이라고 생각했고 어머니는 거기에 동의했지요. 박사님에게 정직하게 말할게요. 저는 제 감정이 자연스럽지 않다고 생각해요. 그렇지만 저는 그들을 증오해요. 두 분 다. 특별히 저의 아버지. 그는 제 대학학비도 대주지 않았어요. 대신에 아버지는 제가 그의 가게에서 비서노릇을 하기를 원했어요. 그래서 저는 일찍 집에서 나와 학교 가는 길에 일을 해야 했지요."

그녀는 잠시 멈추었다. 이런 깊은 감정이 그녀를 훑고 지나가도록 내버려 두었다. 잠시 후에 그녀의 마음이 아직 열린 상태에 있을 때 나는 그녀를 더 깊이 몰아 갔다.

"그래서 그 분노가 남편에게로 향했나요? 거기에 대해서 말해 보세요."

"그것은 저의 아버지에 대한 분노하고는 달라요. 분명히 처음부터 달랐어요. 저는 집을 떠나 대학에 다닐 때 피터를 만났어요. 우리는 연인 사이가 되었고 그는 저에게 잘해주었어요. 그의 부모는 넉넉했고 그에게는 언제나 돈이 있었어요. 제가 돈이 없을 때 집세를 대신 내주었고 장을 봐주곤 했지요. 이전에는 한 번도 그런 도움이나 애정을 받아본 적이 없었어요.

"피터의 아버지는 정치인이었고 피터가 아버지의 뒤를 따라주기를 바랐지요. 피터는 카리스마가 있었어요. 그는 믿을 수 없을 만큼 매력적이고 재미있기는 했어요. 하지만 그는 게을렀고 어디서나 도박을 즐기는 불량 학생이었어요. 결과적으로 낙제를 하고 퇴학을 당했지요. 그는 지방 은행의 경비원이 되었는데 자기 아버지가 구해준 직업이었지요. 그는 우리 가족을 지켜줄 만큼 벌지 못했고 만약 돈을 벌면 비밀리에 도박을 해버렸지요. 어떤 쪽이었거나 그는 제가 언제나 일을 해야 한다는 것을 분명히 했지요. 저는 우리 딸들을 낳고 3개월간의 육아 휴직 외에는 한 번도 쉬어 본 적이 없어요. 저는 한 번도 나 자신일 수가 없었어요. 한 번도 딸들에게 제가 원했던 엄마 역할을 못 해봤어요. 대신에 저는 열심히 일했어요. 그래서 무슨 일이 있었는지 아세요? 그가 죽기 바로 며칠 전에 자기는 지금 은행 경비를 하기에는 체중이 너무 나가 행정직으로 보내졌다고 했어요. 그것은 그의 월급이 줄었다는 얘기였어요. 그런데도 그는 그건 대단한 일이 아니라면서 저를 몹시 화나게 했어요. 그는 자기의 건강에 대해서 조금도 조심하지 않았거든요. 그래서 제가 우리집 생활비를 감당하려면 두 번째 직업을 구해야만 했어요."

"수잔, 당신을 분노하게 만드는 많은 이야기들을 들었습니다." 내가 말했다. "남편은 당신이 하는 일을 하나도 인정해 주지 않고 당신이 원하는 일이나 필요에 대해 전혀 가치를 두지 않고, 잔인했던 아버지는 당신을 문제 덩어리 또는 농담거리로만 알고. 냉담한 어머니는 당신을 한 번도 원하지도 않았고 사랑을 주지도 않았어요. 지금 그들 — 어머니, 아버지, 남편 — 은 모두 세상을 떠났고, 당신의 삶도 이제 많이 지나갔네요. 오 수잔, 당신이 분노하는 게 당연해요. 당신 입장이면 그 누군들 화가 나지 않겠어요? 나라도 그랬겠는데요."

그녀는 내가 말할 때 고개를 끄덕였다.

"내가 이렇게 말하는 것을 들으면서 어떤 생각이 드나요, 수잔?"

"심해요. 맞아요. 그러나 심해요."

"저는 이런 어려움에도 불구하고 당신이 이루어 놓은 일들을 잠시 생각해 보고 싶어요. 두 명의 사랑스러운 딸들, 가치 있는 전문직 교사, 그리고 더 많은 일들. 수잔 당신은 훌륭하게 해냈어요."

수잔은 내 말을 받아들이면서 침을 삼켰다.

"저는 정말로 그 누구에게든지 이런 이야기를 할 수가 없었어요." 수잔이 말했다. "모든 사람들이 피터를 좋은 사람으로 기억하고 싶어해요. 우리들을 좋은 부부로 기억하려고 하지요. 아무도 어두운 면을 이야기하고 싶어하지 않아요."

"나하고 그런 이야기를 공유해 주어서 고마워요. 당신의 분노는 오직 인간적인 표현이에요. 그러나 나는 그것이 큰 문제를 가져온다고 생각해요. 우리는 우리가 죽은 사람에 대해 나쁘게 말해서는 안 된다고 생각하지요. 그것은 나쁜 일일 뿐더러 어쩐지 불경스럽다고 생각하지요. 이 말이 맞나요?"

그녀는 눈물을 그렁이며 고개를 끄덕였다.

"하지만 저는 동의 안 해요. 누군가 당신의 입장에서 당신이 경험한 일을 모두 경험했다면 당신이 지금 경험하고 있는 분노를 느낄 겁니다. 당신은 자신을 너무나 가혹하게 판단하고 있어요."

수잔은 이제 흐느끼고 있었고, 나는 그녀가 진정하고 숨을 고르기를 기다렸다.

"저는 어찌해야 할지 모르겠어요. 어떻게 멈춰야 할지도." 그녀가 말했다. "저는 피터와 함께 했던 삶에 대해서 더 많은 다른 일들을 기억하고 싶어요. 저는 진정으로 그를 사랑했어요. 그러나 지금은 그냥 그에게도 화가 나요."

"나는 당신이 화가 났다고 하는 사실을 짐작해요. 화가 났다는 사실을 받아들이고 그 분노가 정당하고 당신에게는 화가 날 만한 이유가 있다는 것을 인정하게 되면, 그 시절의 다른 기억들도 되살아날 거예요. 그러나 시간이 걸릴 거예요."

"그렇겠지요." 그녀는 고개를 끄덕였다. "그렇게 되길 바라요."

그러고 나서 나는 가장 엄숙한 목소리로 이어나갔다. "수잔, 나는 당신이 나에게 이야기한 모든 것을 주의 깊게 잘 들었고 전부 마음에 담아 깊이 생각해 보았어요. 그리고 당신이 알아두길 바랍니다. 나는 당신이 무죄라고 선언합니다. 부디 이 말을 마음에 새기세요. **나는 당신이 무죄라는 것을 선언합니다!** 당신은 멋진 삶을 살 자격이 있어요. 당신은 열심히 일했습니다. 당신은 훌륭한 어머니, 훌륭한 아내였어요. 이제는 행복을 누릴 자격이 있습니다."

수잔은 눈물을 흘리면서 미소 지었다. 나는 그녀에게 분명한 도움을 주었다는 생각으로 그 세션을 끝냈다. 나는 그녀가 앞으로도 계속해서 치료를 받을 수 있도록 치료사의 이름을 알려주었다. 분명 이 늙은 치료사에게도 아직 제공할 무언가가 있었다고 우리의 만남을 되돌아보며 생각했다!

두어 주일이 지난 후에 수잔에게서 이 사실을 확인하는 이메일을 받았다. 아직은 제공할 무언가가 있다는 것을 확인하는 편지였다. 그녀는 나의 도움에 감사하다고 다음과 같이 썼다.

> 저는 선생님께서 "표면적으로 보면 당신의 어머니와 아버지는 좋은 부모가 아니었어요. 그런데도 당신은 아주 훌륭하게 삶을 살아냈어

요…. 나는 그것으로 당신을 존경합니다…"라고 말씀하신 그 순간을 잊지 않겠습니다. 선생님께서는 사람들이 알아주고 존경해 주고 동시에 격려해 주는 그런 따뜻함을 제게 갖게 해주셨습니다. 또한 선생님께서 저를 무죄라고 선포하신 그 말씀을 저는 절대로 잊지 않겠습니다. 그 말씀을 하실 때의 선생님 얼굴을 잊지 않겠습니다. 선생님의 목소리를 저의 마음과 심장에 간직하겠습니다.

그날 밤 늦게, 이 세션을 생각하면서 이 세션이 내가 진행했던 가장 훌륭했던 세션 중 하나라고 느꼈다. 나는 범상치 않은 이 한 시간 세션을 계속해서 실시할 수 있을 것이라고 확신했다. 어떤 환자를 만나든 나는 도움을 줄 수 있고 그 과정에서 가능한 한 많은 정보를 얻을 수 있다. 그와 똑같이 중요한 것은 내가 그 시간에 배운 것을 다른 사람과 공유할 수 있다는 것이다. 이 글의 앞에서 환자를 돕고자 하는 나의 의욕과 전문직 생활에서의 다른 면들을 이야기하면서 나의 교육자로서의 생활에 대해서는 말하지 않았다. 대부분의 나의 작업은 작가로서 젊은 치료사들과 실습하는 사람들, 치료사의 삶을 시작하려는 사람들을 가르치는 것이었다. 더 나아가서 나의 많은 생각들은 이 분야에서 유행하는 경향에 반대하는 것이었다. 정신의학이 정신질환을 해결한다는 의미에서 약물처방으로 흐르는 데 반대하였다. 나는 정신의학에서 인간관계를 주장하는 데에 앞장서왔다. 심리치료사들이 증상 제거, 예를 들면 인지행동 치료나 문제해결 중심의 치료에 대해서 교육하고 있는 동안에 나는 인간관계 교육에 중점을 두었다. 나는 인간에 대한 호기심과 심오한 인간적인 탐색에 관심을 두었다.

내가 배운 것을 나누고 헌신하는 것이 항상 나를 앞으로 나아가게 하는 강력한 원동력이 되었다. 나는 수잔의 경우를 생각하면서 그 충동을 다시 느낀다. 그리고 앞으로 내가 실행할 짧은 만남들의 내용이 풍성할 수 있을 것이라 상상한다. 나는 상담하려고 찾아오는 사람들을 도와줄 뿐만 아니라 나처럼 이런 일을 하려고 남아있는 사람들을 위해서 또한 내가 배운 것을 다른 사람에게 전해주기 위해서 이 프로젝트를 열심히 할 것이다.

CHAPTER 2

그 오두막에서 나갈 수 있다면

좀처럼 보기 드문 사람들, 예를 들면 수잔 같은 경우에는 치료사가 적절한 시점에 개입하거나 환자와 깊이 만나게 되면 환자들이 필요로 하는 대부분을 제공해 줄 수 있다. 그러나 나는 일반적으로 단기 치료 지지자는 아니며 이 단일 세션 형식을 완전한 형태의 치료법으로 제안하는 것은 결코 아니다. 정말로, 나는 오랫동안 훨씬 더 장기적인 치료법을 지지해온 선수였다. 왜? 여러 가지 이유 가운데, 가장 중요한 것은 나는 사람들이 자신에 대해 더 많이 배울 수 있도록 돕는 일에 가장 관심이 있고, 그런 일은 시간이 걸린다고 믿기 때문이다.

나는 삶의 의미, 자신의 정체성, 자신의 충동과 행동에 대한 이해 등 큰 이슈에 대해 치료하는 치료사라고 할 수 있다. 대부분의 경우 이러한 큰 이슈의 목표는 쉽게 달성할 수 없다. 그런데도 정신건강 분야, 특히 미국의 정신건강 분야에서는 점점 더 단기간의 치료 모델이 계속해서 추진되고 있다. 이러한 압박은 환자의 더 나은 결과를 위한 것이 아니라, 8~12회 이상의 세션에 대한 비용 지불을 원치 않는 보험 회사들이 주도하고 있고, 따라서 인지행동치료와 같은 이른바 증거 기반 모델을 훨씬 더 선호한다. 단기 치료가 유용한 문제들도 분명히 있다. 그러나 이러한 문제는 종종 환자가 겪고 있는 매우 구체적인 문제에 초점을 맞추고 있다. 예를 들어, 금연을 시도하거나 결정을 미루거나 회피하는 것과 같은 증상을 해결하는 것에 초점을 둔다. 그러나 이러한 단기적인 접근 방식은 사람들이 증상의 근본 원인을 완전히 이해하고 변화시키는 데 도움이 되지 않는다. 실제로 많은 사람들에게는 심층적인 통찰력과 변화는 필수적이다. 내가 만난 다음 환자가 그 좋은 예이다. 우리가 가졌던 짧은 시간 동안 많은 일이 있었지만, 그녀가 직면한 중대한 문제를 해결하는 데 도움이 될 만큼 충분한 시간은 아니었다.

그녀의 이름은 줄리아였고, 경제학 박사 과정에 있는 젊은 여성이었다. 그녀는 내 눈은 쳐다보지도 않고 내 사무실로 당당하게 들어와 내 맞은편 의자에 푹 쓰러지듯 앉았다. 그녀는 먼지가 낀 듯한 파란색 청바지와 큰 사이즈의 스탠퍼드 스웨트셔츠를 입고 있었고, 긴 갈색 머리는 눈에 띄게 흐트러져 있었다. 한낮이었는데도 그녀는 지친 듯 보였다. 그녀는 재빨리 방을 둘러보았다. 한쪽 벽은 대부분 창문이고, 다른 한쪽 벽은 바닥에서 천장까지 책으로 꽉 찬 책장으로 채워져 있었다. 지난 60년 동안 사놓고 읽지 않은 심리학과 철학 서적들이 가득 차 있었다. 줄리아는 잠시 동안 책이 가득한 벽을 바라보았다.

"이 책들을 다 읽으셨어요?" 그녀가 물었다.

"읽었다 해도, 대부분은 잊어버렸을 거예요."

그녀는 살짝 웃음을 지었다.

"줄리아, 말해 보세요. 이메일로만 알 수 있는 건, 당신이 대학원생이고, 최근에 학업 때문에 이곳으로 이사왔다는 것뿐입니다. 나를 찾아온 이유와 나에게 알려야 할 것이 있다면 말해 주세요."

"솔직히 말해서, 제가 왜 여기 있는지, 그리고 선생님이나 다른 치료사에게 무엇을 기대하는지 잘 모르겠어요. 저는 스물여섯 살이고, 그 중 절반 이상을 치료를 받으며 보냈습니다. 그러나 아무도, 아무것도 도움이 되지 않았습니다."

"그런데도 불구하고 오늘 여기에서 나와 상담을 요청했는데, 그 이유는 무엇입니까…?"

"일주일 전, 저는 스탠퍼드 서점에서 교수 저서 섹션을 둘러보다가 선생님의 책 중 하나인 *Momma and Meanong of Life*(폴라와의 여행)라는 제목이 눈에 띄어서 집어 들었습니다. 저는 그 책을 하룻밤 사이에 다 읽었어요. 몇 년 동안 해보지 못했던 일이었지요. 전반적으로 정말 재밌게 읽었는데, 마지막에 나오는 기이한 이야기 '헝가리 고양이 저주'가 특히 인상 깊었어요."

'이거 흥미롭겠는데'라고 나는 생각했다. 이 이야기는 내가 지금껏 쓴 것 중 가장 황당한 이야기이다. 치료사가 여자와 사랑에 빠지는 이야기인데, 이 여자의 가족은 대대로 사나운 고양이의 저주를 받아오고 있었고 고양이는 그 가족의 로맨틱 파트너를 홀린다는 내용이다. 결국 치료사와 고양이(여자)는 존재와 죽음에 대한 철학적 사색에 빠져든다는 그렇고 그런 이야기이다. 그러니 줄리아와의 대화가 어떤 방향으로 흘러

갈지 누가 알겠는가?

"그 이야기의 어떤 점이 인상 깊었나요?"

"잘 모르기는 하지만 감명 깊었어요. 어쩌면 그 책에서 불가능한 환자 — 짜증나게 말을 하는 고양이를 끈질기게 붙잡고 있는 선생님의 태도 때문이었을지도 모르겠어요. 어쨌거나. 다음 순간에 제가 알게 된 것은 아침이었고 전화를 들고 선생님에게 전화를 걸었어요."

"거기에 나오는 캐릭터들에서 무언가가 당신을 움직였군요?"

"잘 모르겠어요. 글쎄요, 아마도 아홉 개의 삶 중 여덟 개를 다 써버린 그 고양이와 공감했기 때문일지도 모르겠네요. 이해가 되네요. 네. 그 고양이의 상황을 정말 이해하게 되었어요."

"당신은 당신의 아홉 개의 삶 중 대부분을 다 살았다는 뜻인가요?"

"선생님이 그렇게 말씀하시니까 이상하게 들리지만, 그런 셈이죠. 또 한 가지 더, 선생님은 솔직하게 말하는 사람 같았어요. 저는 상담사와 중독 전문가들로부터 온갖 헛소리를 많이 들었거든요. 모두 자기들만의 특이한 전략이 있더군요. 일주일 전에 제가 선생님에게 전화드렸을 때의 열정, 솔직히 말씀드리면, 그때의 열정은 지금 사라진 것 같아요. 거의 — 요만큼 — 엄지와 검지를 몇 밀리미터 간격으로 벌린 채로 — 약속을 취소하려고 했어요. 선생님이 저를 위해 해줄 수 있는 일이 없다는 것을 알고 있어요. 저는 구제불능이에요."

구제불능. 이렇게 해서 줄리아와 나는 상담을 시작했다.

그러고 나서 그녀는 그녀가 거쳐온 길고 긴 의사들의 명단, 약, 입원 목록을 설명하기 시작했다. 중독자들을 위한 야생 생존 훈련. 명상 프로그램. 침술과 요가. 승마 치료. 그녀가 들려주는 실패한 시술과 실패한 치료사들에 대한 끝없는 행렬의 이야기를 나는 좀처럼 들어본 적이 없었다. 그리고 나를 바라보며 **'나는 구제불능'**이라고 말하는 그녀의 말투와 패배한 듯한 태도, 슬프고 무관심한 표정은 곧 나 자신이 그녀의 공간 속으로 빨려 들어가게 될 것임을 암시했다.

내가 도움을 줄 수 있는 시간이 단 한 시간밖에 없었다. 내가 도움을 주지 못하면 내 이름도 그녀의 실패한 치료사 목록에 추가될 것이다. 더 나쁜 것은, 내가 실패하게 되면 그녀는 자기가 구제불능이라는 감정을 더욱 확고하게 가지게 될 것이고, 자신의 더 나은 미래에 대한 희망을 더 떨어뜨릴 가능성이 높아지게 될 것이라는 것이다. 나는 빨리 행동해야 한다는 것을 알았지만, 무엇을 할 수 있을까? 다른 상황에서라면, 나는 그녀의 정신과적 병력을 더 자세히 살펴보고, 그녀의 어린 시절을 조사하고, 그녀의 중독의 근원을 더 깊이 파고들었을 것이다. 그러나 나는 이렇게 하는 것이 우리의 소중한 시간을 낭비하고 줄리아를 똑같은 절망의 늪에 빠뜨릴 것이라고 강하게 느꼈다. 아니, 이 경우에는 그녀의 주의를 끌 수 있는 대담하고 예상치 못한 무언가가 필요했다.

"줄리아, 당신이 겪은 모든 일과 고통과 슬픔을 생각하면서, 당신이 받은 치료가 너무 적었다는 사실에 저는 놀랐어요. 왜 자신을 더 잘 돌보지 않았시요?"

그녀는 고개를 들어 나를 자세히 들여다보며 말했다.

"아니, 선생님은 어디 있었어요? 제 말 안 들었어요? 제가 제 인생의 대부분을 치료에 보냈다고 말한 게 바로 지금인데요."

"나는 당신의 관리에 관한 이야기는 많이 들었어요. 야생 생존에 관해서, 약물 금욕 프로그램에 관해서, 명상과 약물 치료에 관해서. 하지만 당신 자신을 이해하는 것, 당신 자신이 겪은 일에 대해 연민을 갖는 것에 관한 이야기는 한마디도 듣지 못했어요. 내가 생각하는 치료의 정의가 조금은 특이할 수도 있지만, 나는 자신을 관리하는 것보다 더 높은 목표를 추구할 수 있다고 생각해요. 나는 당신이 해야 할 일에 대해서는 많이 들었지만, 당신이 하고 싶은 일, 즉 당신이 생각하고 느끼고 꿈꾸고 원하는 일에 대해서는 많이 듣지 못했습니다. 그래서 다시 한 번 말하지만, 정말 진지하게 말하는데, 나는 당신이 받은 실제 치료가 얼마나 부족한지에 대해 매우 충격적이에요."

그녀는 의자에서 몸을 약간 일으켰고 마치 자기는 '구제불능'이라는 것을 증명하듯, 어렸을 때 그녀의 사촌과 그의 친구가 그녀에게 가한 신체적 · 성적 학대의 세부적인 내용을 이야기하기 시작했다. 그리고 그녀가 11살 때 아버지는 다른 여자 때문에 가족을 버렸고, 다시는 아버지를 보지 못했다고 말했다. 그다음은 고통을 잊기 위해 그녀는 마약을 했고 마침내 사회복지사에게 어린 시절의 성적 학대에 대해 말할 용기를 냈다는 것이었다. 그 결과 그녀의 사촌과 그의 친구는 감옥에 갔고, 나머지 가족은 그녀와 대화를 끊었다.

"줄리아, 당신은 크고도 큰 트라우마를 이야기하고 있어요. 이야기를 들으면서, 당신이 왜 그렇게 힘들게 노력했는지 강렬하게 느끼게 되었어요." 나는 잠시 멈춰서 내 말이 그녀에게 스며들도록 했다. 내가 그녀를 이미 그런 라벨이 붙여진 집단의 단순한 하나가 아니라 하나의 동료 인간으로 보고 있다는 것을 그녀에게 알리기 위해서였다.

그녀가 고개를 들었을 때, 나는 계속했다. "또한 당신이 이런 형편없는 일들을 잘 이겨낸 것은 정말 대단하다고 생각해요. 대부분의 사람들은 포기하고 말았을 텐데, 당신은 지금 스탠퍼드에서 박사 학위 공부를 하고 있잖아요."

그녀는 고개를 끄덕였다. "포기했겠죠, 네."

세션이 끝날 무렵, 다시 한 번 내가 이제 일을 그만둔다고 이야기하면서 그녀는 장기적인 도움이 필요하다고 말하자 그녀는 실망한 듯 보였다. 나는 그녀가 정말로 나아질 것이라고 믿는다고 말했고, 그녀가 장기적으로 의지할 수 있는 사람, 단순히 약이나 쉬운 해결책을 처방해 주는 사람이 아니라 그녀를 오래 끌어주고 깊이 있게 작업할 수 있는 사람과 일하는 것이 중요하다고 강조했다. 나는 그녀에게 나의 최고 학생 중 한 명인 훌륭한 치료사 닥터 J의 이름을 알려주었다. 나는 닥터 J가 심층적인 실존주의 치료와 더 급진적인 중독치료에 경험이 있다는 것과 실존주의 치료와 급진적인 중독치료는 좀처럼 보기 힘든 조합이라는 것을 설명했다. 나는 그녀가 줄리아에게 잘 맞을 것이고 그녀와 함께라면 줄리아가 훌륭한 진전을 이룰 수 있을 것이라고 생각했다.

이 말을 들은 줄리아는 강인하게 보이려 노력했지만, 내게는 그녀의 얼굴이 부드러워진 것처럼 보였다. 그녀는 의자에서 일어나면서 이렇게 말했다. "잘 들어주셔서 감사합니다. 그리고 노력해 주셔서 감사합니다."

그리고 돌아서면서 이렇게 말했다. "하지만 제가 전에 말했듯이, 사실은 저는 구제불능 상태입니다."

구제불능 상태라니. 얼마나 슬픈지, 나는 그런 말을 들어본 적이 없었다. 그녀가 떠난 후 잠시 동안 그 말에 대해 생각했고, 그녀에게 더 많은 것을 해줄 수 있었으면 좋았을 것이라고 깊이 생각했다.

그러나 나는 곧 다른 일로 정신이 팔렸다. 줄리아와의 상담시간 바로 직전에 나는 우편함에서 나의 회고록인 *Becoming Myself*(비커밍 마이셀프)의 여러 외국어판 책을 받았다. 줄리아가 떠난 후, 내가 알아볼 수 없는 언어로 아름답게 인쇄된 그 책을 집어 들었다. 그 책은 아마도 스칸디나비아 언어인 것 같다고 짐작하면서 매릴린에게 물어봐야겠다고 생각했다. 나는 표지를 열고 훑어보다가 사진 몇 장이 있는 페이지를 보았다. 그 사진은 뚱뚱한 볼을 가진 세 살짜리 아이인 내가 엄마와 누나 옆에 있는 의자에 서 있는 사진이었다. 그 순간의 우리는 사진사의 초상화 스튜디오에서 행복해 보였다.

하지만 사실 나는 끔찍한 어린 시절을 보냈다. 우리는 워싱턴 DC의 위험한 동네에 살았고, 우리 집은 아버지의 주류 판매점 위층에 위치해 있었다. 그곳은 흑인 동네였고, 인종 차별이 심했던 그 시절에 나에게는 흑인 친구가 없었다. 만약 친구가 있었다 하더라도, 어머니는 분명히 그 친구들이 우리 집에 들어오는 것을 허락하지 않았을 것이다. 그리고 근처에 몇 안 되는 백인들은 어땠나? 그들은 모두 반유대주의자였고, 마주칠 때마다 "유대인 꼬마!" "그리스도를 죽인 자!"라는 욕설을 퍼부었다. 나는 거의 언제나 혼자였고, 부모님은 대부분 이디시어를 사용했고 나는 영어만 사용했기 때문에 내멋대로 행동할 수밖에 없었다. 나는 끊임없이 친구를 갈망했지만, 특히 내가 열 살 때 진 누나가 대학에 가느라 집을 떠난 후로는 친구를 얻지 못했다. 나는 혼자 밥을 먹었고 하루 종일 혼자 보냈다. 내 유일한 피난처는 공공 도서관이었고, 내 유일한 동반자는 책이었다.

그 사진을 보고, 갑자기 내가 그럼에도 불구하고 회고록을 쓸 만한 삶을 살았다는 사실에 충격을 받았다. 내가 알아들을 수 없는 언어를 사용하는 전 세계 사람들이 읽을 만한 삶을 내가 살아냈다는 사실에 충격을 받은 것이다.

나는 문을 두드리는 부드러운 노크 소리를 듣고, 내 인생 여정이 갑자기 얼마나 비현실적으로 느껴지는지 떨리는 마음으로 몇 분 동안 그 자리에 서 있었다. 나는 망상에서 벗어나 정신을 차렸다. 매릴린은 요즘 거실 소파에서 거의 나오지 않기 때문에 밖에서 누가 노크를 하는지 몰랐다.

"들어오세요."라고 말했다.

줄리아였다. 그녀는 수표를 들고 다시 들어와 말했다. "죄송해요. 이걸 드리는 걸 깜빡했어요."

나는 그녀에게 감사하다고 했고 그녀는 자리를 떠나려고 했다. 그러나 바로 그 순간 나는 충동적으로 그녀를 다시 불러 세우고 말했다. "내가 보여드릴 게 있어요." 나는 들고 있던 책을 넘겨서 내가 태어나서 14살까지 살았던 낡아빠진 건물의 사진을 찾았다. 페인트가 벗겨지고 먼지와 때로 얼룩진 두 개의 허술한 문이 달린 낡아빠진 건물사진이었다. 하나의 문은 위층 아파트로, 다른 문은 아버지가 경영하는 리커스토어로 통했다. 80년이 지난 지금 그 시절의 그 모습을 보는 것만으로도, 나는 축축한 냄새와 거실 소파에서 잠을 자던 나를 매일 밤 공포에 떨게 했던 바퀴벌레들의 바스락거리는 소리가 기억났다.

사진을 바라보는 그녀에게 나는 이렇게 말했다. "저 문이 우리 집으로 가는 문이에요. 저 문에서 내가 나왔어요." 나는 더 많은 말을 하려고 했다. "내가 그 오두막에서 나올 수 있었으니까, 당신도 과거에서 벗어날 수 있어요."라고 말하려고 했다. 그런데 갑자기 감정이 복받쳐 올라왔다. 아마도 매릴린이 너무 아프고 나 자신이 너무 작게 느껴져서, 내 어린 시절의 고통을 생각하는 것이 너무 힘들었기 때문이었을 것이다. 아니면 줄리아가 안고 있었던 끔찍한 트라우마 때문이었을 수도 있고, 앞으로 그녀가 겪어야 할 엄청난 투쟁 때문이었을 수도 있었다. 내가 확실히 알고 있는 것은, 내가 한마디만 더 하면 나는 큰 소리로 울기 시작할 것이라는 사실이었다. 그렇게 되면 우리는 어떻게 될까? 눈물을 흘리는 늙은 남자와 구제불능의 젊은 여자. 줄리아는 그것을 감지한 것 같았고 아무 말도 하지 않았다. 그녀는 오랫동안 사진을 응시하다가 조용히 입을 움직여 "감사합니다"라고 말하고 내 사무실을 떠났다.

나는 줄리아로부터 다시 연락을 받을 수 있을지 의심했다. 그러면서 동시에 이 마지막의 대화, 내가 그녀에게 나의 끔찍한 시작을 보여준 일이 그녀의 인생을 바꿀 수 있을 것이라는 강한 느낌이 들기도 했다.

다음 날, 그녀는 전화를 걸어 나와 또 다른 세션을 요청했다. 물론 내 계획은 환자와 단 한 번의 세션만 진행하는 것이었지만 줄리아와의 상담 내용을 며칠 동안 기억할 수 있을 것 같았고, 그녀의 상황이 너무 심각해 보였기 때문에 다른 세션을 가지기로 동의했다. 솔직히 말해서, 궁금하기도 했다. 나는 그녀에게 내 사진을 보여줌으로써 색다른 방식으로 개입했고, 그 결과가 어떻게 될지 보고 싶었다. 그렇다, 이 나이가 되어서도 나는 내 일과 내 환자에 대해 여전히 호기심이 많다.

무엇이 그들을 움직이게 할까? 무엇이 그들을 변화시키는 데 도움이 될까? 그리고 나는 어떻게 하면 더 나은 치료사가 될 수 있을까? 이 분야의 오래된 이런 질문들은 여전히 나에게 흥미롭다.

그 주에 그녀를 다시 만났을 때, 그녀는 내가 짧은 시간이라도 그녀와 함께 일할 수 있겠느냐고 물으면서 시작했다. 나는 너무 늙어서 내 기억력을 믿을 수가 없다는 말을 반복했다. 그녀는 화제를 돌려서 자기가 닥터 J와 함께 상담하는 모습이 어떨 것인가 상상해 보라고 말했다. 그들이 함께 무엇을 할 수 있겠는가? 나는 확신이 서지 않는다고 대답했다. 내 생각에 치료사와 환자 사이의 진정한 만남은 모두 유일무이하게 특별하다. 나는 줄리아가 닥터 J로부터 배우고 성장할 수 있는 진정한 관계를 발전시키기를 바랐다. 나는 줄리아와 닥터 J의 치료가 줄리아가 겪었던 그 어두운 시기에 압도당하지 않으면서 그 시기를 검토할 수 있는 안전한 공간이 되기를 바랐다. 나는 줄리아의 어린 시절의 끔찍한 경험이 그녀의 삶을 결정하는 결정적인 요소가 되는 것이 아니라 그녀의 삶의 일부가 되기를 바랐다. 나는 그녀가 자신의 강점을 인식하고, 자신이 겪은 지독한 학대와 그녀를 양육하고 보호해야 할 사람들의 끔찍한 결점에도 불구하고 그녀가 여러 가지 면에서 성공할 수 있었던 것이 얼마나 놀라운 일인지 깨닫기를 바랐다. 나는 그녀가 자신을 사랑하고, 그녀가 충분히 받을 자격이 있는 사랑을 다른 사람들로부터 받을 수 있는 법을 배우기를 바랐다.

그녀는 나의 이 말을 주의 깊게 받아들였고 이렇게 말했다. "저는 선생님이 마약이나 음주에 대해서는 언급하지 않은 것을 알아요."

"마약이나 음주는 분명히 중요합니다. 내가 닥터 J를 당신에게 추천하는 이유 중 하나는 그 분이 중독 그리고 트라우마와 의미에 대한 더 깊은 문제를 탐구한 경험이 많기 때문이에요. 이 문제는 서로 밀접하게 연결되어 있지만, 여러 이유로 그들을 치료하는 접근 방식이 종종 다릅니다. 나는 닥터 J가 두 가지 문제를 모두 해결하는 데 도움을 줄 수 있다고 믿습니다."

내 대답이 그녀를 만족시키는 듯 보였고, 한 시간이 끝날 무렵 줄리아는 J 박사에게 전화하겠다고 확실히 말했다.

줄리아는 내가 어린 시절 살았던 집의 사진을 보여준 것에 대해 어떻게 생각했을까? 인생을 바꾼 나의 개입에 대해서? 그녀는 언급하지 않았다. 어쩌면 그녀에게는 그게 중요하지 않았을 수도 있다. 아니면 그녀는 감정에 압도된 노인을 배려했을 수도 있다.

나는 겸손하게 현실을 다시 한 번 떠올리게 되었다. 그 차이를 만드는 것이 치료사의 탁월함인 경우는 거의 없다. 치료사의 영리한 해석? 아드레날린과 자기 만족감을 주는 치료사의 대담한 개입? 때때로 무언가 천재적인 느낌을 주는 충격? 이런 것들은 보통 환자의 눈에는 띄지 않는다. 대신에, 관계의 질, 공감, 상대방을 진정으로 이해하려는 열망과 능력, 그리고 일상생활에서 거의 경험할 수 없는 솔직한 피드백을 주고받는 의지가 중요하다. 이러한 것들이 바로 치료의 보물이고 수십 년간의 경험과 동료 전문가들의 연구에서 입증된 사실이다. 나는 이런 한 시간의 상담이 치료사와 환자의 관계에 집중하는 데 사용되는 것이 가장 효과적이라는 것을 알게 되었다.

CHAPTER 3

두 번째 데이트는 없다

그 후 6개월 동안 많은 변화가 있었다. 매릴린은 2019년 11월에 암으로 세상을 떠났고, 그와 더불어 내 삶의 많은 부분이 사라졌다. 매릴린이 죽기 몇 달 전, 우리는 함께 책을 쓰기 시작했다. *A Matter of Death and Life*(죽음과 삶)라는 책으로, 각자 한 장씩 번갈아 집필하면서 그녀의 임종이 가까워질수록 겪게 되는 경험과 감정의 소용돌이를 자세히 기록했다. 우리는 이 프로젝트에 힘을 쏟았고, 나에게는 내 생각을 표현하는 일에 몰두하는 것이 큰 두려움과 슬픔에 압도당하지 않도록 막아주는 역할을 했다.

그녀의 마지막 날이 왔다가 지나갔고, 가족과 친구들이 모여 장례식을 치렀고, 빛나는 추모사가 낭독되었고, 많은 눈물이 흘렀다. 수많은 친한 친구들이 그녀의 삶을 기리기 위해 왔지만, 나는 그 어떤 것도 기억하지 못한다. 70년 넘게 함께 살고, 뗄래야 뗄 수 없는 사이였던 사랑하는 사람을 잃은 충격에, 나는 무감각해졌고, 멍해져 혼란에 빠졌다. 그녀 없이 사는 것은 상상할 수 없는 일 같았고, 그녀를 대신해서 내가 죽을 수 있었으면 하고 바랐지만 물론 그것은 마법 같은 생각일 뿐이었다. 그러나 그녀를 따라 죽음이라는 공허함 속으로 들어가거나, 내 삶을 끝내거나, 더 정확하게 말하면 내 삶이 불분명한 방식으로 끝나는 것이라는 생각이 자주 떠올랐다.

나는 이 시기를 어떻게 극복했을까? 잘 모르겠다. 나는 그 후에도 계속해서 매일 아침 글을 쓰면서, 우리가 같이 쓰는 책의 한 부분인 '그녀가 죽은 후의 삶'을 4개월 동안 계속 썼다. 글을 쓰는 일은 나에게 어떤 목적과 이유를 주었고, 매일 아침 침대에서 일어날 수 있게 해주었다. 또한 아직 인쇄도 되지 않은 그녀의 글이 그녀를 어떤 식으로든 살아있게 하는 것처럼 보였기 때문에, 그녀와 나의 연결을 연장하는 효과가 있었다. 나는 출판사에 최종 편집본을 보내고 나면 어떤 일이 일어날지 두려워하면서 그 과정을 연장했다고 확신한다.

곧 코로나19 팬데믹이 닥쳤다. 나는 다시 한 번 상담을 하기 시작했고, 비디오 세션으로 나의 하루를 시작했다. 이런 일들과 헌신적인 나의 딸 이브의 정기적인 방문만이 나의 극심한 고립감을 깨뜨려 주는 유일한 것이었다. 그녀는 내가 너무 우울하다고 할 때 침대에서 일어나게 하고, 동네를 산책하게 하면서 내가 어두운 날들을 견뎌낼 수 있도록 도와주었다. 내가 먹는 일에 흥미를 잃을 때면, 그녀는 냉동고에 아이스크림을 채워 넣어서 나를 살찌게 하려고 노력했다. 그리고 그녀는 나의 지속적인 기억 상실을 극복할 수 있도록 도와주었다. 내가 복용하는 약과 의사 진료 일정을 관리해 주었고, 저녁에 나와 함께 볼 수 있도록 줄거리가 비교적 단순하고 등장인물이 많지 않은 영화를 찾아 주었다. 그 덕분에 즐거움을 얻기도 했지만, 이런 모든 일은 그 빛을 잃었다.

결국 죽음과 삶의 최종 초안을 보낼 때가 되었다. 이 책에 대한 나의 불안감은 완전히 사라지지 않았지만, 내 머릿속은 이미 다른 프로젝트에 몰두하고 있었기 때문에, 그 불안감은 완전히 실체화되지 않았다. 1시간짜리 상담이 점점 더 흥미로워졌고, 다른 사람들을 돕는 일이 나 이외의 다른 것에 집중할 수 있게 해주었다. 또한 몇 주에 한 번씩은 가르침에 참고가 될 이야기로 남을 만한 세션이 눈에 띄었다. 그런 만남을 바탕으로 젊은 치료사들에게 특별하고 유용한 이야기를 쓸 수 있었다. 소피아와의 만남은 바로 그런 만남이었다.

소피아는 스코틀랜드에 사는 40세의 외상외과 의사라고 이메일을 통해 자신을 소개했다. 그녀는 부모님이 모두 교통사고로 돌아가신 후, 작년에 남아프리카에서 스코틀랜드로 이민을 갔다. 내가 아는 것은 그것뿐이었고, 내가 도움이 될 수 있는 시간이 한 시간밖에 없다는 사실뿐이었다.

우리는 2주 후에 줌으로 만났고, 그녀가 나에게 첫 번째로 한 말은 놀라웠다. "저는 정말로 이 세상에 혼자이고, 이런 식으로 남은 인생을 보내는 것을 두려워하고 있습니다. 스코틀랜드에는 친한 친구가 없습니다. 그리고 저는 남자와 지속적인 관계를 발전시키는 데 문제가 있다는 사실이 매우 신경쓰입니다."

"왜 그런가요?" 내가 물었다.

"첫 데이트를 여러 번 해봤어요. 때로는 일주일에 한두 번 정도 데이트를 했는데, 두 번째 데이트는 거의 한 번도 못 해봤어요. 제가 못생겼나요? 제가 너무 멍청한가요?"

"그게 문제가 아니라고 생각하는데요. 내가 당신을 잘 알지는 못하지만, 당신은 분명히 똑똑하고, 아주 효과적인 비디오 필터를 사용하지 않는 한, 못생겼다고는 생각되지 않아요."

그녀는 잠깐 웃었다.

"그럼, 어떻게 된 일인지 알아봅시다." 내가 계속했다.

"저는 스코틀랜드에 1년 넘게 있었지만, 전혀 사회 생활을 하지 못했습니다."

"스코틀랜드에 가게 된 경위는 무엇입니까?"

"영국에는 의사가 부족했고, 저는 변화가 필요했습니다. 부모님에 대한 기억이 가득한 남아프리카 공화국에 있는 것은 너무 힘들었습니다."

"지금의 삶은 어떻습니까?"

"제 직업적 상황은 좋습니다. 환자를 만나고, 위기 상황에서 직접 효과적인 일을 하는 시간을 즐깁니다. 주말과 밤에는 만족스러운 연구를 합니다. 하지만 제 사회 생활은? 제로입니다."

나는 그녀가 최근에, 전 세계적인 팬데믹이 시작되기 직전에 새로운 나라로 이주했고, 이것은 개인적인 관계를 발전시키는 데 중요하고도 이례적인 장벽이라고 지적해 주었다.

"저에게는 큰 차이가 없습니다. 병원은 여전히 운영 중이고, 저는 하루 종일 사람들과 일하고 있습니다. 게다가 우리는 모두 수술용 마스크를 쓰고 있죠. 코로나19가 있든 없든 말입니다."

"그리고 이사한 것이 그렇게 큰 의미가 없다고 생각하시나요?"

"남아프리카에서도 친구가 많지 않았어요."

나는 그녀의 도전이 연애 관계 그 이상이라는 것을 마음속으로 기록했고 그것에는 중요한 의미가 있을 수 있다고 생각했다. 그런 다음, 나는 수많은 환자들을 성공적으로 치료했던 것과 같은 방식으로 그녀의 삶을 탐구하기 시작했다. 물론 상황상 약간 서두르는 면이 있었으나 내가 그녀를 끌어내기 위해 한 모든 시도는 어딘가 어긋나 버렸다. 그녀는 모든 질문에 우호적으로 대답했지만, 단순한 표면적인 대답일 뿐이었다. 그녀는 내가 제안한 어떤 방법도 깊이 생각하고 싶어하지 않았고, 개인적인 깊은 정보도 제공하지 않았다.

15분 정도 그렇게 지내다 보니, 그녀와 점점 멀어지는 느낌이 들기 시작했다. 이때가 바로 '여기-지금'으로 이동해야 할 때라는 신호이다. 첫 번째 단계는 우리 이야기의 초점을 그녀가 자기의 인생에서 다른 사람과 관계 맺기의 어려움으로부터 '여기-지금' 상황에서 그녀와 나의 대화의 어려움으로 옮기는 일이다.

"소피아" 내가 말했다. "질문 하나만 할게요. 오늘 우리 세션은 어떻게 진행되고 있나요?"

"정신과 의사와 상담해 본 적이 없습니다. 이번이 처음이에요."

"좀 더 자세히 말해 줄 수 있나요? 나와 상담하는 것이 어떤 느낌인지 말해 주세요."

"말씀드렸듯이, 저는 치료사와 상담해 본 경험이 없습니다. 선생님이 처음이세요. 하지만 제대로 진행되고 있다고 말씀드리고 싶네요."

대화를 곧바로 끝내는 식의 또 다른 대답을 듣고, 나는 소피아에게 내가 그녀와 연결하는 데 정말 어려움을 겪고 있다고 말했다. 나는 그녀의 내면에 무슨 일이 일어나고 있는지 알고 싶었지만 불안했다. 그녀는 내 의견에 추상적으로 관심을 보였지만, 대답할 때가 되었을 때는 계속해서 인색하게 굴면서 가능한 한 적은 단어와 최소한의 공개만을 제공했다.

나는 그녀가 좀 더 직접적인 자극이 필요할지도 모른다는 생각에서 그녀의 감정에 집중하려고 노력했다. "내가 묻는 질문에 대해 소피아는 어떤 감정을 느끼나요? 어떤 감정이 떠오르나요?"

"선생님은 왜 계속해서 저와 선생님에 대해 묻는 질문을 하는지 모르겠어요. 제가 선생님에게 연락한 이유와 아무 관련이 없는 것 같은데요." 소피아가 말했다.

"전혀 그렇지 않아요." 내가 말했다. "제가 생각하는 상황을 설명해 드리겠습니다. 먼저, 오늘의 만남을 당신이 현실 세계에서 겪는 일의 사회적 축소판이라고 생각해 보세요."

"사회적 축소판이라고요?"

"제 말은, 당신이 다른 사람들과 상호작용하는 방식이 지금 저와의 상호작용에 그대로 반영되고 있다는 것입니다. 제가 이해하기로는, 당신은 지적이면서 매력적인 여성이고, 많은 남성과 첫 데이트를 하지만, 어떤 이유인지 그들은 다시는 연락하지 않는다는 것입니다. 그 문제가 바로 당신이 풀 수 있도록 내가 돕고 싶은 수수께끼입니다. 나는 우리 관계, 즉 지금 우리 둘이 겪고 있는 상황을 검토함으로써 그 답을 찾을 수 있다고 믿어요."

그녀는 내 말에 대해 신중하게 생각하는 듯 보이더니 다시 고개를 끄덕였지만 대답하지 않았다.

나는 화면에 좀 더 가까이 몸을 기울였다. "지금까지 우리의 세션에서 내가 느낀 솔직한 개인적인 반응을 말씀드리겠습니다."

그녀는 내가 이런 제안을 할 때 거의 언제나처럼 놀란 표정으로 눈을 크게 뜨고 있었다. 나는 이런 반응이 대부분의 사람들이 다른 사람들로부터 진정으로 솔직한 피드백을 받아보지 못했기 때문이라고 생각한다. 대신 사람들은 연인과의 감정적 관계, 동료와의 지위 등 자신과 맺고 있는 관계의 유형에 따라 변함없이 반응한다. 그러나 이런 정직한 피드백을 제공하는 것은 치료사의 가장 강력한 도구 중 하나이다.

"처음 시작할 때부터 저는 당신을 알아가고 당신과 가까워지려고 노력했습니다. 시간이 얼마 없기 때문에 최대한 빨리 끝내고 싶습니다. 그래서 질문이 꽤 친밀했으나 진전이 거의 없습니다. 당신은 나와 멀리 있고 불편해 보이며, 제가 무엇을 물어봐도 개인적인 감정을 거의 드러내지 않습니다. 난처한 상황이 되었습니다. 마음을 열 수 있도록 돕고 싶지만, 너무 압박하는 것 같아 어색하기도 합니다. 제 말이 명확한가요?

"지금 이 만남 자체가 사회적 축소판이라는 말씀이신가요?"

"그렇습니다."

"흠, 흥미로운 표현이네요." 소피아가 말했다.

"오케이. 좀 더 열린 마음으로 받아들이도록 노력해 보겠습니다. 제가 드린 대답은, 제가 선생님에게 약간 당황스럽고 짜증이 났다는 것입니다."

"맞아요! 그리고 저는 지금 우리가 나누고 있는 대화가 당신과 다른 사람들과의 대화와 매우 유사하다고 생각합니다. 제 말에 동의하시나요?"

"다른 사람들과 대화할 때 짜증을 낸다는 말인가요?"

"아마도요. 그들이 너무 친근하게 다가올 때 짜증이 날 겁니다."

그녀는 더 적극적으로 고개를 끄덕였고 나는 계속했다. "소피아, 지금부터 위험을 무릅쓰고 지금까지의 우리 대화에 대한 당신의 감정을 좀 더 말해 줄 수 있겠어요? 주저하지 말고 말해요. 저를 기분 나쁘게 할까 봐 걱정하지 마세요."

"글쎄요, 선생님이 '주저하지 말라고' 하니까 주저하지 않겠어요. 솔직한 제 반응을 말씀드리죠. 선생님이 끊임없이 저에게 마음을 열라고 압박하는 바람에 제 내면의 일부가 좌절감을 느끼고 있어요."

"계속할 수 있겠어요?" 나는 차분하고 친근한 어조로 물었다.

"물론이죠. 이거 점점 짜증 나네요. 선생님이 짜증 나요! 아니, 다시 말하면, 저는 짜증이 나고, 이게 정상적인 대화였다면 꽤 오래전에 저는 자리를 떴을 겁니다."

나는 고개를 끄덕이며 그녀가 중요한 것을 지적했다고 표시했다.

"하지만 제가 떠나지 않은 이유는… 아마도 선생님이 하는 말을 조금씩 이해하기 시작했기 때문일 것입니다. 사실 저는 마음을 잘 열지 않습니다. 익숙하지 않아서예요. 그리고 마음을 여는 것이 불편합니다. 왜 제가 그래야 하죠?"

"이제 뭔가 진전이 있네요." 내가 말했다.

"이게 당신의 중요한 질문에 대한 해답을 보여주는 것 같아요. 왜 두 번째 데이트는 없을까? 상상해 보세요. 당신과 데이트 중인 사람을요, 알겠죠? 그 사람은 저녁 내내 당신에 대해 알아보려고 노력해요. 당신이 마음을 열 수 있는 사람인지 보려고 하는 거죠. 하지만 그들이 가까워지려 할 때마다 당신은 그 질문을 피합니다. 술을 한두 잔 마셨을지도 모르는 몇 시간 후에 그들은 마음이 꽤 닫힌 느낌을 받으며 돌아갑니다. 당신이 그들에게 별 관심이 없다고 확신하면서요. 어쩌면 자신이 당신의 관심을 받을 자격이 없다고 느끼는 거죠."

그녀는 천천히 고개를 끄덕이며 이 말을 받아들이는 듯했다. 그녀가 그 의미를 이해하려고 애쓰는 것을 느낄 수 있었다.

"개방적인 태도를 취하는 것이 불편하다는 것을 이해합니다." 내가 말했다. "하지만 다른 사람이 당신에게 가까이 다가오기를 원한다면, 당신은 자신의 안전 지대를 벗어나야 할 필요가 있을지도 모릅니다."

"좋아요. 저에게는 쉽지 않을 것 같지만, 해봐야겠어요…" 그녀는 말을 흐렸다. 분명히 다른 문제가 그녀를 괴롭히고 있었다. 잠시 후 그녀는 계속해서 말했다. "그래서 이 모든 사람들, 놓친 모든 기회들이 제 잘못이라는 거죠?"

"당신이 부분적으로 역할을 했다는 거지요."라고 내가 말했다. "하지만 아주 작은 부분이지요."

나는 그 말을 잠시 동안 우리 사이에 남겨 두었다. 그러고 나서 너무 많은 자기 비난이 도움이 되지 않을 것임을 알고 마음을 바꿨다. 책임감은 변화를 이끌어내는 데 큰 도움이 될 수 있지만, 자기 비난은 거의 도움이 되지 않는다.

"당신이 느끼는 불편함의 근본에 대해 알고 있는 것이 있나요?" 내가 물었다. "어디에서 비롯된 건가요?"

"아주 오래전부터 그런 것 같아요. 부모님은 선교사로 활동하셨고, 꽤 폐쇄적인 분들이셨어요. 그래서 저도 그런 식으로 자랐어요."

"어떤 식으로요?"

"부모님의 일은 중요했어요. 그리고 부모님에게는 제가 모든 것을 잘 하는 것이 중요했어요. 공부도 잘하고, 행동도 바르고, 교회와 지역사회에서 부모님의 입장을 대변하는 것이 중요했죠."

"엄격했다고 느껴지네요."

"매우 엄격했습니다."

"감정적으로도 그런가요? 예를 들어, 어떤 일에 대해 화가 났을 때?"

"제 문제를 표현할 수 있는 공간이 별로 없었습니다."

한 시간이 훌쩍 지나갔지만, 아주 유익한 시간이었다. 소피아는 외부 행동과 내면의 감정이 우리의 상호작용을 통해 재현된다는 개념을 이해한 것 같았다. 그래서 그 여러 번의 첫 데이트에 자신이 가져간 것과 가져가지 않는 것이 무엇인지 알 수 있었다. 소피아와의 시간은 내가 장기적으로 환자를 치료하는 치료사로서의 임기를 마치고 있다는 사실을 슬퍼했던 수많은 시간 중 하나였다. 소피아는 변화하기 위한 준비가 되어 있었고, 변화는 언제나 흥미로운 순간이다. 나는 그녀와 상담하고 싶었다. 그러나 아쉽게도, 소피아와 마찬가지로 나는 지금 환자들과의 첫 번째 '데이트'만 하고 있다. 소피아에게 첫 번째 데이트만 하는 것은 문제라고 생각한다. 그녀는 지금 그 문제를 바꾸기 위한 길을 가고 있는 것 같다. 나에게 환자와의 첫 데이트는 나의 노화와 기억력 저하라는 다루기 힘들고 피할 수 없는 문제에 대한 일시적인 해결책이라고 생각한다. 첫 데이트에서 만난 상대가 두 번째 데이트에 나타났는데 치료사는 첫 데이트에 대한 기억이 거의 없다는 사실을 알게 된다면 어떻게 반응할까? 그들은 아마도 비싼 비용을 지불하고도 그들 자신이나 그들의 문제가 너무 사소해서 내 관심을 받을 자격이 없다고 거부당하는 것처럼 느낄 것이다. 확실히 이런 것은 성공적인 치료에 필요한 따뜻하고 친밀한 관계를 구축하는 데 전혀 도움이 되지 않을 것이다.

하지만 나는 내가 소피아에게 도움이 되었다고 생각한다. 첫 데이트 치고는 나쁘지 않은 편이다.

상담을 받은 지 두 달 후에 나는 이 책에 나오는 모든 환자들에게 했던 것처럼 소피아에게 그녀의 이야기를 보내고, 출판 허가를 요청했다. 나는 다음과 같은 답변을 받았다.

안녕하세요, 얄롬 박사님.

연락 주셔서 감사합니다. 솔직히 말해서, 세션 동안의 경험은 박사님만큼 불편했습니다. 특히 처음 30분 동안은 그랬습니다. 그러나 그 후에는 나아졌고, 안도감을 느끼며 끝낼 수 있었습니다. 박사님은 제가 익숙하지 않은 방식으로 저를 상당히 압박했고, 그로 인해 저는 매우 불안해졌습니다. 어떤 때는 짜증이 나고 심지어 화가 나기도 했습니다. 그러나 그 세션은 저에게 도움이 되었고, 저는 계속해서 저의 관계에 대한 조력 또는 그 부족에 대해 생각해 왔습니다.

저는 부모님에 대해 이야기하면서 제 도전의 근원에 대해 이야기했어요. 그 이후로 저를 방해하는 또 다른 요소가 있다는 것을 깨달았습니다.

제가 외상 외과의라는 것을 기억하실 것입니다. 그래서 저는 종종 죽음과 상실의 고통을 겪는 사람들을 보게 됩니다. 예를 들어, 몇 주

전에는 끔찍한 오토바이 사고를 당한 50대 수염 난 남성이 들것에 실려 들어왔습니다. 오토바이 사고는 항상 최악입니다. 저는 최선을 다해 그를 치료했지만, 그는 열상, 골절, 출혈로 인해 상태가 좋지 않았습니다. 한동안은 생사를 오갈 정도로 위태로웠습니다. 수술 후 상태를 확인했을 때 그는 여전히 의식이 없었고, 그의 아내인 한 여자가 그의 손을 잡고 앉아 있었습니다. 그녀는 울고 있었고, 제가 방에 들어서자마자 그녀의 고통을 느낄 수 있었습니다. 누군가를 그렇게 많이 돌보는 것이 저를 두렵게 한다고 생각합니다.

순식간에 사라질 수도 있는 사람. 어떻게 그 고통을 견딜 수 있을까? 그러나 내 안의 목소리(선생님의 목소리?)가 들려옵니다. 진정으로 살아가려면 기꺼이 손실을 감수해야 한다고.

저는 제 삶에 관한 답을 얻기 위해서 제 꿈, 특히 잠에서 깨어날 때 느끼는 감정에 많이 의존합니다. 세션이 끝난 후 저는 불안한 밤을 보낼 준비를 하고 있었습니다. 그러나 예상과 달리 저는 꿈에서 깨어나면서 매우 따뜻하고 달콤하고 차분한 느낌을 받았습니다. 저는 그것을 좋은 징조로 받아들였고, 제가 관심 있는 남자에게 다시 만나고 싶다고 말할 수 있는 힘을 얻었습니다. 그는 놀랐지만 기쁘다고 말했습니다. 우리는 이번 주말에 저녁을 먹기로 했습니다.

감사합니다,

소피아

이 만남에 대한 한 가지 성찰, 일반적인 치료뿐 아니라 특히 '여기-지금' 작업에서 매우 중요한 그것은, 세션 도중 소피아가 여러 번 우리 사이에서 일어나고 있는 일에 대해 말하는 것이 얼마나 불편한지 언급했다는 것이다. 이는 놀라운 일이 아니었다. 우리의 일상 대화에서는 이런 방식으로 이야기하는 일이 거의 없다. 대부분의 대화는 치료사들이 '내용(contents)'이라고 부르는 것으로 채워져 있다. 즉 무슨 일이 일어났는지, 우리가 어떻게 반응했는지, 다음에 무엇이 있었는지 등이다. 그러나 소피아와의 작업에서 나는 과정(process)에 대해 이야기하고자 했다. 즉 우리 사이의 역동, 의사소통 패턴, 그리고 어떤 감정이 떠올랐고 표현되었거나 회피되었는지에 대해서였다. 일상생활에서는 이러한 직접적인 과정 이야기가 종종 불편하거나 심지어는 무례하게 느껴질 수도 있다. 아마도 우리가 미묘한 행동들을 자세히 들여다보고 책임을 져야 하기 때문일 것이다. 하지만 치료에서는 이러한 세밀한 관찰이 매우 유익하다.

소피아의 경우, 그녀가 보여준 내용—스코틀랜드와 이전에 살았던 남아프리카 공화국에서 친구가 없는 것, 실패한 데이트, 외로움—은 모두 대인 관계의 거리감과 관련이 있었다. 우리가 함께한 과정, 즉 내가 그녀에 대해 더 알기 위해 시도했지만 그녀가 이를 모두 회피한 방식은 그녀가 자신이 묘사한 부정적인 결과에 무의식적으로 기여했음을 보여주는 역동적인 모습을 드러냈다. 이는 그녀가 문제를 해결하기 위해 자신의 방어를 내려놓을 필요가 있으며, 타인들이 가까이 다가오기를 원한다면 마음을 열어야 한다는 점을 분명히 알게 해주었다.

CHAPTER 4

식민지화, 또는 과시

그 후 몇 주 동안 나는 매릴린의 죽음과 나의 죽음에 대해 자주 생각했다. 나는 그녀의 죽음을 무척 두려워했고, 몇 달 동안 나에게는 어떤 즐거움도 거의 불가능하게 만들었던 아픈 두려움에 사로잡혀 있었다. 그러나 이제는 나의 죽음에 대한 불안, 나를 괴롭혀오던 명백한 불안이 거의 존재하지 않는다는 사실을 깨닫고 놀랐다. 그것은 이상했고 오랫동안 익숙해오던 두려움에서 해방되는 듯한, 어리둥절하게 하는 느낌이기도 했다. 이런 변화는 내가 그녀를 아주 잃었다는 사실을 인정하고 점점 늙어가는 내 나이 때문이라고 생각한다. 내가 88세가 되었을 무렵에는 나와 가장 가까운 친구들이 거의 모두 세상을 떠났다. 나는 마치 가을날 나뭇가지에 매달려 있는 마지막 주름진 낙엽처럼 느껴졌다. 매릴린이 없었기 때문에, 살아 있는 사람들과 나를 강하게 연결해 주는 정서적 유대감이 없어졌다. 물론 내 아이들은 나에게 소중한 존재였지만, 모두 각자의 삶에 깊이 몰두하고 있었다. 그들을 보는 것은 나에게 기쁨이었으나 때로는 부담이 되기도 했다. 그들은 나를 그리워할 것이다. 몇 안 되는 학생들과 친구들이 나를 그리워할 것처럼 말이다. 그러나 내 나이를 생각하면 내가 세상을 떠날 때 찾아올 슬픔이 이미 가까워오고 있었다.

죽음에 대한 두려움에서 나를 해방시켜 주는 좀 덜 우울한 요소가 있었다. 나는 운이 좋아서 풍요롭고 충만한 삶을 살 수 있었다. 아직 끝내지 못한 일이 많다고 생각하지 않는다. 인생의 끝이 보였지만, 내가 예상했던 것보다 훨씬 덜 무서웠고, 몇 년 동안 계속 죽음에 대해 두려워했던 것보다 훨씬 덜 무서웠다. 죽음과 직접 마주하기 전까지는 죽음이 두렵지 않았다.

1980년에 나는 *Existential Psychotherapy*(실존적 심리치료)라는 책을 썼다. 이 책에는 죽음과 필멸(必滅)에 대한 많은 생각, 이런 인간의 조건이 우리 모두에게 미치는 영향, 그리고 심리치료 환자와 함께 일하기 위한 실존주의적 관점을 사용하는 방법이 담겨 있다. 간단히 말해서 우리는 모두 불확실한 세상에 살고 있으며, 피할 수 없는 삶의 여러 가지 불가피한 사실에 직면해 있다는 사실에 대해서 썼다. 나는 이것을 다음과 같이 분류했다. **죽음**(우리는 필연적으로 죽을 것이라는 사실을 인식하고 있을 때만 온전히 살 수 있다), **자유**(우리는 엄청난 자유를 누리고 있으며 궁극적으로 우리 자신의 삶의 선택에 대한 책임이 있다), **고립**(우리는 혼자 태어나고 혼자 죽을 것이지만, 그럼에도 불구하고 친밀감과 융

합을 갈망한다), 무의미(우리는 절대적인 가치 체계가 존재하지 않는 혼란스러운 세상에 살고 있으며, 그럼에도 불구하고 의미 있는 삶을 갈망한다).

이러한 고민을 해결하기 위한 많은 임상적 접근 방식은 나의 치료 관찰에서 비롯된 것이지만, 이 책은 오랫동안 죽음에 대해서 그리고 죽음에 대한 두려움이 우리의 삶을 어떻게 변화시키는가에 대해 고민해 온 위대한 철학자, 작가, 현자, 그리고 기타 다른 사람들의 연구 결과에 뿌리를 두고 있다. 25년 후 나는 이 주제를 *Staring at the Sun*(보다 냉정하게 보다 용기있게)이라는 책으로 출판했다. 이 책에서 나는 고대 사상가부터 현대 철학자에 이르기까지 위대한 사상가들의 지혜를 다시 한 번 정리했다. 분명히 죽음에 대한 생각은 내 생각의 중심에 있었고, 이에 대한 나의 작업은 비슷한 성향을 가진 많은 치료사들에게 영향을 미쳤다.

다음에 소개하는 상담은 실존주의적 접근법에 끌린 젊은 치료사 크리스틴과의 상담이다. 그녀로부터 다음과 같은 이메일을 받았다.

> 안녕하세요, 얄롬 박사님.
>
> 저는 정신과 전문의로 레지던트 과정을 마치고 오리건에서 개인 병원을 시작했습니다. 저는 박사님의 열렬한 추종자이며, 특히 박사님의 실존주의적 치료에 열광합니다. 몇 주 전에 박사님이 페이스북에 올리신 글을 보고, 현재 줌을 통해 감독 세션(supervisory session)을 제공하고 계신다는 것을 알게 되었습니다. 박사님과 약속을 잡고 싶습니다.
>
> 크리스틴 L.

분명히 크리스틴은 내가 페이스북에 올린 글을 잘못 읽은 것이다. 페이스북에 올린 글에서 나는 상담(consultation)이라는 용어를 사용했는데, 크리스틴은 감독(supervision)이라는 단어를 사용했다. 감독은 치료 현장에서 특정한 의미를 지니고 있다. 멘토의 역할을 수행하고, 치료사의 사례를 검토하고, 잠재적으로 치료사와 그 환자를 지속적으로 책임지는 의미를 수반한다. 그녀의 실존적 초점에 비추어 볼 때, 나의 감독에 대한 그녀의 관심은 이해할 수 있지만, 그녀의 제안은 나의 제안과는 상당히 다른 것이었고, 내가 제공할 수 있는 것 이상이었다.

나는 한 시간 정도 상담하면 좋겠다고 답하고 가능한 날짜를 몇 개 제안했다. 그녀는 즉시 이메일을 보내면서 나의 감독을 받으면 매우 기쁘겠다고 말했고, 우리는 날짜와 시간을 정했다. 나는 그녀가 감독이라는 단어를 끈질기게 사용하는 것에 주목했지만, 이에 대해서는 언급하지 않았다.

장기 치료의 경우, 첫 번째 세션에서 환자의 초기 정보를 수집하는 것이 환자에 대한 통찰력을 얻을 수 있는 기회가 될 수 있다. 예를 들어, 환자가 자신의 삶에서 어떤 측면을 가장 중요하게 여기는가? 환자가 간과하고 있지만 치료사가 알아차려 주었으면 하는 힌트를 주는 것은 무엇인가? 환자가 피하려고 하는 영역은 무엇인가? 그러나 단일 세션 실험을 시작한 지 8개월이 지난 지금, 나는 이렇게 제한된 시간에 이런 미묘한 탐색은 비효율적이라는 것을 알게 되었다. 가능한 한 많은 정보를 미리 얻는 것이 매우 유용하다는 것을 알기 때문에 크리스틴과의 약속 일주일 전에 다시 연락하여 상담 시간 동안 어떤 특정 문제를 다루고 싶은지 물어보았다. 그녀는 자기가 방금 수련을 마쳤고 개인 병원을 시작하면서 내 감독을 받을 수 있게 되었다고 대답했다. 다시 한 번 나는 그녀가 전문적인 의미를 담고 있는 감독이라는 특정 단어를 계속 사용하는 것을 발견했다. 이것이 어디로 이어질지 알 수 없었지만, 그녀는 전문적인 수준보다는 개인적인 수준에서 관계를 맺는 데 어려움을 겪고 있을 수 있다고 생각했다.

줌 세션을 시작하면서 그녀에 대한 첫인상은 매우 똑똑하고, 이 만남을 기다리면서 억누르고 있었던 많은 말을 하고 싶어 하는 열정이 있다는 것이었다.

"만나주셔서 감사합니다, 얄롬 박사님." 그녀가 말했다.

"그냥 어브라고 불러 주세요." 나는 내 환자와의 거리를 빨리 좁히기 위해 이렇게 말했다.

"좋습니다. 지금은 저에게 좋은 시기가 아니라는 것을 말씀드려야 할 것 같습니다."

"지금 당신의 삶에서 어떤 일이 일어나고 있나요?"

"음, 제가 이메일에서 언급했듯이, 저는 최근 정신과 레지던트 수련을 마쳤고, 개업을 시작하는 데 어려움을 겪고 있어요."

"어려운 점이 있다면, 그것을 말씀해 주세요."

"사무실도 있고, 간판도 걸었습니다. 가구, 식물, 웹사이트도 모두 준비됐습니다. 하지만 레지던트 시절부터 이어져온 몇몇 환자 외에는 환자가 없습니다. 환자들이 계속 찾아올 것 같지도 않습니다. 아직 교수들로부터 추천을 받지 못했습니다. 단 한 명도요!"

"그거 유감이네요. 불안하겠어요. 이유가 뭡니까?"

"이상하게도, 얄롬 박사님 당신이 그 이유의 일부입니다."

"제가요? 어떻게요?"

"저는 한동안 얄롬 박사님의 추종자였습니다. 선생님의 책을 모두 읽었고, 그중 많은 책을 한 번 이상 읽었습니다. 그리고 저는 저 자신을 박사님의 제자라고 생각합니다. 특히 실존적 문제에 대한 박사님의 생각, 죽음에 대한 불안이 우리에게 미치는 영향, 우리 모두가 삶의 죽음과 무의미함의 그림자와 씨름해야 하는 방식에 특히 관심이 많습니다. 정신과 교수들은 종종 장기 환자들을 학생들에게 소개해 주기 때문에 수십 가지의 치료 계획을 들을 수 있었습니다. 그러나 그들 중 누구도 죽음에 대한 불안이라는 개념을 언급한 적이 없습니다. 한 번도요. 그들은 치료의 핵심을 무시하고 있습니다!"

그녀는 잠시 멈추더니, 내가 그녀의 짜증에 동참하기를 기대하는 듯했다.

"실존주의적 치료는 종종 사람들을 불편하게 만듭니다." 내가 말했다. "치료사에게도 마찬가지입니다."

"제가 계속 박사님 말을 인용했기 때문에 사람들이 짜증을 냈고, 상황이 악화되었습니다."

나는 깜짝 놀랐다. 이런 일은 나에게 처음 있는 일이었다. 지금까지 환자를 만나면서도 내가 그들이 가지고 있는 문제의 핵심인 적이 없었다. 적어도 그들을 만나기 전까지는! 환자들이 치료사에게 화를 내는 것은 드문 일이 아니다. 보통 환자들은 마치 치료사가 그들을 나쁘게 생각하거나 신경 쓰지 않는다는 자신의 생각이나 태도를 치료사에게 투시한다. 나도 여러 가지 이유로 환자들이 나에게 화를 낸 경우가 있기는 하지만 환자가 이런 식으로 치료시간을 시작하는 것은 지금껏 본 적이 없다. 나는 한편으로 크리스틴과 더 깊이 파고들어, 내 일에 대한 그녀의 생각, 내가 그녀의 교수들에게 어떻게 비춰졌는지, 그리고 내가 그녀에게 어떤 영향을 미쳤는지에 대해 더 알고 싶었다. 그러나 이것은 종종 그렇듯이, 내 자아의 목소리였고, 치료는 그녀에 관한 것이었으므로 그 대신에 나는 교수들에게 거절당한 듯이 보이는 그녀의 경험으로 초점을 돌렸다.

"크리스틴, 당신이 매우 고립되어 있고, 훈련을 받는 동안 교수들의 관심을 받지 못했다고 느꼈을 것 같다는 생각이 듭니다."

"맞아요. 정말 맞아요." 그녀가 말했다.

"당신은 개인 치료에서 이 문제에 대해서 어떤 종류의 작업을 했는지 말해 주세요."

"와우. 정말 빠르시군요. 중요한 부분을 짚어 주셨어요. 저는 계속 개인 치료를 받은 적이 없어요."

"정말로요? 나는 수련 중인 모든 치료사가 자신의 치료를 받는 것이 얼마나 중요한지에 대해서 많은 글을 썼습니다. 말해 보세요, 왜 당신은 그렇지 않습니까?"

"알아요, 알아요. 그리고 개인 치료를 받으려고 노력해 봤어요. 두 번 시작해서 두 번 다 그만뒀어요. 제가 만난 두 명의 정신과 의사는 모두 절망적으로 경직되어 있었어요. 첫 번째 의사는 믿을 수 없을 정도로 거만했어요. 그의 방은 천장부터 바닥까지 책으로 가득 차 있었고, 책 제목은 모두 지나치게 복잡하고 장황했어요. 한번은 제가 그 책 중 하나에 관심이 있는 척하면서 그 책에 대해 물어봤어요. 그는 대답하지 않았어요. 아니면 못했을 수도 있습니다. 그냥 덮어두었을 수도 있죠. 그 사람은 그 책을 열어본 적이 없는 것 같았어요. 제가 시도해 본 또 다른 치료사는 분명히 식민지화에 열중하는 사람이어서 저는 몇 번의 상담을 받고 그만두었습니다."

"식민지화(colonization)? 흥미로운 단어네요. 무슨 뜻인가요?"

"아, 얄롬 박사님도 아시죠. 그 단어는 박사님의 책 **실존적 심리치료**에 자주 등장하는 단어입니다. 그 책은 제게는 성경과 같은 존재입니다!"

그녀의 이 말은 잠시 나를 당황하게 했다. 나는 이 단어를 사용한 기억이 전혀 없다. 그러나 그녀에게는 너무나도 당연하게 느껴지는 단어였고, 내가 자주 사용했던 단어였고, 명확한 의미와 중요성을 지닌 단어였다. 이 젊은 여성이 나의 아이디어에 대해 이야기해 주고 있는데, 당사자인 내가 그것을 알아차리지 못한다는 것이 얼마나 이상한 일인가? 잠시 동안 정신이 멍해졌고, 현기증이 나는 듯했다. 나는 의식적으로 그 생각의 흐름을 따르지 않기로 했고, 그 감정에 굴복하지 않고 나 자신의 불편함을 해소하는 데 시간을 사용하기로 했다. 나는 다시 그녀의 주의를 집중시켰다.

"크리스틴, 이건 좀 부끄럽지만, 내가 그 단어를 사용한 기억이 없어요. 요즘 기억력이 좀 흐릿해서, 당신이 맞을 수도 있을 거예요. 찾아봐야겠어요. 하지만 제대로 이해했는지 확인해 보겠습니다. 심리치료사가 어떻게든 당신의 정신으로 침범해서 당신을 지배하게 만든다는 뜻인가요?"

"정확합니다. 더 이상 잘 표현할 수 없겠네요."

"그럼 제가 제대로 이해했는지 확인해 보겠습니다. 당신의 첫 번째 심리치료사는 사기꾼이고, 두 번째 심리치료사는 침략적이라는 뜻인가요? 당신이 경험한 다른 심리치료에 대해 말씀해 주세요."

"그게 전부 다예요. 다시 위험을 감수할 생각이 전혀 없었어요. 저는 제가 저인 것이 자랑스럽고, 그 누구의 손에도 놀아나고 싶지 않아요."

놀아나다. 흥미로운 단어 선택이었다. 나는 그것을 메모한 다음 앞으로 나아갔다.

"그건 레지던트 시절에 잘 안 풀렸던 일인 것 같네요. 내가 아는 정신과 수련 프로그램에서는 개인 상담이 필수입니다. 당신은 문제가 있는 부분을 피하는 경향이 있는 건 아닌지 궁금하군요."

그녀는 당황한 듯 고개를 저었다. "박사님은 전혀 저를 이해하지 못하시네요, 얄롬 박사님. 우리가 지금까지 몇 분 동안 나누었던 대화를 듣고 어떻게 그런 생각을 할 수 있죠?"

"당신이 보낸 이메일에서 분명하게 드러나 있습니다. 그 이메일들을 컴퓨터에 아직 가지고 있나요?"

"물론 가지고 있습니다."

"기회가 되면 확인해 보세요. 첫 번째 메모에서 당신은 내가 치료사들에게 **감독** 세션(supervission session)을 제공한다고 발표하는 페이스북 게시물을 읽었다고 언급했습니다. 하지만 사실, 제 페이스북 게시물에는 **상담** 세션(consultation session)을 제공한다고 적혀 있습니다. 당신과 나는 두 번 더 이메일을 주고받았고, 그때마다 똑같은 패턴으로 반복되었습니다. 나는 **상담**이라는 단어를 사용했지만, 당신은 **감독**이라는 단어를 고집했어요. 내가 페이스북에 그 글을 올린 이후로, 상담을 요청하는 메일을 수백 건 받았습니다. 당신만이 **상담**이라는 단어를 **감독**으로 바꾸었습니다."

"죄송하지만, 아직도 모르겠어요."

"간접적으로 말해서 죄송합니다. 제가 말하고자 하는 요지는 당신이 **상담**이라는 단어보다는 **감독**이라는 단어를 선호하는 데에 많은 의미가 있을 수 있다는 것입니다. 내 생각에 상담은 도움이 필요하다는 것을 의미하며, 이는 심각한 고민에 대해 말씀해 주셔야 한다는 것을 의미합니다. 반면에, 감독은 전문적인 감독을 의미합니다. 즉 다른 사람들의 고민을 어떻게 다루는지를 살펴보는 것입니다. 당신이 **상담**이라는 단어를 꺼리는 이유는 자신의 문제를 드러내는 것이 불편하다고 느끼기 때문이라고 생각합니다."

"네, 지금 이해해 가고 있는 중이에요. 그리고 박사님이 맞아요. 정말 핵심을 찌르셨네요. 저는 그것이 그렇게 눈에 띄는 줄 전혀 몰랐어요."

"글쎄요, 저는 꽤 오래 이 일을 해왔어요. 이런 것들을 감지하는 제 감각은 꽤 강력해요. 내 눈과 귀는 점점 흐려지고 있는데도 말이죠."

그녀는 분명 집중하고 있었고, 나와 함께 그 이야기에 몰입해 있었다.

"나 역시 교수들이 당신에게 환자를 보내지 않는 이유가 그것 때문이 아닌지 궁금합니다."

"무슨 이유로요?"

"아마도 교수들은 당신이 자신에 대해 더 많은 수련을 해야 한다고 느끼고 있을 겁니다. 그 수련은 당신이 잠재적 환자를 더 잘 맞이할 수 있게 해줄 거예요."

"무슨 말씀이신가요?"

"글쎄요, 나는 치료에서 치료사가 자기 자신에 대한 편안함과 자신의 편견에 대한 솔직한 인식을 갖는 것이 매우 중요하다고 생각합니다. 그리고 그것은 환자들이 쉽게 알아차립니다."

"환자들이 어떻게 알아차리죠?"

"환자들은 구체적인 문제가 무엇이든 간에 어려움을 겪고 있습니다. 그들은 자신을 안내해 줄 수 있는 사람, 성숙하고 차분한 분위기를 가진 사람을 찾고 있습니다. 만약 당신이 불안해 보인다면, 환자들이 불편해 할 수 있습니다." 그녀는 잠시 이것에 대해 깊이 생각하다가 고개를 끄덕였다. 나는 그녀가 개인 상담을 받는 것에 대해 저울질하면서 긍정적으로 결정했기를 바랐다.

그녀를 지켜보면서, 나는 갑자기 그녀가 자신을 증명하기 위해 권위에 저항해야 한다고 생각하는 듯한 강한 인상을 받았다. 마치 부모에게 저항하는 십 대처럼. 나는 이 점에 대해 묻기 시작했다. 물론 내 마음속의 일부에서는 그러지 말아야 한다고 저지하고 있는 것을 알고 있었다.

"한 번만 더 추측해 볼게요." 내가 덧붙였다. "당신은 어떤 나이 많은 사람과의 관계에서 문제가 있었던 것 같아요. 아버지와의 관계는 어땠나요?"

크리스틴은 놀란 듯 머뭇거리며 대답했다.

"와. 아버지 얘기를 꺼내기 전까지는 괜찮았어요. 그건 좀 무서운데요. 제 부모님에 대해서는 아무 말도 안 했는데요. 음… 뭐라고 말해야 할지 모르겠어요."

나는 그녀의 충격을 느끼고 그녀에게 도움이 되지 않는 선을 넘었다는 것을 깨달았다. 나는 사람을 꽤 잘 읽는 편인데 이건 거의 예지처럼 느껴졌을 수도 있겠다는 생각이 들었다. 왜냐하면 그녀는 아버지나 다른 관계에 대한 이야기는 전혀 하지 않았으니까. 그녀는 아마 상담을 받으러 왔다가 점을 본 것처럼 느꼈을지도 모른다.

"미안해요, 크리스틴, 그건 제 실수였어요. 선을 넘은 것을 알았지만 멈출 수가 없었어요. 그냥 당신이 아버지와의 관계가 좋지 않았고 그 경험이 교사나 치료사들과의 관계에서 당신이 조심스럽게 행동하는 데 중요한 역할을 했다는 느낌이 강하게 들었어요."

우리는 잠시 침묵에 빠졌다. 결국 내가 말했다.

"크리스틴, 내가 환자들에게 자주 묻는 질문을 하나 드릴게요. 당신과 내가 하는 이 상담이 어떤지요?"

"음… 불편한 감정이 너무 뒤섞여서 어디서부터 시작해야 할지 모르겠어요. 몸이 얼어붙은 것 같아요."

"내가 너무 밀어붙였네요. 있잖아요, 크리스틴, 우리 다른 걸 시도해 봐요. 괜찮죠?"

그녀는 혼란스러운 표정으로 나를 바라보았다. 내가 너무 멀리 나가 버렸기 때문에 그녀는 불안해했고 신뢰하고 열린 방식으로 나와 함께 작업하기가 힘들어졌다. 그래서 나는 내 생각과 실수를 가능한 한 솔직하게 드러내며 분위기를 바꾸고자 했다.

"제가 드린 질문은 이거였어요. 이번 상담에서 우리가 어떻게 하고 있는 걸까요? 내가 그 질문을 받은 것처럼 생각하고 대답해 볼게요. 괜찮죠? 나는 우리가 이 세션에서 잘하고 있다고 생각해요. 서로를 조금씩 알아가고, 당신이 다른 사람에게 지배당할까 봐 두려워하면서 마음을 잘 열지 못한다는 것을 확인했어요. 나는 상담이 아니라 감독에 대해서 좀 더 깊이 관찰해 보았는데, 이것이 당신을 약간 흔들었지만 유용했다고 생각합니다. 지금까지는 괜찮았어요. 그런데 내가 당신의 아버지에 대한 추측을 했기 때문에 망쳐버렸어요. 그럴 필요가 없었는데 말이죠. 그러나 당신은 이미 그 요점을 알고 있었어요—당신이 문제로부터 도피하는 것이 치료사로서의 역할에 어떻게 영향을 미치는지에 대해서 말이죠—하지만 나는 내가 얼마나 똑똑한지 당신에게 나를 과시하고 싶은 마음을 억누를 수가 없었어요. 사실 좀 부끄럽지만 나를 과시하고 싶어하는 것은 나의 오랜 문제예요. 수년 동안 고치려고 노력해 왔지만, 여전히 계속해서 튀어나오지요. 용서해 주세요."

"진심이에요?"

"물론 진심이에요. 지금 내 마음속에는 정말로 그런 생각이 가득해요. 크리스틴, 내 말에 대답해 주실 수 있나요?"

"방금 선생님이 하신 말을 듣고 좀 놀랐어요. 정직하게 말하라고 하셨으니, 그렇게 하죠. 이런 식의 대화를 해 본 적이 없는 것 같아요. 이런 식으로… 상대방이 기분 나쁘지 않을까 너무 걱정하지 않고, 정말로 제 생각을 이렇게 말하고 있다니…"

"이런 식의 대화를 하는데도 우리는 살아 있고 잘 지내고 있어요. 우리는 살아남아 있어요. 우리는 서로에게 더 가까이 다가가고 더 솔직해졌어요. 이것이 내가 당신에게 바라는 것입니다. 환자로서, 그리고 치료사로서, 번서 서로 간에 깊고 정직한 경험을 하는 것이 정말 중요합니다."

"맞아요, 나는 지금 실제로 선생님에게서 개인 치료를 받고 있는 거예요. 솔직히 저는 지금의 제 모습 그대로가 좋다고 생각합니다. 그리고 저는 정말로 제 머릿속을 누군가가 건드리는 것을 원하지 않습니다."

"지금 내가 당신의 머릿속을 건드리는 것처럼 느껴지나요?"

"글쎄요. 아니에요. 선생님은 저를 놀라게 하고 계세요. 마치 내 부엌에 들어와서 여기저기 손을 대는 것처럼. 하지만 침입하는 방식은 아니었어요."

"그리고요?"

"우리가 서로 가까이 연결되어 있는 것 같은 느낌이 들어요. 제가 선생님에게 마음을 열 수 있을 것 같아요. 특히 선생님은 자신이 과시하기를 좋아한다는 것을 스스로 인정했기 때문에 더 그래요."

나의 실수가 얼마나 훌륭하게 서로 마음을 쉽게 열 수 있는 기회를 만들어 주는지 신기할 따름이다. 다시 한 번 나는 내가 그 자리에, 치료사로서 환자와 함께 진정으로 정직하게 참여하는 것, 나 자신도 결점 투성이의 한 인간이라는 것을 공유하면서 — 가까이 할 수 없는 전문가로서의 위치보다 — 언제나 가장 도움이 되는 위치라는 것이 치료사의 모습임을 되새긴다.

"나는 이런 개방적인 소통이 치료의 올바른 방향이라고 생각합니다." 내가 말했다. "간섭하지 않는 것. 환자의 관점에서 생각해 보는 것. 당신은 환자에게 마음을 열고 자신의 감정과 자신의 가장 어두운 내면을 탐구해 보라고 요청하고 있습니다. 당신 역시 그들에게 그런 걸 요구하고 제공하고 있다는 것이 어떤 의미인지 — 이상적으로 그것들은 매우 투명하고 정직하게 서로 진정으로 참여하는 것이 중요하다는 것을 — 당신 자신의 경험을 통해 아는 것이 중요합니다. 치료, 좋은 치료는 상대방 속으로 침입해서 고쳐주는 것이 것이 아니라 상대방이 스스로를 발견하도록 돕는 것입니다."

"아아, 시간이 다 되어 갑니다. 이제 그만해야 한다는 것이 아쉽지만, 나는 이 일을 당신 스스로 해야 한다고 격려하고 싶습니다. 오늘 세션을 마치자마자, 나는 당신과 잘 어울릴 만한 동료들의 이름을 이메일로 보내드리겠습니다. 그들 중에 식민지 개척자 같은 사람은 없을 거라고 생각합니다. 내가 하는 말이 어떤 느낌을 주나요?"

"혼란스럽습니다. 여러 가지 감정이 섞여 있어서 무섭기도 하고요. 하지만 선생님을 믿습니다. 그렇게 해 보겠습니다."

"당신의 개업을 즉시 도와줄 수 없어서 미안합니다," 내가 말했다. "하지만 오늘의 이 작업이 훨씬 더 중요합니다. 당신은 자신에 대해 많은 것을 발견하게 될 것이고, 그 결과 더 나은 치료사가 될 것이라고 확신합니다."

나는 치료사가 다른 곳에서 개인 치료를 받는 것이 중요하다는 것에 대해 써왔다. 크리스틴이 정말로 '얄롬의 제자'라면, 그녀는 분명 이런 생각을 접했을 것이다. 그러나 무언가가 도움이 된다는 것을 아는 것과 그것을 실제로 실천하는 것은 상당히 다르다. 오랫동안 몸에 배어 있는 습관을 끊으려고 노력해 본 사람이라면 누구나 이 사실을 수긍할 수 있을 것이다. 크리스틴이 분명히 느꼈던 것처럼, 예를 들어 치료사가 자신의 내면의 문제를 어떻게든 변화시킬까를 두려워하는 등 변화에 대한 두려움이 있는 경우 더욱 그렇다. 나는 그녀가 내 권고를 마음에 새기기를 바랐다.

효과적인 치료사가 되기 위해서는, 내담자의 관점에서 치료 경험을 이해하는 동시에 자기 자신에 대해 깊이 있게 알아야 한다. 이 두 번째 요소, 즉 자기 이해는 '여기-지금'에서의 치료 개입에 결정적으로 중요하다. 왜냐하면 치료사는 자신의 지각과 편향에 대해 높은 수준의 자각

(self-awareness)을 가지고 있어야 하기 때문이다. 세션 중 치료사는 내담자와의 상호작용을 면밀히 관찰하고, 자신 안에서 일어나는 감정 반응들을 세심하게 인식하고 해석해야 한다. 예를 들어, 내가 어떤 내담자의 회피적인 태도에 짜증을 느낀다면—마치 첫 만남에서 소피아에게 느꼈던 것처럼—그 감정에 무의식적으로 빠져드는 것이 아니라 즉각적으로 자각하는 것이 필요하다. 이런 감정 반응은 단순한 개인 감정이 아니라, 우리가 나누는 상호작용에 대한 중요한 정보를 내포한다. 예를 들어, 소피아가 마음을 열지 않으려는 태도는 나에게 거부감을 불러일으켰고, 이는 아마 다른 사람들에게도 비슷한 반응을 일으킬 수 있다는 신호일 수 있다. 하지만 치료사가 자기 자신에 대한 맹점(blind spot)을 가지고 있다면, 이러한 감정 반응은 타인의 일반적인 반응을 반영하는 신뢰할 수 있는 지표가 될 수 없다. 그렇게 되면, 치료 관계를 '사회적 소우주(social microcosm)'로 보는 관점은 무너지게 된다.

예를 들어, 한 내담자가 세션 중 아내에 대해 길게 불평하고 있고, 그 순간 치료사가 자신이 지루함을 느끼고 있다는 것을 알아차린다고 상상해 보자. 이 지루함은 단순한 개인적인 감정이 아니라, 이후 치료적으로 탐색할 수 있는 중요한 정보일 수 있다. 치료사는 자신의 이런 지각을 신뢰하고, 환자가 반복적으로 불평을 늘어놓고 책임을 타인에게 전가하는 방식이 타인에게도 유사한 반응—즉 지루함이나 거리감—을 불러일으킬 수 있다는 가능성을 의심해 보아야 한다. 그렇다면 치료사는 지금 이 순간 그들 사이에서 어떤 일이 일어났는지를 함께 들여다보자고 제안할 수 있다. 그렇게 함으로써, 환자가 관계에서 스스로를 피해자 역할로 고정시키기 위해 불평하는 태도를 어떻게 사용하는지,

그리고 그로 인해 자신을 도와주거나 들어줄 수 있는 사람들까지도 무의식적으로 밀어내는 방식을 함께 탐색할 수 있게 된다.

이것이 '여기-지금' 역동이 제대로 작동할 때의 모습이다. 그러나 이 접근이 효과를 발휘하기 위해서는 치료사가 자신의 심리적 맹점을 인식하고 있어야 한다. 예를 들어, 앞서 언급한 치료사가 과거에 결혼 생활이 좋지 않게 끝났고, 그 관계에서 부당하게 비난받았다고 느꼈다고 상상해 보자. 만약 그녀가 그 경험으로부터 상처를 입고 분노를 품고 있으며, 이러한 감정적 편향을 자각하지 못한 상태라면, 그녀는 자신의 정서 반응을 정교한 '치료적 감정 탐지기'로 사용할 수 없게 된다. 또한 앞서의 내담자가 실제로 아내에 대해 불평할 만한 정당한 이유가 있었을 가능성도 고려해야 한다—예컨대, 아내가 그를 지속적으로 깎아내리며, 고등학교 때 사귀었던 성공한 남자와 결혼했어야 한다고 자주 말하는 경우 등이다. 그럼에도 불구하고, 치료사가 여전히 환자의 반복적인 불평에 거부감을 느끼고, 그것이 그의 핵심 문제라고 단정 짓는다면, 이 판단은 잘못된 것일 수 있다. 왜냐하면 치료사의 부정적 반응은 환자에 대한 객관적 통찰이 아니라, 그녀 자신이 아직 처리하지 못한 이혼의 좌절과 감정에서 비롯된 것일 수 있기 때문이다.

우리는 모두 무의식적인 편향과 신경증을 지니고 있으며, 이는 우리의 지각을 덜 신뢰할 수 있게 만들고 역전이(countertransference)가 개입될 위험을 높인다. 따라서 자신을 가능한 한 깊이 이해하는 것이 필수적이다. 치료사로서 자신의 결점, 강점, 그리고 무의식 속 어두운 부분까지 탐색하는 것은 지각 능력을 연마하고, 궁극적으로 환자에게 가장 효과적인 치료를 제공하기 위한 가장 확실한 방법이다.

세션이 끝나고 몇 시간이 지난 후, 내가 피하려고 했던 생각이 다시 떠올랐다. 식민지화. 그 단어가 내 머릿속을 맴돌았다. 식민지화. 이 단어를 사용한 기억이 전혀 없었다. 마치 낯선 단어처럼 느껴졌다.

그런데도 크리스틴은 그 단어가 나의 중요한 개념이라고 확신했다. 내가 자주 사용하는 단어였으니까. 다른 사람이 나보다 내 일을 더 잘 알고 있을 수 있다는 생각이 얼마나 이상한지 모르겠다. 그런데도 이건 나의 노화 현상으로 반박할 수 없는 부분이다. 내 딸은 내가 특정 날 아침에 약을 먹었는지 나보다 더 잘 알고 있다. 그리고 친구들은 몇 년 전에 우리가 함께 갔다고 주장하는 여행을 떠올리게 해 주었지만, 나는 기억이 나지 않는다. 아마도 이 말이 내 글에도 해당된다는 사실이 놀랍지 않을 것이라고 생각했다.

이 생각은 잠시 씁쓸한 미소를 짓게 했지만, 위안은 되지 않았다. 나는 책장에 있는 낡은 **실존적 심리치료** 책을 집어 들었다. 이 책을 읽으면서 이 단어를 찾아보려고 생각했다. 나는 책을 펼쳤고, 여러 가지 색깔의 펜으로 여백에 적힌 메모를 보았다. 책의 모서리가 접혀 있고, 넘겨진 페이지와 표시된 구절, 그리고 점점 더 많은 노트가 눈에 띄었다. 나는 당황한 나머지 책을 덮었다. 이 작업이 갑자기 터무니없게 느껴졌다. 나는 내 주요 작품들을 다시 읽을 상태가 아니었다. 머릿속이 한 방향으로 휘몰아치다 또 다른 방향으로 휘몰아치다 금세 길을 잃을 것 같았다. 때때로 가끔 책을 집어 들었는데, 가장 최근에는 코미디 소설인 *Lying on the Couch*(카우치에 누워서)를 읽었다. 몇 장을 읽었는데 벌써 등장인물과 줄거리에 대한 기억이 희미해진다. 혼란스럽다! 게다가 자꾸 씁쓸한 생각이 든다. '예전의 나, 예전에 그랬던 나, 그는 정말 좋은 작가였어! 지금도 그렇게 글을 쓸 수 있으면 좋겠어'라는 생각.

나는 책을 다시 책장에 올려놓았다. 그러나 식민지화는 내 마음속에 남아 있었고, 그로 인해 내 삶이 내 자신에게 반사되어 돌아오는 모습이 알아보지 못할 정도로 변해버렸다는 불안감이 생겼다. 나는 컴퓨터로 가서 파일을 검색했다. 그 정도는 할 수 있었다. 다음으로 아주 오래된 노트들이 들어 있는 파일 캐비닛을 뒤졌다. 나는 동료 중 한 명에게 전화를 걸어 이 아이디어를 내가 사용했다는 것을 기억하는지 물어보기도 했다. 드디어 나는 식민지화에 대한 언급을 한 곳에서 발견했다. **실존적 심리치료**가 아니라 내가 쓴 다른 책인 **치료의 선물**에서 발견한 것이었다. 그 책에서 나는 사람들이 친밀감을 피하는 여러 가지 이유 중 하나로 식민지화를 언급했다. 그리고 바로 그다음에 교정적 정서경험으로서의 배려 치료, 즉 친밀감에 대한 장애에 대한 일화를 제안했다. 나는 안도감을 느꼈다. 나는 이 단어를 '자주' 사용하지 않았다. 크리스틴의 주장처럼 내가 잊어버린 핵심 개념이 아니었다. 나는 아직도 나 자신에 대해 잘 알지 못했다.

그러다 또 다른 생각이 떠올랐다. 각 독자는 자신이 읽는 내용에 자신만의 문제를 가져다 놓는다. 크리스틴의 경우, 그것은 치료사나 다른 가까운 관계에 의해 어떻게든 자신이 침범당하고 지배당할 수 있다는 두려움이었다. 이 식민지화라는 개념이 나에게 중요한 아이디어였는지는 모르겠지만, 그녀에게는 확실히 큰 울림을 주는 아이디어였고, 따라서 (나에게는) 비교적 사소한 아이디어에서 (그녀에게는) 매우 중요한 아이디어로 바뀌었다. 그녀는 내가 그 단어를 자주 사용했던 것으로 알고 있었다. 여기서 중요한 것은 실제로 얼마나 자주 사용했느냐가 아니라(사실 내가 틀렸을 수도 있다. 아마도 **실존적 심리치료**를 다시 읽으면 여러 가지 사례를 접할 수 있을 것이다), 각 사람은 삶에 대한 매우 주관적인 경험을 가지고 있으며, 따라서 독서에 대해서도 주관적인 경험을 가지고 있다는 것이다. 이러한 경험은 우리의 비전을 형성하여 다른 것보다는 특정한 것에 집중하게 하고, 다른 것들에 대해 뚜렷하게 다른 방식으로 감정적으로 반응하게 만든다. 이것은 모든 환자에게 해당되는 사실이며, 치료사에게도 해당되는 사실이다. 다시 원점으로 돌아와서, 이러한 주관적 초점은 치료사가 자신의 반응과 편견을 최대한 인식해야 하는 이유이며, 우리가 상당한 개인 치료를 받아야 하는 이유이기도 하다. 식민지화를 핵심 아이디어로 인식했든 아니든, 크리스틴에게 보인 반응은 아직 기억 상실에 굴복하지 않은 나의 뿌리 깊은 이론적 입장에서 나온 것이었다. 나는 여전히 나였고, 심리치료에 대한 나의 신념에 충실한 방식으로 일하고 있었다. 그리고 이러한 한 시간짜리 세션 중 일부는 나를 조금 흔들기도 했지만, 궁극적으로 나의 접근 방식은 계속해서 견고하게 유지되어 작업 내에서 익숙한 편안함을 제공하고 치료사와 환자 사이의 연결의 힘이라는 것을 재확인했다.

CHAPTER 5

궤도를 도는 혜성처럼

아칸소 주에 사는 한 젊은 동성애자 폴로부터 이메일이 도착했다. 그는 절망적으로 불행하다고 설명했는데 많은 이유들이 차곡차곡 쌓여 그의 절망감을 더욱 강화시켰다. 부모와의 끔찍한 갈등, 애인과의 쓰디쓴 이별, 깊은 고독과 수치스러움 등이 그 이유들이었다. 그는 지난 몇 달 동안 노년의 치료사를 만나 도움을 받아 왔지만 그 치료사는 이제 은퇴하게 되었다. 아이러니하게도 그 치료사는 폴을 나에게 소개했다. 마치 내가 더 젊고 활력 있는 대안이라도 되는 것처럼.

폴의 긴 이메일은 놀랍도록 복잡하면서도 우아한 문장들로 이루어져 있어 나에게 깊은 인상을 남겼다. 이메일은 이렇게 시작되었다.

저는 아칸소에 사는 22살의 공무원입니다. 시작치고는 그리 좋은 조건은 아니겠지요. 말할 필요도 없이, 지리적으로나 문화적으로나 제 고향과 선생님의 도시 사이에는 상당한 거리가 있습니다. 평소 같았더라면 이 간극은 이 편지를 보내는 것을 가로막았을 것입니다. 그러나 전염병으로 인해 모든 대면 접촉이 무기한 연기되면서, 이 남쪽 오지에서부터 스탠퍼드대학교의 후광이 비치는 지성의 전당까지, 저는 서신 교환으로 잠시나마 짧은 르네상스를 즐길 수 있다는 귀중한 희망을 품습니다.

선생님의 글을 읽으며 나는 선생님이 환자 한 명 한 명을 대하는 헌신과 섬세함에 감동을 받았을 뿐 아니라 선생님 통찰의 보편성에도 감동받았습니다. 특정 환자와의 단일한 만남에서 비롯된 '맞춤형' 통찰처럼 보이는 글을 읽고 며칠 후 제 삶의 전혀 다른 영역에서 마치 궤도를 한 바퀴 돌아온 혜성처럼 그 말이 다시 떠오르곤 했습니다.

정말 멋진 표현! 그래서 나는 그 격찬에 기분이 좋았다는 것을 인정한다. 몇 줄 뒤에 폴은 이렇게 썼다.

얄롬 박사님, 지금 우리가 알고 있는 문명이 일시 중단된 지금, 선생님께서 아마도 전화나 영상으로 상담을 하고 계실지도 모른다는 생각이 들었습니다. 만약 그렇다면, 우리 사이의 거리는 사실상 사라졌고, 당신의 일정이 가득차 있다고 가정한다면, 제가 상상할 수 있는 것은 베이유 테피스트리보다 긴 대기자 명단이지만, 그럼에도 제가 개인 상담을 요청드리는 것이 그렇게 무모한 일만은 아닐지도 모른다는 희망을 품게 됩니다.

사실 나는 그의 행동이 무모한 것이 아니었다고 생각하며 기뻤다. 대기자 명단이 있었지만, 몇 주 정도밖에 되지 않았다. 하루에 한 번의 상담만 예약했는데, 그것만으로도 나의 모든 체력과 집중력을 소진해야 했다. 이 단일 세션 모형은 많은 새로운 기회를 열어 주었다. 그것은 나에게 다양한 삶을 바라볼 수 있는 창을 열어 주었고, 내 일의 즐거움을 더욱 강화해 주었다. 나는 아칸소를 빠르게 '방문'하고(간략하게 훑어보고) 길고 설득력 있는 문장을 쓰는 폴과 한 시간 동안 함께 보낼 수 있기를 매우 고대했다.

우리의 세션이 있는 날 아침, 나는 커피 한 잔을 마시고 천천히 사무실로 걸어갔다. 2020년 7월, 코로나 봉쇄령이 내려진 지 4개월째, 매릴린이 세상을 떠난 지 8개월째 되는 달이었다. 봄의 마지막 흔적들이 아직 남아 있었고, 한때 우리 집 마당을 덮고 있던 과수원 안의 몇 그루의 옹이진 살구나무에서 피어난 섬세한 꽃들이 자갈길을 수놓았다. 실내 온도를 올리고 내 책상에 앉았다. 언제나 그렇듯이, 모니터 옆에는 여러 권의 책이 쌓여 있었다. 책상 주변에는 포스트잇 메모가 붙어 있었는데, 이런저런 아이디어를 적어 놓은 메모들이 내 기억력이 점점 흐릿해짐에 따라 점점 더 많아졌다. 나는 책과 메모를 옆으로 치우고 공간을 확보하여 내가 화면에 더 쉽게 집중할 수 있도록 했다. 나는 폴의 이메일을 다시 훑어보며 기억을 되살렸다.

잠시 후 그의 얼굴이 나타났고, 첫인상은 마치 나를 방해한 것에 대해 거의 사과하려는 듯한 섬세하고 수줍은 청년이었다. 나를 보자 그의 얼굴에 부드러운 미소가 번졌다. 그의 목소리에는 약간의 경쾌함이 있었고, 그의 말은 자신만만했고, 그의 글쓰기 스타일처럼 차분하고 매력적이었다. 그것은 표면적인 것이었다. 그러나 세션의 내용(content)은 충격적이고 슬픈 것으로 밝혀졌다.

폴이 18살 때, 그와 친밀하고 사랑하는 관계를 유지해 오던 부모님이 그가 동성애자라는 사실을 알게 되었다고 했다. 부모님은 즉시 폴과의 관계를 끊었고, 그 후로 4년 동안 그와 대화를 나누지도 않았고, 재정적으로나 다른 어떤 방식으로도 그를 지원하지 않았다. 실제로 작년에 대가족 모임에서 그의 아버지는 그를 외면하며 못 본 척했다. 이 잔인한 이별은 그의 세상을 완전히 뒤흔들었다. 그들의 잔인함과 방임은 너무 극심해서 그가 대학을 마치고 생계를 유지할 수 있는 일자리를 찾은 것이 놀라울 정도였다.

폴이 자신의 긴 고립, 절망감, 그리고 삶에서 아무것도 받을 자격이 없다고 느끼는 깊은 감정을 이야기하는 것을 들으면서, 나는 이 한 시간 동안 그가 겪고 있는 이 엄청난 투쟁의 연대기에 대응할 수 있는 무엇을 제공할 수 있을지 확신이 들지 않았다. 더 장기적인 치료가 가능했다면 우리는 강력한 치료 동맹을 구축해가면서, 이러한 자기패배적인(self-defeating) 생각이 어디서 비롯되었는지 찾아내고, 현재 우리 관계를 고려하여 그것들을 평가하고 연결하면서 그의 자아상에 대한 치료를 구상할 수도 있었을 것이다. 그의 이러한 부정적인 감정은 대부분 그의 성 정체성에 대한 죄책감이나 수치심, 부모로부터 받은 가치관의 충돌, 그리고 그가 자란 보수적인 종교 문화에서 비롯된 것 같았다. 그 치명적인 단절과 남부의 남성성이라는 제한적인 고정관념을 들여다보는 작업이 매우 중요했을 것이다. 그러나 그러한 작업에 할애할 시간은 없었다. 뿌리 깊은 믿음과 싸울 시간이 한 시간밖에 없었기 때문에 나는 좀 더 급진적인 접근 방식을 모색하면서 그의 말을 경청했다. 그에게 반감을 불러일으키게 하는 이 치명적인 신조의 영향력을 약화시킬 수 있는 무언가를 모색하기 위해서였다.

그는 여러 가지 방식으로, 자신이 사랑하는 사람들에게 혐오스러운 존재이고, 남자를 향한 그의 사랑을 굳건하게 지키지 못하고, 타고난 지성과 특권을 낭비하고 있다는 것, 결국 자신은 쓸모가 없다는 것 등에 대해서 자신이 지금의 비참한 처지보다 더 낫게 자신을 보장할 수 없다고 반복해서 말했다. 나는 언제 어떻게 가장 좋은 반응을 할까 생각하면서 갑자기 내 의지와 상관없이 그에게 내가 예상치 못한 질문을 했다.

“폴, 지금 무엇을 쓰고 있는지 말해 주세요.”

폴은 얼어붙었다. 그의 얼굴은 완전히 당황해 보였지만, 갑자기 생기가 돌았다. 그는 입을 열었지만 아무 말도 나오지 않았다. 그는 고개를 저었다.

나는 계속 물었다. “다시 한 번 묻겠어요. 지금 무엇을 쓰고 있어요, 폴?”

“모르겠네요.” 그가 말했다. “무슨 뜻이죠? 당황스럽네요.”

“당신이 보낸 이메일은 정말 특별했습니다. 정말 놀라웠어요. 수년 동안 독자나 잠재적 환자로부터 수많은 메시지를 받았지만, 이렇게 훌륭한 문체로 쓴 편지는 처음입니다. 당신은 분명히 재능이 있어요. 그래서 묻는 겁니다. 지금 당신은 무엇을 쓰고 있나요?”

이전보다 더 기민하고, 더 집중하고, 더 몰입해 있다가 이어서 그가 나에게 한 말은 사과의 말처럼 들렸다.

"아마도 저는 일하면서 글을 쓰긴 합니다. 농무부 사무실의 내부 문서나 공문 같은 걸 작성하는데 지루하기 짝이 없습니다. 창의성이 전혀 필요하지 않거든요."

"이 일을 한 지는 얼마나 되었나요?"

"3년 됐어요. 월세는 낼 수 있죠. 그게 제가 받을 만한 전부이고, 제가 할 수 있는 일도 그게 다인 거라고 생각해요."

"일을 하지 않을 때는요?"

"두 가지 프로젝트에 몰두하고 있어요. 자기 연민에 빠지거나 내 존재의 무의미함에 대해 저주를 하는 거죠."

존재의 무의미함이라는 말과 막다른(dead-end) 직장이 그가 가질 수 있는 전부라는 것이 나에게 꽂혔다. 나는 두 가지 모두를 나중에 다시 언급하기 위해 메모해 두면서 그의 글쓰기에 집중했다.

"이것 좀 들어보세요."라고 폴에게 말하고, 그의 메시지를 읽어 주었다. "폴, 당신은 단순히 통찰을 기억하는 게 아니에요. 오히려 그 통찰이 '며칠 뒤 마치 궤도를 한 바퀴 돌아온 혜성처럼' 당신에게 찾아온다고 했죠. 이 문장은 정말 훌륭합니다! 그러니 이 수수께끼를 내가 이해하도록 도와주세요. 당신은 이 드물고 영광스러운 재능을 가지고 있지만, 그것을 사용하지 않고 있습니다. 왜 글을 쓰지 않지요?"

폴은 몰랐다. 그의 글쓰기 재능에 대해 내가 언급했을 때 그가 보여준 열정은 그대로 있었지만, 거기엔 지친 슬픔도 있었다.

"저는 제 자신을 진지하게 생각하지 않는 것 같아요. 가끔씩 멋진 문장이 제 백일몽에 잠깐 등장하기도 합니다. 그리고 종종 이야기와 소설의 첫 줄을 상상하곤 해요. 하지만 그것들은 오래 가지도 않고, 늘어나지도 않습니다."

그는 더 나아가려고 했지만 할 수 없었고, 한동안 침묵을 지키면서 앉아 있었다. 그는 치료사와 함께 작업했던 많은 것들에 대해 이야기하기 시작했다. 막 끝난 노년의 치료사와 2년 동안 지속되었던 관계, 앞으로 다가올 외로움, 그리고 진보적인 견해로 잘 알려진 주가 아닌 아칸소에서 생활하면서 더욱 심각해졌던 그의 여성스러움에 대한 깊은 수치심에 대해 이야기했다.

나는 내가 할 수 있는 한 최선을 다해 폴의 이런 우려에 대응했지만, 내가 그의 글쓰기에 대해 언급하면서 그에게 생기를 불어넣었던 그 불꽃을 다시 불러일으킬 수는 없었다. 세션이 거의 끝나갈 무렵, 나는 다소 특이한 제안을 하며 그에게 더 깊고 풍요로운 주제로 다시 접근했다.

"내가 환자에게 TV 시리즈를 추천하는 것은 매우 드문 일입니다." 라고 말했다. "하지만 저는 당신에게 소설 빨간 머리 앤을 원작으로 한 〈앤 : E로 끝나는 이름 앤(Anne)〉을 꼭 보라고 권하고 싶습니다."

"그게 선생님의 처방인가요, 박사님?" 폴이 놀란 표정으로 물었다.

"잠시만요. 지금 처방하고 있는 중인데, 당신과 비슷한 특별한 십 대 스타가 있습니다. 그녀도 당신처럼 유쾌하고 정교한 문장으로 말하죠."

나는 내 책상 위에 있는 무언가를 집으려고 손을 뻗었다. 그게 뭘까? 빨간 머리 앤의 대사가 적힌 포스트잇이었다.

"여기, 며칠 전에 그녀가 한 대사를 적어 뒀어요." 나는 내 마음속에서 쉴 새 없이 움직이는 대사를 내가 정확히 찾아냈다는 사실에 놀라면서 계속해서 대사를 읽었다. "사람들은 내가 거창한 단어들을 사용한다고 비웃지만, 그 단어들은 흥미롭고 묘사적인 단어들이다. 황홀하고 영광스러운 것과 같은 단어들이다. 만약 당신이 거창한 아이디어를 가지고 있다면, 그것을 표현하기 위해 거창한 단어를 사용해야 하지 않겠는가? 그렇지 않은가?"

"앤의 에피소드를 보면서, 폴, 나는 당신과 당신의 우아한 문장과 구절들을 계속 생각할 것입니다. 또한 나는 당신이 계속 치료받기를 권합니다. 오늘 세션을 마친 직후, 줌으로 상담을 해주는 훌륭한 치료사들을 추천하는 이메일을 보내드릴게요. 특히 나는 어려움을 겪고 있는 젊은 게이 남성에게 통찰력과 영감을 줄 수 있는 LGBTQ+(성소수자) 지지자 동료 한 명을 생각하고 있습니다."

세션 초반에 폴이 보여주었던 수줍은 미소가 폴의 얼굴에 번졌다.

"다시 한 번 말씀드리지만, 이제 당신은 자신을 진지하게 생각하고 글을 쓰기 시작할 때입니다. 나를 믿으세요. 나는 평생 글을 쓰고 읽는 데 시간을 보냈습니다. 나는 재능이 있는 사람을 보면 그 재능을 알아볼 수 있어요. 내 의견을 마음에 새겨 주셨으면 합니다. 지금 내 목표는 당신이 인생의 끝자락에 이르렀을 때, 당신이 될 수 있었던 모습에 당신이 도달하지 못한 것을 깊이 후회하지 않도록 돕는 것입니다."

"메시지 수신" 폴이 말했다. "크고 분명하게."

"그리고 마지막으로 부탁 하나만 더 할게요, 폴. 부탁 하나만 들어주세요. 완성된 작품을 보내주세요. 당신이 아주 만족하는 작품으로요."

"약속드리죠, 얄롬 박사님. 그렇게 할게요."

몇 달이 지나서 폴과의 세션에서 일어난 일을 생각할 때, 내가 갑자기 그에게 무엇을 쓰고 있는지 물어보게 된 것은 순전히 나의 직감에 의한 것이었다고 생각한다. 폴이 글을 쓰고 싶다는 의사를 명시적으로 밝힌

것은 아니었다. 그러나 그의 우울한 표정은 그의 열정적인 언어와는 거리가 멀어 보였고, 그는 자신이 보기에 절망적으로 평범한 공무원이라는 직업에 갇혀 있다고 느꼈고, 젊은 나이에 정신이 쇠약해지고 있다는 것을 분명히 느끼고 있었다. 나의 경험에 의하면 사람들이 중요한 삶의 원동력에 저항할 때, 그것은 종종 절망감으로 이어진다. 마음속 깊은 곳에서 이 세상에서 해야만 하는 일이 있다는 것을 알고 있지만, 두려움, 수치심, 부모의 승인, 재정적 필요 등으로 인해 그 일을 하지 못하는 경우 심리적 고통이 심할 수 있다.

짧은 세션 동안 이런 생각들이 의식적으로 떠오르지는 않았다. 오히려 나는 그의 글쓰기에 대해 물어보려고 예상치 못하게 충동적으로 행동했다. 아마도 나는 이 일을 너무 오래 해왔기 때문에 충동이 표면화되었을 수도 있고, 1시간짜리 상담의 긴급함 때문에 평소보다 더 과감한 선택을 하게 되었기 때문일 수도 있다. 어떤 경우든, 내가 폴에게 그의 글쓰기에 대해 물어보자 그는 즉시 더 명민해지고 더 집중하게 되었다. 열정과 욕망이 촉발되었고, 좌절감과 무력감이 사라졌다. 그에게도 다른 많은 사람들에게도, 자신의 뛰어난 특성에 대한 긍정적인 피드백은 큰 도움이 된다. 나는 이 만남을 통해 그로부터 소식을 듣고 그가 어떤 발전을 이루었는지 확인하고 싶었다. 나는 그의 글쓰기에 대한 나의 분명한 지지가 그가 자신이 처한 어두운 틀에서 벗어나 그의 문학적 충동을 추구하는 데 도움이 되기를 바랐다. 가장 중요한 것은 내가 보낸 치료사 소개를 그가 받아들이기를 바랐다.

몇 주 후, 나는 폴에게 이 이야기의 초안을 보내고 출판 허가를 요청했다. 그의 대답은 다음과 같았다.

박사님이 우리의 만남을 이야기로 만들어 주셔서 얼마나 감동했는지 말씀드리고 싶습니다. 박사님에게 이 글을 출판할 수 있게 되어 기쁩니다. 어쨌든, 제가 아칸소에 있는 22살의 여성스러운 동성애자로 세상에 알려지는 것이 제 평생의 꿈이었으니까요!

완성된 이야기를 보내겠다고 약속드렸는데, 그걸 첨부할 수 있었으면 좋겠습니다. 하지만 좋은 소식이 두 가지 있습니다. 먼저, 박사님이 추천해 준 G 박사는 훌륭한 치료사이자 훌륭한 인간이라는 것을 알게 되었습니다. 우리를 연결해 준 박사님에게 매우 감사드립니다. 박사님의 직감이 옳았습니다. 게이 치료사를 만나는 것이 도움이 되었고, 명백한 삶의 기쁨을 통해 게이 남성이 자신의 진정한 자아를 얼마나 행복하게 받아들일 수 있는지를 끊임없이 보여주는 치료사를 만나는 것이 도움이 되었습니다. 또한 피아노 연주가 얼마나 훌륭한 취미인지 일깨워 준 사람으로 그를 꼽고 싶습니다. 제가 악기를 능숙하게 다루는 편은 아니지만, 어쨌든 피아노 앞에 앉을 때마다 저는 **진지한 태도의 중요성**이라는 책에 나오는 한 구절에 용기를 얻습니다. "저는 정확하게 연주하지 못합니다. 어떤 사람은 정확하게 연주할 수 있지만, 저는 훌륭한 표현력으로 연주합니다."

둘째, 평소보다 훨씬 더 많은 글을 쓰고 있습니다. 즉 전례 없는 게으름에 빠지지 않는다면, 박사님에게 무언가를 곧 보낼 수 있을 것입니다. 제 본능에 따라 글을 쓰는 것은 일정한 균형 상태에 도달했을 때만 관리할 수 있는 활동이라는 것을 알게 되었습니다. 제가 말하고자 하는 것은, 제가 우울증에 걸릴 것 같다는 생각이 들 때, 그 빈도가 놀라울 정도로 규칙적으로 발생하는 것 같다는 것입니다. 그럴 때, 가장 먼저 나타나는 징후는 거의 항상 제가 일관성 있는 문장을 쓸 수 있는 능력이 거의 완전히 사라진다는 것입니다. 마치 제 모든 말이 불안한 시민이고, 저는 그들이 전복시키기를 간절히 바라는 악의적인 왕인 것처럼 말입니다. 왕관을 쓴 자는 무거운 짐을 지고 있습니다, 얄롬 박사님. 그때까지 건강과 기운을 잘 유지하시기 바랍니다.

감사하는 마음으로,

폴 올림

CHAPTER 6

기억, 아 기억

나는 그 후 몇 주 동안 폴과의 세션에 대해 많은 생각을 했다. 우리는 글쓰기에 대한 연결로 인해 즐거움을 느꼈다. 그에게는 또 다른 훌륭한 작가가 영감을 받아 글을 쓰게 될 수도 있다는 점에서, 그리고 나에게는 아마도 더 이상 매릴린과 문학에 대한 이야기를 나눌 수 없기에 폴과의 대화가 하루 동안 그 빈자리를 채워주었기 때문이다. 하지만 우리 대화 중에 나는 당혹스러운 순간을 경험했다. 치료사로서가 아니라 나이 들어가며 고군분투하는 한 인간으로서였다. 내가 빨간 머리 앤의 즐거움에 대해 언급했을 때 나는 그 쇼에서 따온 대사를 적어둔 포스트잇 메모를 찾아냈다. 그것은 정말로 의식적인 지시나 심지어 인식조차 없이 작동한 것이었다. 사실, 나는 그 메모를 쓴 사실도 몰랐고 그 메모가 가까이에 있으며 폴과 나누는 데 유익할 수 있다는 사실조차 인식하지 못했다.

최근 나는 내 정신상태를 유심히 살펴보고 있다. 내 뇌가 변하고 있고 기억력이 감퇴하고 있다는 것을 알고 있다. 잊어버림의 흔적들이 나타날 때마다 나는 점점 더 놀라고 부끄러워진다. 휴대폰은 어디에 있지? 문을 잠갔나? 이런, 오븐을 켜 놓고 깜빡했네, 이 영화는 이미 본 적이 있는 것 같은데, 이 책은 읽은 적이 있는데, 등장인물들이 어딘가 낯이 익은 것 같은데. 그리고 이브가 다음에 올 때 커피 원두를 가져오라고 부탁했나? 전화할 수도 있지만, 아마도 "아빠, 그거 몇 시간 전에 부탁하셨잖아요."라고 할 것 같다. 이런 것은 끊임없이 고통스럽고, 나의 능력에 대한 유아적 태도와 타인에 대한 의존을 느끼게 하고, 나의 노쇠에 대해 놀라게 한다. 그럼에도 불구하고 나는 이 악화를 직접 응시하는 습관을 들였다. 나는 수십 년 동안 환자의 정신적·정서적 어려움을 해결하기 위해 노력해 왔고, 뇌와 정신은 나를 매료시킨다. 이제 나는 그 노화 과정을 나의 내부에서 관찰할 수 있는 기회를 얻었고, 고통과 당혹스러움에도 불구하고 나 자신이 흥미를 느끼고 있다는 것을 알게 되었다.

그렇다면 이 손과 종이 조각은 도대체 무슨 관계가 있는 것일까? 천천히, 의학 신경정신과 훈련에 대한 오래된 기억이 내 마음속에 떠오르기 시작했다. 나는 희미하게 명시적 기억과 암묵적 기억의 차이를 기억하기 시작했다. **명시적 기억**은 시험 공부를 하거나 어떤 사실과 얼굴을 기억하는 것과 같은 일에 몰두할 때 작용한다. 그것은 더 명확하고 의도적이다. 반면에 **암묵적 기억**은 의식적이지 않다. 그것은 감정, 근육 기억, 그리고 오랫동안 살았던 동네를 돌아다니는 것과 같은 익숙한 패턴과 관련이 있다. 예를 들어, 음악 이론을 배우는 것은 명시적 기억에 의존하는 반면, 수십 년 동안 연주해 온 기타로 화음을 연주하는 것은 암묵적 기억에 의존한다. 신경학자들은 이 두 가지 형태의 기억에 대해 많은 연구를 해왔으며, 그것들이 서로 다른 경로를 통해 형성되고 뇌의 매우 다른 두 부분에 존재한다는 상당한 증거가 있음을 밝혔다. 외부에서 보면 얼마나 흥미롭고 신나는 일인가. 내부에서 보면… 얼마나 이상한가. 나는무의식적으로 책상 옆에 붙여 놓았던 포스트잇을 기억하고 손을 뻗어 그걸 찾았다. 암묵적 기억이 완전히 드러났다. 나의 명시적 기억이 계속해서 사라지면서, 이것이 전부가 아니라는 것을 알게 되어 기뻤다.

89번째 생일을 몇 주 앞둔 8월 어느 날 아침, 나는 확실한 기억을 되살리기 위해 익숙한 방법을 사용했다. 30분 후에 만날 엘사로부터 받은 이메일을 다시 읽은 것이다. 분명히 처음에 그녀의 메시지를 주의 깊게 읽지 않았던 것 같다. 왜냐하면 그녀가 10년 전에 나와 여러 차례 세션을 가진 적이 있다는 사실을 알고 놀랐기 때문이다. 이런! 그녀에 대한 기억이 전혀 없었기 때문에, 나는 옛날 회의 노트를 찾기 위해 분주하게 움직였던 것이다. 그때 그녀를 만났을 때 계획대로 진행되었다면, 명확한 절차에 따라 진행되었을 것이고, 책장 옆의 파일 캐비닛에 명확하게 라벨이 붙은 폴더가 있을 것이다. 그 폴더에는 명확하게 타이핑된 노트들이 가득 차 있을 것이다. 환자를 진료한 후 수십 년 동안 나는 마당으로 나가 당시 최첨단 기술인 작은 마이크로카세트 녹음기에 치료 내용을 녹음했다. 그런 다음 이 카세트를 내가 완전히 의존하고 있던 훌륭한 비서인 베아에게 건네주면, 그녀가 능숙하게 옮겨 적어 주었기 때문에 나는 많은 환자들에 대한 기록을 체계적으로 정리할 수 있었다.

불행히도 그날 내가 발견한 것은 상당히 달랐다. 엘사의 폴더는 거기에 있었지만, 그 안에는 노란색 메모지가 빽빽하게 들어 있었고, 손글씨로 쓴 듯한 어두운 낙서들로 뒤덮여 있었다. 이런, 이런. 비아가 10년 전에 죽은 후, 몇 달 동안 나는 컴퓨터 받아쓰기 프로그램을 사용하기 시작할 때까지 손글씨로 메모를 했다. 엘사를 만난 것도 그 몇 달 동안이었을 것이다. 나는 어렸을 때부터 손글씨가 엉망이었고, 의사가 되는 것이 그 상태를 유지할 수 있는 면허와도 같았다. 내 노트는 읽을 수 없을 정도로 엉망이었다. 내가 그 노트를 살펴보고 나서 알게 된 것은 엘사와 내가 6번의 세션을 가졌고, 엘사가 이혼 직전까지 갔을 정도로 심각한 부부 갈등을 겪고 있었다는 것뿐이었다. 내가 생각하기에 적어도 그 정도는 알 수 있었다. 이혼, 불륜, 아이에 대한 단어 정도는 알아볼 수 있었다. 그녀가 나의 지원을 소중히 여기고 마지막 세션이 끝날 때 나의 포옹을 요청했다는 문장이 다소 명확해졌다. 그리고 그 세션이 끝난 후 그녀가 보낸 인쇄된 이메일이 있었는데, 그 이메일에서 그녀는 포옹이 자신에게는 아버지와 남편의 냉담함과 잔인함에 대한 해독제 역할을 했을 만큼 중요했다고 언급했다. 적어도 작업할 만한 가치가 있었다.

내가 이 모든 것을 열심히 해독하고 있을 때, 회의 시간이 다가왔다. 사실 나는 이미 5분 늦었고, 엘사로부터 기다리고 있다는 메시지를 받았다. 나는 숨을 죽이고 줌 초대장을 보냈고, 몇 초 후에는 광대뼈가 높고, 눈이 초록색이며, 어깨 너머로 떨어지는 밤색 머리카락이 인상적인 40대 여성의 얼굴을 쳐다보고 있었다. 과거에는 옛 동료나 환자의 얼굴을 보면 기억의 홍수가 몰려왔는데 이제는 더 이상은 아니다. 나는 엘사의 얼굴을 조금도 알아보지 못했고, 그녀와 함께 했던 치료의 단 한 순간도 기억나지 않았다. 포옹도, 잔인한 남편도, 아무것도 기억나지 않았다.

치료사로서 나는 '여기-지금'에서 느끼는 감정에 대해 솔직하게 말하려고 노력하고 있으며, 수많은 학생들에게도 그렇게 하라고 권유했다. 진정으로 경험한 환자를 서로 기꺼이 공유하고, 그 정보를 환자와 함께 검토할 수 있는 것이 변화의 강력한 요소라는 것을 활용하려는 솔직한 의지는 '여기-지금' 이 순간의 성공적인 치료를 위해 매우 중요하다. 갑자기 나는 이 핵심 가치에 대한 엄청난 도전에 직면했다. 어떻게 엘사에게 나는 이전 세션에 대해 거의 기억이 나지 않는다고 말할 수 있을까? 그녀는 우리 사이의 관계에 대해 너무나도 감사하고, 강렬하고 긍정적인 감정을 표현했는데, 내게 남아있는 그녀의 기억이 얼마나 적은지 알게 되면 그녀가 크게 상처받을까 봐 두려웠다. 나는 그런 고통을 주지 않으려고 대안을 찾기 위해 머리를 굴렸다. 거짓말을 해서 그녀에 대한 기억이 선명하다고 말하고, 허세를 부리면서 넘길 수도 있었다. 그러나 그런 부정직한 만남도 역시 용납할 수 없는 것처럼 보였다.

어떤 길을 택해야 할까? 나는 내 지침 원칙을 깊이 생각했다. 그녀에게 가장 좋은 것은 무엇일까? 명확하지 않았다. 당황한 나머지, 나는 그녀를 기억하지 못한다는 말을 피하려고 애쓰면서 다소 혼란스러운 접근 방식을 택했다. 나는 여전히 그녀에게 가치 있는 것을 제공할 수 있다고 스스로를 합리화하면서 그녀의 현재 상황에 집중하고, 지금 함께 긍정적인 일을 할 수 있는 진정한 기회를 놓치지 않도록, 이전의 만남에 대한 언급은 최대한 피하려고 노력했다.

그리고 아주 이상한 일이 일어났다. 엘사의 얼굴을 계속 바라보고 있자니까, 그녀를 향한 강한 따뜻함이 몰려왔다. 그녀를 알아보지 못했고, 지난 세션에서 돌아온 기억의 홍수도 없었으나 나는 그녀에 대한 강렬한 긍정적 감정, 그녀에게 도움이 되고 싶은 열망, 그리고 강력한 보호 본능을 느꼈다. 엘사와의 이전 만남에 대한 구체적인 세부 사항은 거의 기억나지 않았지만, 그녀에 대해 내재된 나의 따뜻한 감정은 분명히 살아 있어서, 내 마음 어딘가에 잘 보존되어 있었다.

물론 나는 환자들에 대해 긍정적인 감정을 자주 느끼고, 그들과 만나는 것이 일반적으로 나에게 기쁨을 가져다준다. 그러나 이 강력한 감정의 물결은 내 감정 체계가 의식적인 인식의 부족을 보상하는 것처럼 상당히 달랐다. 그것은 놀라웠고, 잠시 동안 즐거운 방식으로 방향을 잃게 만들었다. 왜 그런지 기억이 나지 않는 사람에게서 그렇게 강하게 느끼는 것이 얼마나 이상한 일인가!

엘사는 나를 보고 기뻐하는 듯 보였고, 일이 잘 풀리지 않고, 아이들이 힘들어하고 있다고 말하기 시작했다. 조심스럽게 나는 그녀의 대답이 내 기억을 되살려 주기를 바라며 몇 가지 부드러운 질문을 던졌다. 불행히도 내 머리는 고집스럽게 아무것도 기억하지 못했다. 잠시 동안 불안감이 커지는 것을 느꼈다. 그러나 곧 내가 하는 모든 말이 그녀를 달래주는 것 같다는 것을 깨달았다. 내가 평소처럼 구체적이거나 통찰력 있게 말하지는 못했지만, 그녀는 우리의 대화로 도움을 받고 있는 것이 분명했다. 어쨌든 나를 만난 것만으로도 그녀는 긴장을 풀 수 있었다. 그리고 이 긍정적인 효과를 보면서 나도 도움이 되지 못할까 봐 두려워했던 마음을 떨쳐낼 수 있었다. 어떤 이유에서인지(아마도 내가 그녀의 인생의 초기 단계에서 긍정적인 역할을 했기 때문일 것이다) 나와 함께 있는 것이 그녀에게는 일종의 안도감을 주었다. 전반적으로 이 치료 세션은 이상적인 시작은 아니었지만, 시작할 수 있는 자리이기는 했다.

엘사는 지난 몇 년 동안의 이야기를 들려주기 시작했다. 우리가 마지막으로 만났을 때, 그녀와 남편 테드는 끊임없이 싸우고 있었다. 그녀는 두려움과 혼란에 빠졌다. 이 남자는 그녀가 사랑에 빠져 결혼했던 남자와는 다른 사람처럼 보였다.

"바람을 피웠나요?" 나는 내가 쓴 메모를 기억하며 물었다.

그녀는 시선을 돌렸고, 나는 그 말을 하지 않았으면 좋았을 거라고 생각했다. 내가 틀렸다면 어떡하나? 우리 사이가 잘 되어가고 있었는데 내가 모든 것을 망친 걸까? 그녀가 나를 꿰뚫어 보고 내가 그녀가 누구인지 전혀 모른다는 것을 깨닫게 될까?

"그때는 그렇게 생각했어요." 그녀가 슬픈 미소를 지으며 내게 돌아섰다. "솔직히 말해서 아직도 잘 모르겠어요. 그가 너무 많이 변해서 그럴 가능성이 있는 것 같아요. 아마도요."

좋아, 나는 생각했다. 이번에는 성공한 것 같았다. 그녀를 기억하고 있다는 것을 과장된 추측으로 증명할 필요가 없었다. 그냥 현재에 집중하고, 지금 일어나고 있는 일에 온전히 몰입할 것이다.

"또 어떤 변화가 있었다고 생각하나요?"

"대부분 아이들 때문이라고 생각해요. 셋째인 찰리가 태어났을 무렵, 테드는 마치 나를 원망하는 듯했어요. 그는 틈만 나면 불쾌한 말을 할 기회를 잡았어요. 그에게 다른 여자가 있을 거라고 생각했어요. 우리는 그 시기에는 확실히 잠자리를 가지지 않았으니까요. 그러다 보스턴에서 그에게 좋은 직장이 생겼고, 이사하면 지금 이런 상황이 달라질 수도 있다고 생각했어요."

"그리고?"

"잠시 동안 상황이 바뀌었어요. 그는 심지어 … 이 말을 하는 것이 좀 어렵네요 … 그는 …"

"천천히 말해요, 엘사," 다시 한 번 그녀를 달래고 싶은 충동이 들었다.

"그는 다시 성에 관심을 갖기 시작했어요. 그런 친밀한 관계가 흥미로웠어요. 그러나 그 변화가 무엇이든 간에, 그것은 여전히 뭔가가 남아 있었어요. 친밀해 보였지만 사실은 전혀 그렇지 않았어요. 성관계가 점점 거칠어졌어요. 폭력적인 것은 아니었지만, 그건 나와 함께 나누는 게 아니었어요. 그는 화가 나 있었고 그 화풀이를 저에게 했습니다. 그리고 저는 그걸 그냥 받아들였죠."

"정말 안타깝네요, 엘사."

"아직 아무에게도 말하지 않았어요."

"기분이 어떤가요?"

"부끄러워요. 하지만 선생님께 말하는 건 안전하게 느껴져요."

"괜찮아요."라고 그녀를 안심시켰다. 다시 그녀의 표정이 편안해졌다.

"이렇게 말하니 속이 후련하네요."라고 그녀는 눈물을 닦으며 말했다.

"지금은 어때요?"

"마침내 참지 못하고 이혼했어요."

"자신을 돌보는 것은 좋은 일입니다."

"저는 로렌스와 재혼했어요. 그는 사랑스럽고, 우리는 함께 있으면 행복해요. 하지만 아이들은 여전히 저와 테드 사이에 갇혀 있어요. 그래서 연락을 드렸습니다. 상황이 엉망이고, 아이들은 정말로 치료가 필요하다고 생각해요. 어디에 도움을 청해야 할지 모르겠어요."

그녀가 묘사한 아이들의 상황은 정말 엉망진창이었다. 아이들은 부모 사이에서 시간을 보내고 있었지만, 그것은 지뢰밭과도 같았다. 테드는 이혼을 무기로 삼았고, 새로 결혼한 아내와 쌍둥이를 가지기로 협의하는 동안에도 엘사를 비난할 기회를 놓치지 않고 수천 가지 잘못을 찾아내어 비난했다. 공동 양육은 힘들고 지치는 일이었고, 엘사는 테드의 모욕에 자극받기보다는 아이들을 위해 존재하고 함께 하려고 노력하면서 감정적 전쟁에 휘말리지 않으려고 노력했다. 하지만 아이들은 그 사이에서 갈팡질팡하고 있었고, 그녀는 아이들이 얼마나 혼란스럽고 불안해하는지 알 수 있었다. 나는 보스턴 지역의 아동 치료사 두 명을 그녀에게 추천했다. 잘 훈련된 치료사라면 두 가족 시스템 사이의 악의적인 관계를 바꾸기 위해 노력할 것이라고 확신했기 때문이다.

"고마워요, 어브. 다시 만나서 반가워요." 엘사가 전화를 끊으면서 말했다.

세션이 끝날 무렵, 이전 만남을 기억하지 못했을 때의 영향에 대한 두려움이 근거 없는 것이었음을 알게 되어 안도했다. 그러나 이것은 치료사가 환자의 이야기를 기억하는 것이 중요하지 않다는 확언이라기보다는 운이 좋았던 것 같은 느낌이었다! 엘사가 다른 요구나 기대를 가진 다른 사람이었다면, 현재의 나와 함께 있었다면 오히려 나를 진정시키는 것이 아니라 매우 불안하게 만들었을 것이다.

치료사는 많은 환자를 상대하지만, 환자는 단 한 명의 치료사만을 상대한다는 중요한 사실을 떠올리게 된다. 이것은 본질적인 불평등이며, 때로는 치료에 도움이 될 수 있다. 즉 우리는 환자의 마음속에서 중요하게 여겨지기를 원하기 때문에, 치료에서 공유하는 우리의 말과 경험이 강력한 변화의 영향을 미칠 수 있다. 반면에, 치료사의 인정을 매우 중요하게 여기는 사람이 완전히 잊혀진 자신을 발견했을 때에 대한 잠재적인 피해를 상상해 보자.

앞으로는 좀 더 신중하게 준비하여 환자와의 이전 관계를 확인하려고 생각했다. 누군가를 기억하지 못하는 경우, 자존심을 버리고 솔직하게 말하려고 노력할 것이다. 솔직하게 말하고, 그로 인해 발생하는 실망에 대해 세심하게 도와주는 것이 기억하지 못하는 것을 기억하는 척하는 것보다 낫다고 믿기 때문이다. 환자가 크게 화를 내거나, 내가 기억하지 못해서 상처를 입거나, 나 자신에게 화를 내거나(관리 가능), 기억력이 좋지 않다는 것이 어쩐지 자신의 잘못이라고 생각하거나(잠재적으로 해로울 수 있음) 하는 것보다 더 나은 결과인 것 같았다.

다행히도 엘사와의 세션에서는 그런 일이 일어나지 않았다. 오히려 서로에 대한 긍정적인 감정이 그날의 분위기를 주도했다. 이야기의 결말에 대한 호기심을 달래기 위해, 나는 엘사에게 세션이 끝난 후 몇 달 후에 이메일을 보내서 아이들과 어떻게 지내고 있는지 알려달라고 부탁했다. 엘사는 나이 든 치료사에게 사랑스러운 답변을 보냈다.

친애하는 어브

저는 어브가 지난번 세션에 대해 다시 논의하기 위해 또 다른 세션을 예약하고 싶는 뜻으로 이메일 요청을 오해했습니다. 제 착각이 우습네요. 분명히 제 오해는 어브와 작별하는 것이 얼마나 어려운지에 대해 잘 보여주는 것이겠지요. 세션에서 저는 제 아이들에 대한 염려 때문에 연락을 드렸다고 말씀드렸습니다. 그게 전부는 아닙니다. 저는 그 핑계를 댔던 것이 그들뿐만 아니라 저 자신도 다시 연결하기 위해서였을 것이라고 생각합니다.

저는 박사님이 편히 은퇴할 수 있기를 바랍니다. 그리고 나이 때문에 심리 치료를 하는 것이 어렵다는 것을 잘 알고 있습니다. 저는 박사님을 다시 만나서 화상 세션을 진행할 수 있어서 정말 행복했고, 이 이메일도 포함하여 모든 경험에 대해 정말 만족한다는 것을 알아주셨으면 합니다.

몇 달 후, 나는 기억 상실에 대한 부끄러움을 극복하고 엘사에게 우리 만남에 대한 이야기를 보내며, 이 이야기를 출판해도 되는지 허락을 구했다. 그녀는 즉시 대답했다.

안녕하세요, 어브

저희 세션에 대한 설명이 정확하고 명확합니다.

이 설명을 포함시켜 주셔서 영광입니다. 그리고 기억력에 관해서요.

네, 제가 말씀드린 내용의 세부 사항을 모두 기억하지 못한다는 것을 알고 있었습니다. 그러나 이로 인해 불편한 적은 한 번도 없었어요. 항상 배려를 받는다는 느낌이 들었고, 사소한 것을 잊어버리시는 것은 큰 영향을 미치지 않았습니다. 이것은 저에게 흥미로운 일이고, 제가 상처를 받았는데, 그것을 숨기고 있는지 스스로를 살펴보았어요. 저는 불편함을 발견하지 못했습니다!
모든 것을 면밀히 살피고 기억하는 무척 완고한 아버지와의 초기 관계를 생각하면, 당신의 기억의 공백과 통찰력 및 배려가 상처를 유발하지 않는다는 것은 저에게는 자연스러워요.

결국 엘사와 나에게 모두 좋은 결과가 나왔다. 엘사의 깊은 배려와 관대함이 그 결과의 일부였을 것이고, 개인적으로도 만족스러웠다. 이 만남을 통해 노화에 대한 새로운 통찰을 얻게 된 것이 가장 좋았다. 엘사를 향한 예상치 못했던 따뜻한 마음과 보호 본능이 치유의 단초를 마련해 주었다면, 이 성공의 배경에는 나의 잠재 기억이 있을지도 모른다. 한편으로는, 내 의지와는 상관없이 무의식적으로 포스트잇에 손을 뻗는 것과 같은 암묵적 기억의 일부 표현은 불안하게 느껴진다. 왜냐하면 이러한 표현은 내 의지와는 상관없이 일어나는 것처럼 보이기 때문이다. 다른 한편으로, 이러한 경험과 많은 연구 결과에 따르면, 암묵적 기억은 명시적 기억보다 노화와 치매의 영향을 훨씬 덜 받는 것으로 나타났다. 얼굴, 이름, 단어를 잊어버리는 것은 흔한 일이다. 그러나 여전히 사람들과 깊은 유대감을 느끼고, 익숙한 노래의 가사를 알고, 자전거 타는 법을 알고 있는 경우가 많다. 나의 명시적 기억 상실이 계속 진행됨에 따라, 아마도 나는 암묵적 기억에 좀 더 의존하는 법을 배울 수 있을 것이다. 의심하지 않고 안도하는 마음으로 바라보고, 엘사에게 그랬던 것처럼 그것이 떠오를 때 그것을 신뢰할 수 있을 것이다.

CHAPTER 7

고요함과의 스파링

마야의 얼굴이 나를 놀라게 했다. 검붉은색 머리카락과 녹색-금색 눈을 가진 그녀는, 어떻게 할 바를 모를 정도로 아름다웠다. 그녀의 미소는 수십 년 동안 빛을 발하는 듯한 광채로 빛났고 잠시 동안 나 자신의 젊음을 되돌려 주었다. 아, 다시 한 번 불멸의 느낌을 가지게 되는구나! 그녀는 내 컴퓨터 화면에서 평온함을 발산했고, 나는 내가 약간 균형을 잃은 듯해서 놀랐다. 나는 외모에 놀라는 일이 거의 없는데, 그녀의 아름다움에 대한 나의 반응을 보면서 그녀의 아름다움이 다른 사람들에게도 놀라움을 안겨주었는지, 그녀의 아름다움에 반응하는 방식이 다른지 궁금했다. 나는 아름다운 얼굴이 축복이자 저주인 여러 환자를 치료해 왔다. 아름다운 얼굴은 원치 않는 관심이나 특별한 대우를 받기도 하고, 어떤 사람들은 칭찬을 하고, 다른 사람들은 원망하기도 한다. 두 극단적인 상황 모두 정상적인 상호작용을 왜곡한다. 나는 이것이 우리 세션과 관련이 있을 것이라고 생각했다.

그녀가 나에게 연락한 이유를 설명하기 시작했을 때 나는 아직 첫 번째 질문을 작성하고 있었다. 분명히 나는 그녀가 처음 만난 치료사는 아니었다.

"저는 스물여덟 살이에요. 스물 한 살 때부터 찰리와 함께 지냈고, 그와 결혼할 생각이에요. 하지만 그는 제가 길버트에게 너무 몰두하고 있는 것에 지쳐가고 있어요."

"길버트가 누구죠?" 내가 물었다. "그리고 그 남자와 안 지 얼마나 오래 됐지요?"

"약 3개월 정도요."

"그는 어디 있죠?"

"그가 태어난 직후부터 같이 있어요."

궁금하다! 그녀가 나의 질문을 회피하는 것은 의도적인 것일까? 마야는 기뻐하는 듯 보였고, 잠시 동안 장난스러운 표정으로 나의 혼란스러운 모습을 지켜보더니 "길버트는 제 개예요."라고 마침내 설명했다. "그는 제 삶의 빛이에요. 그리고 그게 바로 제 문제예요." 마야는 의자에 다시 앉았다. 그녀는 걱정스러운 기색 없이 편안해 보였다. 아주 편안해 보였다.

"자세히 설명해 주세요. 무엇이 문제인가요?"

"저의 강박적인 생각과 때로는 강박적인 행동입니다. 제가 기억할 수 있는 한 계속해서 그것이 제 문제였습니다. 수년 동안 저는 음식에 집착했고, 음식 생각하는 것을 멈출 수 없었습니다. 그래서 입으로 들어가는 탄수화물과 지방의 양을 측정했고 계속해서 체중을 측정했지요. 그게 제가 대학 시절에 기억나는 전부입니다. 대단한 책도 없고, 친구들과 한바탕 소동을 벌인 적도 없습니다. 그냥 "내가 얼마나 먹었지?" "아직도 내가 예쁜가?"에만 관심이 있었어요.

"지금은 어때요?"

"지금은 강박적인 생각이 달라졌어요. 많은 노력과 여러 명의 치료사, 그리고 강박장애와 섭식장애에 대한 정확하지 않은 진단이 필요했지만요. 하지만 지금은 길버트에 집착하고 있어요. 여기요." 그녀는 휴대폰으로 회색과 흰색의 작은 개가 파란색 목줄을 하고 있는 사진을 보여주었다. "너무 귀여워요! 그 개가 자꾸 생각나요. 항상 그 개가 걱정돼요. 그 개가 충분히 먹고 있나? 제가 없을 때 하루 종일 외로워하지는 않을까? 수업에 가면, 불쌍하고 외로운 길버트만 생각나요. 그 개에게 친구가 필요하다는 것을 알고 있어요."

"반려견에 대한 찰리의 태도는 어떤가요?"

"저는 '좋지 않아요. 전혀 좋지 않아요'라고 말해야 할 것 같아요. 찰리는 열심히 일하고, 상업용 부동산을 다루기 때문에 매우 긴 시간을 일해요. 집에 돌아오면 지쳐 있죠. 찰리에게 휴식이 필요하고, 찰리에게 제 관심이 필요하다는 것도 알고 있어요. 하지만 길버트에 대해 이야기하지 않을 수 없어요. 길버트는 행복할까요? 어떻게 생각해요, 찰리? 길버트는 행복해 보이지 않아요. 혼자 있는 시간이 너무 많아요. 한 번에 몇 시간씩 혼자 있죠. 친구가 필요해요. 길버트에게 친구가 되어 줄 다른 개를 데려와야 하지 않을까요? 저는 수업과 찰리, 그리고 우리의 미래에 대해 생각해야 한다는 것을 알고 있기는 하지만, 그 대신에 저는 항상 길버트 생각뿐이에요. 다른 것에 대해 생각하는 것이 너무 어려워요."

그녀의 말은 그녀가 강박적인 생각에서 벗어날 수 없다는 것에 위험이 있음을 말해 주었다. 그 모든 게 이해되었다. 그런데도 그녀의 태도는 평온했고, 얼굴에는 단순한 천상의 미소가 번지고 있었다. 이 불협화음은 눈에 띄었고, 그것이 앞으로 다가올 시간에 중요한 문제가 될 것이라고 확신했다.

"제 마음은 계속해서 생각에 잠겨 있습니다. 나를 기다리고 있는 불쌍하고 외로운 강아지," 그녀는 계속해서 말했다. "물론 강아지는 친구가 필요해요. 모든 생명체는 친구가 필요합니다. 길버트는 너무 작고 세상에 처음 왔습니다. 그리고 너무 사랑스럽고, 매일 내가 자신을 버렸다고 생각할 것입니다."

내가 찰리에 대해 물어봤더니, 그녀는 재빠르게 대화를 길버트에게로 돌렸고, 우리의 대화는 그녀의 강박적인 생각의 패턴을 입증하는 것이었다.

"찰리는 어때요?" 내가 다시 물었다.

"찰리가 집에 돌아올 때면, 그가 코트를 벗기도 전에 나는 길버트에 대해 이야기하기 시작하곤 해요. 그가 얼마나 외로울지, 그리고…"

"마야, 잠깐 끼어들어도 될까요? 잠시 찰리에 대해 집중해 봅시다. 찰리는 길버트의 생각에 어떻게 반응하나요?"

"찰리는 친절하고 다정한 사람이에요. 그는 제 말을 잘 들어주고, 진심으로 저를 아껴 줍니다. 그는 내색하지는 않지만, 인내심이 바닥나고 있는 것 같아요. 제가 길버트와 제 환상에 대해 너무 많이 이야기한다는 것을 알고 있습니다."

"당신의 환상?"

그러자 그녀의 얼굴이 정말로 환하게 빛나며 젊음과 기쁨으로 빛났다. "제 환상, 제 장기적인 꿈은 여기서 두 시간 정도 떨어진 멋진 숲 지역으로 이사하는 거예요."

"좀 더 자세히 말해봐요." 내가 말했다. "그곳에서 당신의 삶이 어떨 것이라고 상상하나요?"

"글쎄요, 저는 9마리나 10마리의 개를 키울 거예요. 길버트는 정말 좋아할 거예요! 그는 행복에 겨워 뛰어오르며 기뻐할 것이고, 모든 것이 완벽할 거예요."

"완벽하다고요?"

"제 말은 우리가 영원히 행복하게 살게 될 거라는 거예요. 저와 길버트, 그리고 다른 모든 개들과 함께요!"

나는 여기서 잠시 멈칫했다. 그녀의 젊은 미소는 갑자기 더 순진하고 덜 화려해 보였다. 뭔가 이상했다. 나는 도심에서 자랐고, 야생에서 완전히 편안함을 느낀 적이 없다. 아마도 내가 느끼는 강한 부정적인 반응은 나의 이러한 편견 때문이 아닐까? 나는 잠시 내 생각을 살펴보았다. 시골에서 멋진 삶을 살 수 있다는 것은 분명하다. 비록 그것이 나에게는 매력적이지 않더라도. 그러나 그것은 아니었다. 그녀의 '영원히 행복하게'라는 말이 나를 이상하게도 냉담하게 만들었다. 나는 마야가 세션 초반에 어떻게 나를 놀렸는지 떠올렸다. 그녀는 길버트가 개가 아니라 다른 사람이라고 상상하게 만들었다. 어쩌면 그것은 장난이었을까? 아니면 그냥 농담이었을까?

"아름다운 풍경이 될 거예요." 그녀는 진지하게 말을 이어갔다. "키 큰 나무, 얼룩덜룩한 그늘, 뛰어다니는 강아지들. 정말 행복할 거예요."

그녀는 완전히 진지한 듯 보였다. 나는 걱정이 되기 시작했다.

"찰리는 어때요?" 내가 물었다. "찰리도 이런 환상을 공유하나요? 야생 한가운데에서 어떻게 부동산 일을 할 수 있겠어요?"

"현실, 현실, 저도 알아요! 하지만 찰리는 저와 함께 갈 수 있어요. 그렇게 멀지 않아요. 겨우 두어 시간 정도 걸릴 뿐이죠."

"그럼 매일 4~5시간씩 출퇴근해야 한다는 말씀이신가요?"

"아니면 일 년 중 일부는 여기서 일하고, 나머지 기간은 저와 함께 보낼 수도 있겠죠."

그녀의 그 고요한 미소는 결코 흔들리지 않았다. 찰리가 이미 길버트에 대한 집착으로 힘들어하고 있었다면, 이 새로운 비전에 그를 위한 자리가 없다는 것이 분명했다. 그녀가 그 사실을 어떻게 모를 수 있었을까?

"찰리가 이 상황에 만족할 것 같으세요?"

"찰리는 저를 사랑해요. 그리고 제가 얼마나 행복한지, 길버트가 얼마나 행복한지도 알게 될 거예요."

"그것만으로도 충분할까요? 가끔 만나려고 몇 시간씩 운전해야 하는 그런 관계로 충분할까요? 찰리를 사랑하고 결혼할 계획이라고 말씀하셨죠?"

"네, 잘될 거라고 확신해요."

내가 더 강하게 밀어붙일수록, 그녀는 더 적극적으로 비전을 추진했다. 그녀는 자신의 말을 믿었다. 그리고 그녀는 이 동화 같은 미래에 대해 정말 흥분한 것처럼 보였다. 아마도 내 상상력이 부족해서 그랬는지 모르겠지만, 나는 단순히 찰리와 그녀의 관계가 파탄 나지 않고, 그녀의 인생에서 다른 어떤 일이 생기지 않는다면 그것이 어떻게 가능할지 도저히 알 수 없었다.

나는 더 세게 그녀를 눌렀다. "마야, 숲에서 보내는 전형적인 하루를 설명해 줄 수 있겠어요?"

"하루 종일 개들과 함께 있으면 행복할 거예요. 저는 개 훈련하는 것을 좋아해요. 우리는 긴 산책을 하고, 숲에서 뛰놀 거예요. 길버트는 정신이 없을 거예요. 천국 같은 곳이에요."

"일을 한다면 무슨 일을 할 건가요?"

"더 많은 개들을 훈련할 거예요! 그리고 어쩌면 원격 웹 디자인도 할 거예요. 아주 쉬울 거예요."

"저녁 시간은 어떻게 보내나요? 찰리가 집에 없을 때는 매일 저녁 혼자 보내나요?"

"글쎄요, 그건 좀 문제가 될 것 같아요. 아마 술을 많이 마시게 될 것 같아요. 혼자 있을 때는 술을 마시는 경향이 있거든요." 그녀는 잠시 생각에 잠긴 표정으로 멈춰 섰다. 잠시 동안 그녀가 행복한 결말에 대한 환상과 그녀의 관계, 음주, 개를 넘어서는 만족스러운 삶에 대한 현실적 요구 사이의 불일치를 갑자기 깨닫게 될 것이라고 생각했다.

그러나 그 대신에 그녀는 환하게 웃으며 다시 나에게로 돌아왔다. 나는 그녀의 얼굴을 주의 깊게 살펴보았지만, 걱정이나 근심은 찾아볼 수 없었다. 그저 흔들림 없는 미소만 보였다. 우리는 완전히 다른 방식으로 같은 상황을 바라보고 있는, 서로 다른 현실 속에 살고 있는 것처럼 느껴졌다. 그녀가 묘사한 시나리오는 나에게는 재앙으로, 그녀에게는 완벽한 기쁨으로 다가왔다. 많은 사람들이 평온함, 차분한 기질, 삶의 만족을 추구하면서도 역설적이게도 표면적으로 너무 평온한 태도는 종종 더 깊은 문제를 부정하는 것을 의미한다는 것을 알게 되었다. 그것은 강력한 회피 전략이 될 수 있다. 마야의 자기 기만이 얼마나 깊게 파고들었는지 궁금했다. 어떤 깊은 수준에서 그녀는 자기에게 다가오는 위험을 알고 있을 것이라고 느껴졌다.

"좋아요."라고 말하면서, 나는 그녀와 함께 생각 실험을 해 볼 생각이었다. 그러면 그녀가 상상한 결과가 어떤 것인지 알 수 있을 거라고 생각했다. "함께 생각해 봅시다. 당신이 묘사한 대로 모든 것이 진행된다고 가정해 봅시다. 찰리가 매일 개들과 함께 숲에서 살기 위해 몇 시간씩 출퇴근해야 한다고요? 그게 말이 된다고 생각하세요?"

"다 잘될 거라고 확신합니다."

"정말 문제가 안 보이세요?"

그녀는 고개를 저으며 계속 멍한 미소를 지었다. 도대체 그녀는 어느 행성에서 온 걸까? 나는 생각했다. 어떻게 해야 할까? 나는 그녀를 대면하고 그녀의 극도로 차분한 태도에 문제를 일으키기 위해 평소보다 더 망설이고 있다는 것을 깨달았다. 이것은 그녀를 아는 다른 사람들, 즉 그녀의 친구와 사랑하는 사람들이 그녀와의 관계에 대해 솔직하게 이야기하는 것이 어려울 수도 있음을 시사한다. 분명히 아직 아무도 그렇게 하지 않았고, 나는 지금 그것이 나의 불쾌한 책임이라는 것을 깨달았다.

"제가 드릴 말씀이 있습니다." 내가 말했다. 그녀가 나에게 보낸 원본 이메일을 띄우고 큰 소리로 읽었다.

> 저는 제가 아름답고 젊다는 것을 끊임없이 확인하려고 합니다. 마치 그것이 저에게 어떤 불멸의 힘이나 중요성을 주는 것처럼 말입니다…. 가끔은 제 인생을 돌아보면서 왜, 어떻게 그렇게 낭비했는지 자문하게 될까 봐 걱정되기도 합니다. 그래서 저는 선생님과 함께 상담하고 싶습니다… . 선생님은 제가 집착에 사로잡혀 미래를 낭비하지 않도록 도와줄 수 있다고 믿습니다.

"마야의 이메일에 감명받았습니다. 당신은 정말 중요한 관찰을 하고 있어요. 저는 당신의 생각을 매우 진지하게 받아들이고 있어요."

그녀는 고개를 끄덕이고 계속 미소를 지었다.

"제가 지금부터 하는 말에 주의를 기울여 주세요. 지금 당신은 매우 위험한 상황에 처해 있다고 생각합니다. 당신은 지금까지 찰리와 오랫동안 함께 살아 왔습니다. 찰리를 사랑한다고 말하고, 찰리와 평생을 함께 할 것이라고 기대한다고 말합니다. 하지만 제가 보기에는, 근본적인 변화가 일어나지 않는 한, 그런 일은 일어나지 않을 것 같습니다. 매일 밤 찰리가 일 때문에 지쳐서 집에 돌아오면, 당신은 길버트에 대해서만 말하곤 합니다. 길버트가 얼마나 외로울지, 길버트가 무엇을 필요로 하는지, 길버트를 위해 충분히 해 주지 못해서 얼마나 죄책감을 느끼는지 말입니다. 저는 당신에게 아주 솔직하게 말씀드릴게요. 이 관계는 오래가지 못할 겁니다. 10마리의 개와 함께 숲에서 사는 것은, 아마 당신도 조금은 느끼겠지만 현실적으로 불가능해요. 찰리는 야생에서 일할 수 없고 개에 관심이 없다고 당신은 말했어요. 4~5시간씩 출퇴근을 강요하는 것은 반려동물보다 그 사람을 덜 소중하게 여긴다는 분명한 메시지를 보내는 것입니다. 저는 그런 관계를 지속할 사람은 없다고 생각하고 아무리 찰리가 당신을 사랑한다고 해도 찰리가 예외라고 생각하지 않습니다. 그렇다면 당신은 어떻게 될까요? 매일 밤 열 마리의 개와 한 병의 술과 함께 야생에서 혼자 지내게 될 겁니다. 정말로 그런 삶을 원하십니까?"

마야의 미소는 마침내 사라졌다.

나는 잠시 기다렸다. 그녀는 대답하지 않았다. "여기요." 나는 계속해서 말했다. "당신이 보낸 이메일 내용을 다시 읽어 보겠습니다."

> 가끔은 제 인생을 돌아보면서 왜, 어떻게 그렇게 낭비했는지 자문하게 될까 봐 걱정되기도 합니다. 그래서 저는 선생님과 함께 상담하고 싶습니다… . 선생님은 제가 집착에 사로잡혀 미래를 낭비하지 않도록 도와줄 수 있다고 믿습니다.

우리는 몇 분 동안 조용히 함께 앉아 있다가 마야가 얼굴에 엄숙한 표정을 지으며 말을 꺼냈다. "박사님이 방금 저에게 하신 말씀에 저는 약간 놀랐습니다. 감사합니다. 저는 그 말씀을 기다리고 있었습니다. 그 말씀을 들어야 했습니다. 저는 당신의 의견을 엄격한 사랑이라고 생각합니다."

"네, 맞는 말 같아요." 내가 말했다. "그것을 일종의 경종으로 생각하세요."

"어떻게 해야 할까요?"

"감정을 잘 다스리고 강박적인 생각보다 우선순위가 높은 실제적인 우선순위를 찾아야 합니다."

"어떻게 해야 할까요?"

"한 시간 이상 걸리겠지만, 다행히도 이 문제는 훌륭한 치료사가 도와줄 수 있는 문제입니다. 제가 조사를 좀 해보고, 그쪽 지역에 있는 훌륭한 심리학자 몇 분의 연락처를 보내드리겠습니다."

나는 엇갈린 감정으로 세션을 마쳤다. 나는 그렇게 대립적인 태도를 보이는 일이 거의 없다. 내가 너무 가혹했나? 그녀가 이 말을 들을 준비가 되어 있었을까? 내가 배우고 있는 한 가지는, 이 한 시간짜리 세션에서 진정으로 도움이 되고자 하는 노력에는 종종 엄청난 시간 압박이 수반된다는 것이다. 그 압박 때문에 나는 평소와는 다른 선택을 해야 했고, 익숙한 치료의 논리를 따르지 않는 선택을 해야 했다. 마야의 경우, 나는 매우 직접적인 대결에 의존했지만, 일반적으로 환자가 스스로 이러한 발견을 하도록 유도하는 것이 훨씬 더 효과적이다. 치료사로서 우리는 가능성을 제시하고 환자가 자신의 생활 방식을 고려하게 만드는 생각을 자극하는 질문을 던진다. 환자가 자신의 행동이 자신의 가치와 일치하는지, 그리고 자신의 신념이 자신에게 도움이 되는지 고려하게 만드는 질문이다.

여기에는 어려운 아이러니가 있다. 왜냐하면 환자들은 대개 심각한 고통을 겪고 치료를 받기 때문이다. 대체로 환자들이 원하는 것은 문제가 외부적이든 내부적이든 간에 그들이 겪고 있는 고통에 대한 해결책이다. 그리고 그들은 종종 이 해결책이 무엇을 해야 하는지에 대한 조언이라고 생각한다. 그러나 다시 말하지만, 실제 변화는 환자가 주어진 상황에서 무엇을 해야 하는지를 치료사에게서 듣는 것보다 자신의 입장을 재고하고 변화를 만드는 데서 비롯되어야 한다는 것이다. 대부분의 경우, 내가 누군가에게 무엇을 해야 하는지 알려주는 것보다 그들이 자신 안에 내재된 장애물을 극복할 수 있도록 도와서 더 깊은 가치에 부합하는 더 나은 결론을 스스로 내릴 수 있도록 하는 것이 훨씬 더 유용하다.

그러나 나는 대부분의 단일 세션에서 이처럼 심층적인 과정을 진행할 시간이 거의 없다는 것을 알게 되었다. 특히 마야처럼 망상에 사로잡힌 사람에게는 더욱 그렇다. 돌이켜 보면, 나는 마야가 찰리와의 행복한 관계를 유지하는 것과 그녀의 환상적인 생활과는 얼마나 부조화가 되는지 스스로 깨닫게 하려고 노력했다. 나는 그 부조화가 그녀의 평온함을 흔들어 놓을 것이라고 생각했지만, 그런 일은 일어나지 않았다. 대신 그녀는 "모든 것이 잘될 거라고 믿어요!"라고 대답했다. 그래서 나는 그녀에게 그녀가 쓴 말을 직접 읽어주면서 찰리가 자신을 '개들에게 밀린 2등 시민'처럼 느끼는 관계라면 그녀와 함께 있지 않을 것이라는 강한 생각을 표현함으로써 그녀에게 더 직접적인 충격을 주었다. 나의 평소와 달리 직설적인 말투로 그녀의 온화한 미소를 떨쳐버렸다. 이 일로 인해 그녀가 지속적인 도움을 받을 수 있기를 바란다. 마야의 후속 이메일에서 그 사실을 확인할 수 있었다.

얄롬 박사님

저는 박사님의 말씀에 전혀 불안하지 않았다는 것을 알아주셨으면 합니다. 반대로, 저는 이 세션이 끝나지 않기를 바랐습니다. 제 인생에서 저에게 진심으로 솔직하게 말해 주는 사람은 많지 않습니다. 제가 두려워하지만 아무도 말하지 않는 것을 당신이 큰 소리로 말해 주니 마음이 놓였습니다.

당신은 저에게 긴박감을 심어주었습니다. 저는 제 관계에 대해 빨리 알아내야 한다는 것을 깨달았습니다. 저는 선생님의 전문성을 충분히 신뢰합니다. 선생님이 제 미래에 대해 두려워한다면, 저도 두려워해야 한다는 것을 알기 때문입니다.

몇 주 후, 나는 그녀에게 이 이야기를 출판해도 되는지 우편으로 허락을 요청했다. 그녀는 다음과 같이 답했다.

이 글을 읽으면서, 제가 찰리와의 관계를 위태롭게 하고 있다는 사실을 다시 한 번 깨달았습니다. 심지어 제가 선생님이 하신 말씀을 그대로 전했는데, 찰리도 그 심각성을 부인하지 않았습니다.

제가 어느 행성에서 왔는지 궁금해하시는 것에 대해 저는 크게 웃었습니다. 저는 보통 제 생각이 얼마나 터무니없는지 알지 못하지만, 이 일을 계기로 그 사실을 분명히 알게 되었습니다. 선생님이 추천해 주신 치료사의 도움을 받아, 저는 길버트를 다른 집으로 보내기로 결정했습니다. 저는 황폐해지고 하루에도 몇 번씩 울어요. 이제는 제가 어떤 존재를 그토록 사랑할 수 있고 포기할 수 있다는 것이 무슨 의미인지에 집착하게 되었습니다. 그래도 이번 세션을 통해 길버트에 대한 단기적 집착에서 벗어나 찰리와의 장기적 관계의 중요성에 집중할 수 있게 되어 감사하게 생각합니다.

나의 일부는 당신이 삶의 기쁨을 앗아갔다고 소리치고 싶은 마음도 듭니다. 왜 동화 같은 이야기가 있으면 안 되는 걸까요? 초원에서 새들이 지저귀는 소리에 맞춰 강아지들이 뛰어노는 행복한 결말? 하지만 찰리에 대한 선생님의 생각은 옳습니다. 그리고 아마도 다른 많은 친밀한 관계에 대해서도 말이죠. 저는 강아지들이 행복하게 사는 것을 좋아하지만, 와인을 유일한 반려로 삼고 혼자 사는 삶을 원하지는 않습니다. 그래도 슬픈 날에는 당신을 '즐거움의 처형자'라고 생각할 것입니다.

감사하는 마음으로
마야

CHAPTER 8

인바시오네(침입)와 아그레시오네(공격)

저는 이탈리아에서 온 사회학자입니다. 저는 논문을 완성하기 위해 노력 하고 있으며, 여가 시간에는 세대 간/세대 내 사회적, 세계적 갈등에 대한 이해를 높이기 위해 노력하고 있습니다. 선생님과 토론하고 싶습니다.

- 베테랑 세대의 퇴장
- 현재 세대에 대한 견해
- 미래에 있을지도 모르는 심리치료와 정신분석의 부재

이 모든 것은 저의 인생과 커리어에서 가장 큰 영감을 준 분석가들과 작가들을 만나고, 언젠가는 그 내용을 대중에게 알리고자 하는 저의 꿈을 이루기 위한 노력의 일환입니다.

알베르토는 나와의 세션 며칠 전에 이와 같은 이메일을 보내왔다, 내가 그에게 구체적으로 어떤 도움을 원하는지 물어본 후였다. 나는 이메일을 한 번 읽고 또 다시 읽었다. 흥미로운 내용이 있었지만, 이해하기 어려웠다. 나는 그가 원하는 것이 무엇인지 궁금하면서도 혼란스러웠다. 몇 번 더 읽어본 후, 나는 그의 영어로 쓴 글이 명확하지 않은 것은 어쩌면 그의 모국어인 이탈리아어가 아니기 때문이라고 생각했다. 나는 우리가 만나면 이 문제를 해결할 수 있을 것이라고 확신했다.

알베르토의 안경 낀 강렬한 얼굴이 곧 내 화면에 나타났고, 그는 즉시 말을 시작했다.

"얄롬 박사님, 이렇게 영향력 있고 위대한 사상가인 분을 알게 되어 매우 기쁩니다."

"고마워요, 알베르토."

그는 약간의 억양이 있는 영어를 사용했는데, 그게 매력적이라고 생각했다. 내가 이 점에 대해 말하자, 자기는 언어에 대한 재능이 있으며 다섯 가지 언어를 꽤 유창하게 구사할 수 있다고 말했다.

"뉴욕에서 제 전공분야를 공부한 것은 행운이었습니다. 그곳에서 석사 학위를 받은 후, 더 전문적인 지식과 사회정치적 지식을 추구하기 위해 고국으로 돌아왔습니다."

그는 뉴욕에서 진행한 프로그램에 대해 몇 가지 의견을 말했으나 뭔가 이상했다. 알베르토의 말을 듣는 것이 힘들어서 컴퓨터 스피커를 높였지만 문제는 계속되었다. 그가 하는 말을 제대로 알아듣지 못하는 것 같아서 몇 번이고 반복해 달라고 그에게 부탁했다. 내가 보청기를 착용하고 있었다면 더 잘 들었을지도 모른다고 생각했으나, 보청기를 찾아서 끼우는 데 시간을 내달라고 부탁하는 것이 꺼려졌다. 어리석은 짓이라고 속으로 생각했다. 89세의 나이에 다시는 만날 일 없을 사람과 이야기하고 있는데, 보청기를 끼기 위해 시간을 내달라고 부탁하는 것이 너무 뻔뻔스럽다고 생각했다! 나는 정말 언제 철이 들까? 이 상황에 유머를 느낄 수 있었지만, 그 순간 너무 당황스러워서 그 유머를 즐길 수 없었다.

그러나 이성(理性)이 이겼다. 나는 그에게 잠시 멈추라고 말했고, 재빨리 보청기를 착용했다. 그의 목소리는 이제 충분히 커졌지만, 여전히 명확하게 들리지 않았다. 나는 그의 오디오가 제대로 작동하는지 물었고 그는 고개를 끄덕이고 그가 착용하고 있던 헤드폰을 가리켰다. 나도 헤드폰을 사용해야 할지 고민하면서 잠깐 그가 쓰고 있는 브랜드에 대해 물어볼까 하다가 곧 그 생각을 접었다. 그는 헤드폰 브랜드 추천을 받기 위해 찾아온 것이 아니라, 자기 인생에서 심각한 문제에 대해 도움받으려고 나를 찾아온 것이었다. 나는 그의 이야기에 집중했다.

"알베르토, 제가 어떻게 도와드릴까요?" 알베르토는 이메일에 언급했던 거창한 질문 대신 여자친구 엠마와 관련된 문제를 이야기하기 시작했다. "우리는 지난 1년 동안 함께 살면서 팬데믹 시기에 서로 지지하고, 개인적인 여정을 공유하며 상당한 유대감을 갖게 되었습니다. 하지만 저도 엠마도 불안해합니다. 우리의 지속적인 미래는 어쩌면 불투명하다고 묘사하는 것이 가장 적절할 것입니다."

“불투명하다니 무슨 뜻이죠?” 그의 약간 형식적인 말투를 해석하려고 노력하며 물었다. “좀 더 자세히 말씀해 주세요.”

”게다가 저는 요즘 어머니와 관계가 좋지 않습니다. 아버지가 돌아가신 후 어머니와 몇 년 동안 함께 살았다는 사실을 아시면 제 상황을 이해하고 평가하는 데 도움이 될 것입니다.”

이 세션은 잘 진행되지 않았다. 나는 그저 단순히 그가 하는 말을 거의 이해할 수 없었는데 그 이유가 무엇인지를 알 수 없었다! 나는 그의 말과 문장을 들었지만, 그가 그 말과 문장으로 말하고자 하는 바를 이해할 수가 없었다. 10분이 지나고 나는 세션을 끝내려고 했다. 내가 무슨 말을 할지 생각했다. 정말 죄송하지만, 오디오가 너무 희미하게 들려서 당신이 하는 말을 너무 많이 놓치고 있습니다. 세션을 취소해야 할 것 같습니다. 그런 식으로 이야기하고. 그리고 물론, 그 비용을 돌려드린다고 말하려고 했다.

그러나 나는 그렇게 말하지 않았다. 우선, 그는 우리 일정을 다시 잡기를 원했을 것이고, 그러면 나는 어떻게 해야 하나? 그러나 그보다 더 중요한 것은, 알베르토가 몇 주 동안 나와 이야기하기를 기다리고 있었다는 것을 알고 있었기 때문이다. 그는 분명히 하고 싶은 말이 많았을 것이다. 그는 지적인 사람이었고 의사소통을 위해 많은 노력을 기울이고 있었다. 나는 이를 악물고 더 열심히 그의 말을 들었다.

나는 그가 하는 모든 말을 들을 수 있다는 것을 깨닫기 시작했다. 오디오가 고장 난 것이 아니라 완전히 다른 일이 벌어지고 있었다. 나는 단순히 그의 생각을 따라갈 수 없었던 것이었다. 그의 쏟아지는 듯 많은 말은 실제로 무엇을 의미하는 것일까 너무 뒤죽박죽인 것 같았다.

열심히 들으면서 나는 내가 훈련받던 먼 기억을 훑어보고 있었다. '워드 샐러드(word salad)'라는 문구가 떠올랐다. 궁금했다. 그 기억에 이어서 플라스틱 의자에 앉아있는 수염을 깎지 않은 남자의 뚜렷한 얼굴이 떠올랐다. 그는 누구였지? 잠시 후, 그 남자는 내가 몇 년 전에 지도했던 입원 환자 그룹의 일원이었던 정신적으로 큰 어려움을 겪고 있던 남자였다. 왜 이 두 가지 생각이 내 마음속에서 충돌하고 있었을까? 그때 깨달았다. 워드 샐러드는 특정 유형의 정신분열증 증상인 횡설수설, 일관성 없는 말들을 가리키는 용어이다. 혹시 알베르토가 정신분열증 환자인가? 하지만 아니다. 나는 정신분열증 환자들과 일한 경험이 많았는데, 알베르토의 상태는 완전히 달랐고 그의 언어는 훨씬 더 이해하기 쉬워 보였다.

갑자기 정말 무서운 생각이 들었다. 어쩌면 그의 말하기 능력이 제한된 것이 아니라, 나의 이해력이 제한된 것이었을지도 모른다. 내 생각은 분명했지만, 나의 대화 상대가 하는 말을 내가 이해할 수 없었던 것이다. 워드 샐러드는 듣는 사람에게도 있는 현상인데, 뇌졸중으로 인해 의미를 인식하기 어려워지는 베르니케 실어증(Wernick's aphasia)이라는 현상도 있다. 내가 뇌졸중을 겪은 걸까? 이 순간이 나의 '여기-지금'을 적용해야 하는 시간일까? 89세의 나이에, 내 머릿속에 갇혀서, 다른 사람의 말을 부분적으로만 이해할 수 있는 것? 강력한 불안감이 나를 사로잡는 것을 느꼈다.

"어떻게 생각하십니까, 얄롬 박사님?"

알베르토의 목소리가 나를 일깨워주었다. 나는 심호흡을 하고, 패닉 상태를 진정시킨 다음, 다시 화면에 집중하면서 혼자 중얼거렸다. 환자를 도와라. "알베르토, 다시 한 번 당신 인생의 중요한 인간관계에 대해 더 자세히 말씀해 주실 수 있나요?"

"엠마와 저는 2년 동안 함께 살았습니다. 제가 지금까지 경험한 것 중에서 가장 중요한 관계입니다."

"그녀와 대화하는 데 어려움이 있습니까?" 내가 물었다.

"중요한 어려움은," 그가 대답했다. "그녀는 자주, 아주 자주, '단순히 나는 당신과 명확하고 합리적인 대화를 할 수 없다'라고 말합니다."

아. 아마도 알베르토와의 의사소통 문제는 내 머릿속에만 있는 것이 아닌 것 같았다. 정말 다행이다! 긴장이 풀렸고, 호흡이 더 편해졌다.

나는 그의 다른 친밀한 관계에 대해 물었다. 그는 그의 어린 시절 친구가 지금 다른 나라에 살고 있으며 더 이상 연락하지 않는다고 말했다. 알베르토는 그 친구와 멀어진 이유를 설명하려고 했지만, 나는 그 이유를 이해할 수 없었다. 이 모든 것이 너무 이상해서, 나는 그가 정신분열증 환자라기보다는 자폐증 환자가 아닌가 궁금해졌다. 하지만 그는 분명히 나 그리고 엠마와 연결되기를 원했고, 대화 속에서 사회규범에 따라 행동하는 데 아무런 문제가 없었다.

우리 상황은 여러 가지 면에서 '여기-지금'으로 개입하기에 적합했다. 그에게는 사람과 관계를 맺는 것을 어렵게 하는 그 무엇이 분명히 있고 그것이 지금 나와 관계를 맺는 것을 막고 있는 것처럼 보였다, 그러나 나는 '여기-지금' 개입을 망설였다. 한 가지 중요한 요소가 빠져 있었기 때문이었다. '여기-지금' 개입에는 친근감과 신뢰라는 중요한 **치료적 동맹**이 필수적이다. 이것이 부족하면 어려운 피드백을 제공하는 것이 불편하거나 위협적으로 느껴질 수 있다. 게다가 나는 알베르토와의 의사소통이 어려워서 거기에 너무 집중하고 있었기 때문에 알베르토와 신뢰의 다리를 빨리 놓을 수 없었다. 그래도 시간이 얼마 남지 않았기 때문에 나는 과감히 결단을 내렸다. 이 방법이 통할 수도 있거나, 아니면 분노와 원망을 불러일으키는 끔찍한 실패를 가져올 수도 있었다.

"알베르토, 당신에게 되돌려주고 싶은 말이 있습니다. 나는 당신이 하는 말을 이해하는 데 큰 어려움을 겪고 있어요. 세션 초반에는 줌이나 보청기에 기술적 문제가 있는 줄 알았습니다만. 잠시 후에 제 청각이 문제가 아니라는 것을 깨달았어요. 문제는 당신이 말하는 방식에 있다고 생각합니다. 당신은 저와 소통하기 위해 열심히 노력하고 있지만, 당신이 쓰는 언어는 모호하고 지나치게 복잡해서 당신이 하고자 하는 말의 의미를 흐리게 하고 나와 당신의 관계를 방해하고 있습니다."

나는 알베르토가 보낸 이메일 원문을 인쇄한 것을 훑어보았다. "당신이 보낸 이 문장들을 생각해 보세요. 당신은 '베테랑 세대의 퇴장, 현재 세대에 대한 견해, 미래에 있을지도 모르는 심리치료와 정신분석의 부재'에 대해 이야기하고 싶다고 말했어요. 이 문장들이 저에게 얼마나 난해하게 보일지 아시겠어요? 문제는 당신의 영어 실력이 아니라, 당신의 의도가 명확하지 않다는 데 있습니다. 저는 당신을 이해하려고 최선을 나하고 있지만, 실패하고 있습니다." 나는 디 큰 요점을 말히기 전에 잠시 멈추었다. "그리고 저의 반응이 바로 다른 사람들이 당신에게 보이는 방식과 같을 것이라고 생각합니다. 그들은 아마도 당신이 하는 말에 자주 당황할 것입니다."

나는 정말 그에게서 어떤 반응이 올지 몰랐다. 그가 화를 내고 나를 탓할 가능성이 컸다. 다른 영어권 사람들은 그를 이해하는 데 아무런 문제가 없는데 아마도 내가 너무 늙어서 따라가기 힘들었기 때문일 것인지도 모른다.

그런데 그 대신 그는 내 말에 매료된 듯 보였고, 비방하지 않고 즉시 대답했다. "어브, 당신의 솔직함에 감사드립니다. 당신을 지지하는 사람들이 있다는 것을 알아두세요. 다른 많은 사람들도 저에게 비슷한 말을 했습니다. 제 여자친구도 똑같은 말을 합니다. 내 말이 너무 모호해서 따라가기 힘들다고 계속해서 말하곤 합니다. 그것도 제가 이탈리아어로 말할 때 말입니다. 선생님은 제가 선생님과 논의하고 싶었던 것을 정확히 짚어냈습니다."

나는 기분 좋게 놀랐다. 그러나 우리의 상담은 아직 반밖에 끝나지 않았고 더 이상 시간을 낭비할 수 없었다.

"좋아요. 알베르토, 이제 당신의 말이 아주 명확해졌고 당신이 왜 저에게 연락했는지 이해가 됩니다. 하지만 잠시 이메일을 다시 살펴봅시다. 다시 읽어보니, 당신이 검토하고 싶었던 내용이 무엇인지 알 수 없었어요. 정말 수수께끼네요! 한편으로 보면 당신은 다른 사람들과 친해지고 싶어 합니다. 이것이 바로 당신이 저를 찾은 이유라고 말했죠. 하지만 왜 그런지 당신은 사람들을 멀리하는 방법으로 언어를 사용합니다. 이 말이 공감이 가나요?"

"계속해 주세요."라고 그는 나를 뚫어져라 쳐다보며 말했다.

"당신은 나에게서 도움을 받고 싶어 하지만, 어떤 도움을 원하는지 숨기고 있습니다. 당신은 다른 사람들과의 연결을 원하지만, 다른 사람들이 당신과 연결하는 것을 불가능하게 만듭니다. 우리는 이런 미스터리에 직면해 있습니다. 알베르토, 당신은 왜 다른 사람들을 멀리하는지 짐작이 가십니까?"

"*인바시오네*(침입, Invasione)입니다."라고 그는 즉시 대답했다.

"뭐라고요?"

"*인바시오네*(침입, Invasione)입니다. 이탈리아어로 '침입'이라는 뜻입니다. 선생님이 왜 제가 다른 사람들을 멀리하는지에 질문하자마자 침입이라는 단어가 떠올랐습니다."

나는 "이제야 말이 통하는군요!"라고 격려의 말을 하려고 했는데, 그는 내 박수가 필요가 없다는 듯 계속해서 직접적으로 말했다.

"그리고 *아그레시오네*(공격, aggressione)라는 단어가 있습니다. 이탈리아어로 '공격'을 뜻하는 단어죠."

"매우 중요한 단어인 것 같군요, 알베르토. 잠시 동안 공격에 집중해 보세요."

"저는… 음. 지금은 더 이상 말씀드릴 수 없지만, 그 단어가 제 인생의 일부였다는 것은 확실합니다."

"알베르토, 오늘 나한테 공격적인 기분이 드나요?" 저는 그가 '아니요'라고 대답할 것이라고 예상했지만, 그는 이 질문에 대해 깊이 생각하기 시작했다. 시간이 촉박하다는 것을 느끼고, 나는 그를 살짝 찔러보았다. "공격적인 기분이 드는 대상은 누구인가요? 무엇에 대해 공격적인 기분이 드나요?"

알베르토는 고개를 저었다. "여기서 제 문제가 드러납니다. 당신은 저를 돕고 싶어 하고, 저는 당신을 신뢰하고 있어요. 그래도 저는 저 자신을 보호하고 거리를 두어야 한다는 생각이 듭니다. 잘 모르겠습니다. 어둡습니다. 영어로는 제대로 표현할 수 없습니다. 아니면 어떤 언어로도 표현할 수 없을지도 모릅니다."

그는 이 말을 하면서 마음을 열려고 노력하고 있었다. 나는 그에게 다가가고 있다고 생각했고, 이러한 세션에서 흔히 그렇듯이, 지금이 그에게 지속적인 치료를 시작하기에 완벽한 시기라고 제안하기 시작했다. 그러자 그는 갑자기 내 말을 끊었다.

"치료, 치료, 좋아요, 매주 누군가와 이야기하는 것… 근데 무엇에 대해서요? … 어쩌면 제 어린 시절에 관한 이야기일 수도 있겠네요. 하지만 그런 이야기가 치료에 어떻게 도움이 될 수 있는지 말씀해 주세요. 침입과 공격을 바꿀 수 있는 있는 그 무엇을 제가 어떻게 배울 수 있을까요?"

그의 자기방어가 이미 세워져 있었다. 정말 강력한 저항이었다. 남은 몇 분 동안 어떻게 이 문제를 다룰 수 있을까?

"누군가 당신을 깊이 알고 싶어 하는 사람이 필요해요? 정말로 알베르토를 알고 싶어 하는 사람이?" 내가 물었다.

"매우 필요합니다."

"침입이나 공격을 당할까 봐 두려워하는 마음이 있다는 걸 이해해요. 어쩌면 그런 두려움이 일부는 정당한 것일 수도 있어요. 그러나 이런 두려움 때문에 당신은 자신의 표면적인 모습만 드러내는데, 그마저도 알 수 없는 모습만 드러냅니다. 아무도 당신의 진정한 모습을 알 수 없고, 당신은 긴장을 풀고 편안하게 자신을 드러낼 수 없습니다. 이런 상태를 유지하는 것은 분명 힘들 거예요! 그리고 결국 당신은 엠마나 다른 누구와도 깊은 친밀감을 형성할 수 없게 됩니다."

"문제가 뭔지 알겠어요." 그는 한숨을 쉬며 말했다. "치료에서 이 문제를 어떻게 해결할 수 있을까요?"

"모든 치료를 대변할 수는 없지만, 당신 스스로가 좀 더 편안해질 수 있도록 함께 노력했으면 좋겠어요. 당신 내면에 있는 진정한 자아. 내면적으로, 그리고 궁극적으로는 다른 사람들과 관계를 맺는 방식에 있어서의 자아를 말합니다. 이것은 세상을 향하여 당신의 불완전함을 드러내는 것을 괜찮다고 여기는 것을 의미할 수도 있습니다."

그는 계속 고개를 끄덕이며 진지한 표정으로 집중하는 모습을 보였다.

"상상할 수 있어요." 내가 계속 말했다. "당신이 이야기한 언어의 방어를 무너뜨리면 엠마가 당신과 더 가까워질 거예요. 어쩌면 더 즐거워질 수도 있겠네요."

"훌륭한 결과가 될 거예요. 예상했던 것보다 더 흥미롭네요."

"시간이 다 됐지만, 당신에게 꼭 전하고 싶은 말이 있습니다. 마지막 10분 동안 나하고 이야기해 온 이 사람이 누구인지 궁금합니다. 이 사람은 세션 초반에 나와 이야기했던 알베르토와 다릅니다. 너무 가까워지는 것을 두려워하여 인바시오네에 대비해서 자신에게 말 그대로 울타리를 치고 있던 알베르토와는 다릅니다. 내가 이탈리아어를 제대로 발음했나요?"

"아주 잘하셨어요."라고 그는 말하고, 미소를 지으며 이렇게 덧붙였다. "미국인 치고는요."

"지금 저는 당신과 훨씬 더 가까워진 것 같아요. 알베르토, 어떤 기분인가요?"

"저에게는 새로운 경험이고, 흔치 않은 경험이에요. 아마도 당신은 이런 친근한 느낌을 자주 경험하셨을 거라고 생각해요. 기분 좋으시지 않나요?"

"네, 마지막 순간까지 나와 함께해서 정말 기분 좋았습니다." 나는 처음에 그의 복잡하고 장황한 말이 내 정신적 붕괴의 징후라고 생각하며 두려워했던 것에 대해서는 아무 말도 하지 않았다. 내 능력과 지각을 완전히 신뢰할 수 없다는 것은 불안했고, 상당한 도전의 층을 더해 주었다. 언제나 그렇듯이, 지금 바로 여기에서 환자에게 집중하는 것이 나를 안정시키는 데 도움이 되었다.

"당신은 지금 자신을 돌아보고 새로운 행동에 대한 기회를 잡을 준비가 되어 있는 멋진 전환점에 와 있습니다. 저는 당신이 여자친구나 또는 더 잘 알고 싶은 다른 사람들과 관계를 맺을 때 이런 순간을 경험할 수 있기를 바랍니다. 당신이 연락할 수 있는 이탈리아인 치료사가 있습니까? 없다면, 줌을 통한 상담을 영어로 구사하는 치료사를 추천해 드릴 수 있습니다."

"제가 존경하는 치료사가 우리 동네에 한 명 있습니다."

"좋아요. 바로 연락해 보세요. 그리고 몇 주 후에 저에게 이메일을 보내 주세요. 공격과 침입의 힘에 대한 업데이트와 당신이 엠마와 다른 사람들이 바리케이드를 통과할 수 있도록 허용했는지 여부를 알고 싶습니다."

지난 몇 달 동안 나는 알베르토에게 했던 것과 같이 환자들에게 어떤 종류의 후속 조치를 요청했다. 이것은 두 가지에 대한 호기심에서 비롯되었다. 첫째는 치료사가 된다는 것은 많은 사람들의 삶에 대한 흥미진진한 드라마를 들여다볼 수 있다는 점에서 큰 즐거움을 준다. 나는 종종 이러한 줄거리에 푹 빠져서 다음에 무슨 일이 일어날지 궁금해하고, 주인공이 잘되기를 응원하는 자신을 발견하곤 한다. 마치 흥미진진한 TV 시리즈를 보는 것과 같다. 이런 이기적인 관점에서 볼 때, 한 번의 상담은 형식이 빈약한 것이고, 후속 이메일은 나의 호기심을 조금 달래는 데 도움이 된다.

이보다 훨씬 더 중요한 것은 이러한 상담에 대한 나의 임상적 호기심이었다. 나는 이 환자들이 장기적으로 어떤 변화와 성장을 경험할지 결코 알 수 없었지만, 내가 어떤 영향을 미치고 있는지, 그렇다면 어떤 요소가 가장 유용한지 알고 싶었다. 일반적으로 나는 환자의 가장 시급한 문제를 파악하거나 문제를 명확히 할 수 있었는데 그것은 대부분의 환자들이 타인과 맺는 관계에 대해 고민하고 있다는 것을 알게 되었다. 이 사실은 나에게 놀라운 일이 아니었다. 내가 60년 동안 만난 대부분의 환자들은 대인 관계에 어려움을 겪고 있었다. 그들의 즉각적인 필요의—성적인 집착, 부모에 대한 분노, 우울증 등 다른 것으로 나타날 수 있지만—그 밑바탕에는 종종 인간관계 단절의 징후가 있다. 심지어 극심한 죽음에 대한 공포를 느끼는 사람들에게도, 일단 문제의 표면 아래로 내려가면, 그들은 우주에서 혼자라는 느낌과 싸우기 위해 깊은 친밀감을 갈망하는 것을 거의 항상 발견할 수 있다. 알베르토의 경우, 분명히 연결에 대한 필요성이 있었다.

나는 이 이외의 어떤 것을 얻을 수 있을까? 우선, '지금-여기' 접근에서 성공적인 작업을 수행하는 데 필요한 친밀감을 구축하는 것이 이렇게 짧은 기간에는 매우 어려울 수 있다는 것이다. 나는 일상적인 치료 작업에서 몇 주와 몇 달에 걸쳐 환자와 신뢰 관계를 구축했고, '지금-

여기' 접근에서 강력한 작업을 수행할 수 있는 역량은 시간이 지남에 따라 커졌다. 알베르토의 경우에는 그와의 동맹이 완전히 확보되기 전에 서둘러야 했다. 그런데도 알베르토가 긍정적인 방식으로 반응해 준 것이 행운이라고 느꼈다. 사실, 숲 속 강아지 환상의 미야와 알베르토에게도 약간의 행운이 있었다. 두 경우 모두 나의 익숙한 방식인 장기 치료에서 지름길을 택했다. 마야의 경우, 나는 마야의 연애 관계가 위험에 처해 있다는 것을 그녀가 스스로 깨닫도록 돕는 대신 지나치게 대립적으로 행동했다. 그리고 알베르토의 경우, 나는 우리가 명확하게 신뢰하는 관계를 구축하기도 전에 어려운 개인적인 진실을 떠올리게 했다. 두 경우 모두 쉽게 잘못될 수 있었지만, 짧은 시간 내에 선택을 해야 하는 상황이었기에 어쩔 수 없다고 생각했다.

돌이켜 보면, 두 사람 모두 내가 이 분야에서 차지하는 위상과 백발의 현자 같은 모습에 대해 자신감을 가지고 있었고, 내 책을 읽은 후 개인적인 유대감을 느꼈기 때문에 우리가 만나기 전에 약간 유리하게 운이 기울어졌던 것 같다. 분명히, 가능한 한 빨리, 그리고 가능한 한 따뜻하고 신뢰할 수 있는 관계를 구축하는 것이 중요했다.

나의 직감을 믿는 것도 중요해 보였다. 때로는 느낌만으로 도약을 해야 할 때도 있었다. 폴의 경우와 마찬가지로, 그의 글에 대한 질문도 그렇게 해서 잘 풀렸다. 반면에 크리스틴의 경우는, 내가 그녀가 아버지와의 관계에 문제가 있다고 추측해서 과시했을 때는 일이 잘 풀리지 않았다. 그 상황에서는 직감이 옳았다고 생각하지만, 내가 그것을 사용하는 방식에 문제가 있었던 것 같다. 만약 아버지와의 관계가 중요했다면, 그녀에게 혼란스러운 결론을 내리기보다는 세션 동안 계속해서 그 문제를 다루었어야 했다. 직관은 치료사에게 매우 중요하지만, 내가 생각하는 '직관'은 신비적인 것이 아니다. 내가 가진 직관은 수십 년 동안 세심하게 주의를 기울이고 사람들을 면밀히 관찰하고 나서 패턴과 경향을 인식한 결과이다.

단일 세션에서는 강력한 메시지를 전달하기 위해 충분한 신뢰를 쌓을 시간이 필요했다. 신뢰를 쌓는 것은 누군가에게 장기적인 치료를 준비시키거나, 새로운 시각으로 자신을 바라보도록 돕거나, 친밀감을 형성하는 데 도움이 되는 것이었다. 앞으로 나는 신뢰와 친밀감을 구축하는 과정에 최대한 빨리 집중할 것이다. 나의 뇌가 점점 나빠지고 있지만, 이 과정에 조금 더 오래 버틸 수 있기를 바란다!

CHAPTER 9

'왜'라는 이유의 창, '언제'라는 때의 속삭임

호주에서 심리치료사로 활동 중인 한나가 보낸 아주 흥미로운 이메일은 다음과 같이 시작되었다.

> 오늘 아침에 눈을 뜰 때, '왜'라는 질문이 너무 많이 떠올랐습니다. '언제'라는 때의 속삭임이 너무 많이 들렸습니다. 저는 쓰여지기를 기다리는 시(詩)에 대한 슬픔의 여운을 느낍니다. 저는 선생님과 함께 이 실타래를 풀어보고 싶습니다.

대부분의 작가들처럼 나도 특이한 표현에 흥미를 느끼는데, 한나의 "'왜'라는 이유의 창(windows of why)'과 "'언제'라는 때의 속삭임

(whispers of when)'은 나를 매료시켰다. 나는 그녀가 정확히 무엇을 의미하는지, 무엇을 탐구하고 싶은지 알지 못했지만, 알고 싶다는 생각이 들었다.

며칠 후 줌을 통해 마주 앉았을 때, 그녀는 겁먹은 듯, 심지어 두려워하는 듯 보였고, 조심스러운 미소를 지으며 말을 할 때 종종 더듬었다. 다른 세계처럼 느껴지는 시적인 글을 쓴 한나는 어디로 갔을까?

"저는 49살이고 세 아이의 엄마입니다." 그녀는 다소 어눌한 말투로 이렇게 말했다. "큰 두 아이는 독립했고, 자기들의 배우자들과 함께 근처에 살고 있습니다. 막내아들은 17살이고 고등학교를 막 졸업했습니다. 코로나19 상황이 안정되는 대로 대학에 진학할 예정입니다. 저는 멜버른에서 심리치료사로 일하며 살고 있습니다. 저는 실존주의적 성향이 있는 것 같아요. 선생님은 저에게 큰 영향을 미쳤고, 선생님의 책과 이론을 잘 알고 있습니다. 저는 개인 상담소를 운영하고 있고, 당연히 모든 환자들을 지금 줌을 통해 만나고 있습니다. 직접 대면하는 것이 그리워요. 저를 포함한 지구상의 모든 사람들이 그렇겠죠! 또 뭐를 말씀드려야 할까요? 제 어머니와 세 자매는 뉴질랜드에 살고 있는데, 여행 제한이 내려지기 전에 그들을 방문하려고 했지요."

그녀는 잠시 멈추었다가, 끝났다는 것을 알리는 듯 짧게 고개를 끄덕였다. 그건 많은 개인 정보를 빠르고 간결하게 요약한 것 같았지만, 긴급한 것은 없었다.

"지금 어떤 문제가 고민이신가요?" 내가 물었다.

"음. 첫째로, 10년 동안 저를 치료했던 의사가 최근에 은퇴했어요. 둘째로, 아들이 집을 떠날까 봐 걱정이 돼요." 그녀가 말했다. "그리고 남편과도 문제가 있어요. 결혼한 지 25년이 되었지만, 지금은 위태로운 상태예요."

나는 그녀가 계속 이야기하기를 기다렸지만, 그녀는 더 이상 아무 말도 하지 않고 잠시 침묵이 흐른 후, 내가 그녀를 재촉했다. "결혼 생활이 위태롭다고 했죠. 중요한 이야기인 것 같은데요, 한나. 그런데 왜 그 이야기를 마지막에 하지요…"

"왜냐하면 저는 영원한 낙관주의자이고, 희망과 치유를 믿기 때문이에요."

그녀가 내 질문을 피하는 것을 보고, 나는 그녀의 결혼 생활이 고통의 원인이 아닐까 추측했다. 나는 조심스럽게 말을 꺼냈다. "한나, 결혼 생활에 대해 이야기하는 것이 쉽지 않겠지만, 우리가 이 문제를 다루지 않으면 당신이 매우 실망할 것 같네요."

"네, 네, 맞아요. 제 결혼 생활 말이에요. 저는 부부 상담을 받아야 할 것 같아요. 상담사를 염두에 두고 있는데, 남편이 결정을 내리지 않아요. 남편이 결정을 내리기를 참을성 있게 기다리고 있어요."

나는 더 많은 것을 기대하며 침묵을 지켰지만, 그녀는 조심스러운 미소만 띠고 있었다. 그녀는 조금씩 몸을 움직이며 화면을 조정했지만 말을 계속하지 않았다. 그게 다야? 나는 생각했다. 한나가 할 말은 그게 다야? 몇 분이 지나자, 나는 우리의 상담 과정에 대해 언급해야 할지 고민했다. 왜 한나는 나에게 그렇게 조금만 말하나? 왜 나에게 질문을 하도록 계속 강요하는가? 나는 지금 한나와 나의 관계, 대화에서 우리 사이에 무슨 일이 있었는지, 특히 그녀가 어떻게든 나를 회피하고 있다는 내 느낌에 대해서는 아직 언급하지 않기로 했다. 내가 아직 얻지 못한 핵심 정보가 있을 것이고, 그 정보가 분명해질 것이라고 생각했기 때문이다. “남편과의 관계에 대해 더 자세히 말해 주세요.”라고 내가 말했다.

“결혼 생활이 잘 안 돼요. 왜 그런지 모르겠어요.” 단순히 그냥 잘 안 된다니! 다시 한 번, 귀중한 정보는 거의 없다. 그리고 왜 한나는 ‘결혼 생활’이라고만 말하고 ‘나의 결혼 생활’이나 ‘우리 결혼 생활’이라고 말하지 않았을까? 참으로 이상하다. 그녀는 도움이 필요하다는 것을 알고 있었고, 우리에게는 단 한 시간밖에 시간이 없었다. 나는 그녀가 문제의 핵심을 파악하는 데 도움이 될 만한 정보를 더 많이 제공하려고 할 것이라고 생각했다. 그 대신, 시간은 빠르게 흐르고 있는데, 그녀는 내가 질문을 할 때까지 기다리며 가장 인색한 시선으로 나를 바라보았다. 나는 내 인내심이 바닥나고 있다는 것을 느꼈다. 그녀는 의심할 것도 없이 자신의 마음을 열고 자신의 깊은 고민을 공유하는 것의 중요성을 알고 있는 치료사였다. 그리고 내가 지금 배우고 있는 것처럼, 내가 도움이 되고 싶다면 매우 빠르게 움직이는 것이 중요했다.

나는 조금 더 강하게 그녀를 밀어붙였다.

“한나, 결혼 생활이 잘 안 되는 이유에 대한 당신의 직감은 어떤가요?”

“글쎄, 저는 우리가 부부 상담을 받기를 원했어요. 상담을 받을 수 있는 좋은 상담사를 찾았지만, 지금까지 남편이 제 제안에 응하지 않고 있어요.”

그녀는 이미 그렇게 말했다. 내가 어떻게 이 저항을 극복할 수 있을까?

“한나, 남편과의 관계에 대해 좀 더 자세히 말씀해 줄 수 있나요? 두 사람 사이에 무슨 일이 일어나고 있는지 잘 모르겠습니다. 결혼 생활이 얼마나 오랫동안 위태로운 상태인가요?”

“오, 꽤 됐어요. 2년 정도 됐어요.”

“잠자리는 어떻게 하고 계세요? 그리고 성생활은 어떤가요?”

“그가 코를 너무 심하게 골아서 우리는 몇 년 전부터 각방을 쓰고 있습니다. 오랫동안 성관계도 하지 않았고요.”

“다른 방법으로 친밀하게 지내나요? 친밀하고 배려심이 깊나요?”

”그다지 친밀하지 않아요.”

매우 짧고 인색한 대답. 나는 그녀가 남편에게 지금과 똑같이 간결하고 회피적인 태도로 말하기 때문에 남편과의 문제가 생겼다고 생각했다. 그런데 왜 지금 나에게 이런 식으로 대답하는 걸까? 그녀는 나의 치료적 접근이 ‘여기-지금’의 관계를 강조한다는 것을 알고 있었지만, 계속해서 관계를 피했다. 강한 신뢰감이 없었다면 나는 우리 사이에 무슨 일이 일어나고 있는지 비판적으로 바라보는 것을 경계했을 것이고, 그래서 다시 다른 방법을 택했다.

“한나, 남편이 부부 상담을 시작하자는 당신의 초대에 계속 응답하지 않는다면 어떤 선택이 가능할까요?”

“몇 가지가 있습니다.”라고 한나가 대답했다. “가장 극단적인 것은 내가 어머니와 자매들이 살고 있는 뉴질랜드로 돌아가는 것입니다. 결혼하기 전에 그곳에서 심리치료 클리닉을 운영했었는데, 다시 운영할 수 있을 것이라고 확신합니다. 정말로 고려하고 있습니다.”

“한나,” 내가 말했다. ”언젠가 미래에 당신이 인생을 되돌아볼 때, 결혼 생활에서 일어나는 일들을 맞서지 않고, 변화를 시도하지 않은 것에 대해 깊은 후회를 하게 될까 봐 걱정이 됩니다.”

그녀는 내가 말하는 동안 침착하게 기다리다가 이렇게 말했다. “저는 개인 상담사를 염두에 두고 있고, 그 사람과 상담 일정을 잡을 계획입니다. 그리고 남편의 미루는 습관에 대해서도 남편과 대면할 계획입니다."

나는 시계를 흘끗 보았고, 시간이 다 된 것을 보고 깜짝 놀랐다. 한나와 나는 마치 신체적으로뿐만 아니라 정신적으로도 서로 멀리 떨어져 있는 것처럼 느껴지는 세션을 마치고 다정하게 작별 인사를 나눴다.

내가 그녀에게 거의 아무것도 해주지 못했다는 사실에 실망했다. 왜 나는 항상 하던 것처럼 '여기-지금' 관계에 초점을 맞추지 않았을까? 그리고 시간은 어떻게 된 것일까? 순식간에 지나갔다. 나는 낙담했다. 나는 그녀에게 더 많은 것을 제공할 수 있었을 텐데, 내가 무엇을 할 수 있었을지 확신이 들지 않았다. 이것은 분명히 내가 진행한 상담 중 가장 성공적이지 못한 상담 중 하나였다.

그날 밤, 잠을 자려고 애쓰다가 실패했을 때, 나는 다시 한나와의 세션에 대해 생각하게 되었다. 내가 한나에게 하지 못했던 질문들이 머릿속을 가득 채웠다. 왜 당신은 남편에게 부부관계에 대해 이야기하지 않나요? 왜 당신은 부부상담을 굳이 주장하지 않고 제안만 했나요? 남편은 당신이 부부 관계에 얼마나 불만족하는지 알고 있나요? 당신 남편은 당신이 남편을 떠나려고 생각하고 있다는 것을 알고 있나요? 그리고 왜 결혼 생활에서 더 많은 것을 요구하지 않습니까? 당신은 불평하지 말거나 요구할 권리가 없다는 것을 어디서 배웠습니까?

세션에서 내 역할과 우리 관계에 대해 묻지 않은 다른 질문이 있었다. 왜 당신은 나를 그렇게 열심히 말하게 만들었나요? 당신은 경험이 풍부한 치료사이고 나의 접근 방식을 잘 알고 있는데, 왜 내가 당신을 괴롭히는 것이 무엇인지 알아내기 위해 그렇게 열심히 노력해야 했는지요?

내 안에 있는 치료사는 나의 무능함에 낙담했다. 동시에, 내가 완전히 설명할 수는 없지만, 아직 그것이 무엇인지 모르더라도 내 안에 있는 가르치는 작가로서 나는 우리들의 이야기 어딘가에 흥미로운 이야기가 있다고 느꼈다. 다음 날 아침, 나는 한나에게 연락하여 우리가 함께 보낸 시간을 글로 정리해 보기로 했다. 일반적으로 나는 이야기를 마친 후에 이렇게 하지만 한나와의 세션에서 있었던 일들은 너무나 수수께끼 같아서, 그녀가 거절할까 봐 세션에 대해 글을 쓰는 데 많은 시간을 투자하고 싶지 않았다. 나는 그녀에게 이메일을 보냈다.

> 안녕하세요, 한나
> 상담 세션 이후로, 나는 그날의 만남에 관한 짧은 이야기를 써야겠다는 생각을 해왔습니다. 완성된 글이 어떤 내용을 담고 있을지는 잘 모르겠지만, 그날의 만남에서 제가 느낀 감정과 제가 그날 당신이 겪고 있는 것을 제대로 이해하지 못했던 것에 대해 주로 다룰 것 같습니다.
>
> 제발 안심하세요. 저는 언제나 가능한 모든 방법으로 환자의 신원을 숨기려고 노력합니다. 그래야 주인공을 알아볼 사람이 아무도 없으니까요. 저는 시작하고 싶지만, 혹시 당신이 반대하면 글을 쓰지 않겠습니다. 감사합니다.
>
> 어브

내가 그 세션 동안 얼마나 도움이 되지 못했는지 고려할 때, 그녀가 "예스"라고 대답할 확률은 4분의 1 정도라고 생각했다. 그러나 몇 시간 후, 한나가 나를 크게 놀라게 했다.

친애하는 어브,

오늘은 제 생일입니다. 이 이야기를 써도 되냐고 부탁하는 선생님의 이메일이 제가 평생 받아 본 생일선물 중 최고일지도 몰라요! 영광스럽기도 하고 두려워요.

"죽은 사람이나 살아 있는 사람 중 한 시간이라도 함께 보내고 싶은 사람이 누구인가?"라는 질문에 오랫동안 제 대답은 '선생님'이었습니다. 누군가의 버킷 리스트에 올라 있다는 것은 어떤 느낌인가요?

상담을 받은 후 저는 마음이 완전히 무너져 내리는 것같이 느꼈습니다. 예상했던 대로 불편한 느낌이었습니다. 상담을 받을 때 결과에 대한 기대가 없다고 생각했지만, 지금은 뭔가 기분 좋은 느낌으로 돌아오기를 바랐었다고 생각합니다. 제가 예상하지 못했던 것은 선생님에 대한 원망과 분노가 이렇게 생생하게 느껴질 줄 몰랐었다는 것입니다! 어떻게 계속해서 캐묻는 거죠? 그리고 지금 선생님은 다시 캐묻고 있습니다! 하지만 선생님은 자신의 직감을 믿는 분이라는 걸 알아요. 선생님의 책은 저에게 저 자신을 일의 도구로 사용할 수 있는 권한을 주었고, 치유는 관계 속에서 이루어진다는 것을 믿을 수 있게 해주었습니다. 어젯밤의 강렬한 만남을 마친 후, 전화를 끊고 나서 선생님은 어떤 기분이었을지 궁금해졌습니다. 저는 인생이 바뀌는 듯한 경험을 했습니다. 선생님은 어떠셨나요? 789,397,986번째쯤 되는 세션 횟수를 하나 더 추가했을 뿐인가요? 언제든지 이야기를 써 주세요. 저는 그 이야기를 읽고 싶습니다!

존경과 찬사를 담아

한나

나는 즉시 답장을 보냈다.

당신의 편지가 정말 좋네요, 한나. 와, 당신은 이미 아주, 아주 다른 사람이 되었군요. 이 사람은 남편과의 관계에 대해 침묵하지 않을 것입니다. 이 사람은 소심하지 않습니다. 이 사람은 대답을 요구할 것입니다. 이 사람은 "왜'라는 이유의 창과 '언제'라는 때의 속삭임'을 쓴 사람입니다. 그 이야기에 대해 걱정하지 마세요. 제가 쓰는 모든 이야기는 우리 관계에는 무해한 이야기일 뿐입니다! 허락을 해주셔서 감사합니다.

글을 쓸 수 있게 된다면 초안을 보내드리겠습니다.

생일 축하해요

어브

다음 날, 나는 한나로부터 매우 분명한 이메일을 받았다.

저는 선생님이 우리의 이야기를 쓰려고 노력하는 것을 끊임없이 생각하고 있었습니다. 아마도 선생님은 답이 없는 질문들에 부딪히면서 그만두고 싶은 마음이 들었을 것입니다. 저는 세션 동안 선생님이 좌절감을 느낄 수 있었습니다. 선생님은 분명 선생님이 너무 열심히 몰두하고 있다고 느꼈을 것입니다. 선생님은 제가 선생님의 많은 질문에 회피하는 것을 보고 당황했을 것입니다. 선생님은 제가 왜 그렇게 자신을 드러내지 않는지 궁금했을 것입니다.

저는 선생님을 너무 동정하고 있어서 지금 선생님을 구하기로 결심한 것입니다! 선생님은 우리의 세션에 대해 당혹스러워하고 있습니다. 왜냐하면 선생님은 아주 중요한 것을 간과하고 있기 때문입니다. 아주 아주 명백한 것 : 선생님은 나의 모델이고, 나의 선생님입니다. 선생님은 제 인생을 바꿔 놓았습니다. 저는 선생님의 책 덕분에 치료사가 되기로 결심했습니다. 저는 선생님의 책을 모두 읽었고, 책의 페이지들은 구겨지고 메모로 뒤덮여 있습니다. 선생님이 간과한 것, 빠진 연결 고리가 여기 있습니다. 선생님의 인정과 사랑을 원합니다! 무엇보다도, 선생님이 저를 존중해 주셨으면 합니다. 그러나 저에게는, 특히 결혼 생활에서 저의 행동에 관한 어둡고 부끄러운 것들이 있습니다. 그래서 선생님에게 밝힐 수 없고, 밝히고 싶지도 않습니다. 그래서 제가 말을 아꼈던 것입니다.

이제 이 정보를 가지고, 우리의 이야기를 써 주세요!

한나

그녀의 대답은 나를 놀라게 했다. 왜 내가 세션 동안 그녀에게서 거의 아무것도 얻지 못했는지, 왜 나의 접근 방식이 그렇게 효과가 없었는지, 모든 퍼즐이 들어맞기 시작했다. 나는 그녀가 나를 얼마나 존경하는지 알지 못했고, 이것이 우리의 치료에 영향을 미치고 있다는 것을 알아차리지 못했다. 앞에서 언급했듯이, 나는 환자들이 나를 존경하는 마음을 활용하여 작업 속도를 높일 수 있었고, 내 생각과 의견을 환자들의 마음에 더 큰 무게로 전달할 수 있었다. 존경하는 어빈 얄롬 박사가 나를 인정한다면, 내가 옳은 일을 하고 있는 것이다! 또는 어빈 얄롬 박사가 X를 권고한다면, 나는 즉시 그것을 실행해야 한다는 식으로 말이다.

하지만 한나와 함께 있을 때는 내가 어빙 얄롬 박사라는 사실이 역효과를 냈다! 더 나쁜 것은, 내가 이런 일이 일어나고 있다는 사실을 세션 중에 알아차리지 못했고, 그녀가 가장 취약하다고 느끼는 결혼 생활에만 계속해서 집중했다는 것이다. 나는 오래전부터, 치료사란 우리 역시 인간으로서 살아가며 수많은 고통과 굴욕을 함께 겪는 동행자로 환자에게 자신을 내어줄 때 가장 효과를 낼 수 있다고 믿어왔다. 이것은 역사적으로, 심지어 현재에도 사람들이 자신을 전문가로 소개하면서, 마치 인간의 상태가 고쳐질 수 있는 것처럼 환자들을 고치기 위해 치료에 임하고 있는 것처럼 행동하는 것과는 크게 다르다. 아마도 나는 이러한 단일 세션에서 내 지위에 너무 의존한 나머지, 나도 모르게 그 반대 방향으로 너무 멀리 가버린 건 아닐까 생각되었다.

마음속 깊은 곳에서는, 내가 평범하고, 결점투성이이며, 필멸의 의심과 불안에 둘러싸인 인간으로서 나 자신을 솔직히 드러내는 것이 환자들의 어려움을 정상화시키고, 변화를 위한 친밀감과 신뢰를 이끌어내는 중요한 촉매라는 걸 알고 있다. 나의 인간성, 그리고 '한 사람으로서의 나'는 정말 중요한 부분이다. 하지만 한나와의 상담에서 나는 그것을 충분히 드러내지 못했다. 내가 가진 공적인 이미지(존경과 감탄으로 가득한)는 어떤 이들에게는 분명 도움이 될 수 있다. 하지만 반대로, 한나 같은 사람에게는 오히려 그걸로 인해 마음을 닫게 만들 수 있다는 걸 느꼈다.

왜 나는 이 사실을 한나와의 세션 중에 알아차리지 못했을까? 아마도 내 영향력에 대해 지나치게 자신감이 있었기 때문일 것이다. 한나의 질문에 답하자면, 누군가의 버킷리스트에 올라 있다는 것은 약간 중독적인 일이다. 그러나 나는 치료사로서 자신의 명성을 강조하기보다는 환자와 함께 진흙탕에 뛰어들어 터무니없고 어려운 세상을 함께 헤쳐나가는 것이 훨씬 낫다는 것을 알고 있다. 앞으로 어빈 얄롬 박사가 되는 것이 얼마나 위협적인 일인지, 특히 다른 치료사와 함께 일할 때에 염두에 두어야 할 것이다. 내 인격의 중요성을 부각시키는 것이 도움이 되는 순간이 있을 수도 있지만, 일반적으로 나는 단순히 어빈이 되려고 노력할 것이다.

CHAPTER 10

외로이, 외로이, 외로이

마가렛이 보낸 짧은 이메일에는 그녀가 호주 멜버른에 사는 65세의 수학 교사이며, 엄청난 외로움과 잦은 공황 발작으로 고통받고 있다는 내용이 담겨 있었다. 그녀는 팬데믹이 시작된 이후로 밤에 무서운 꿈을 자주 꾸고 잠에서 깨어나 숨을 헐떡이며 도움을 청하고 있다고 썼다. 아아, 그녀는 혼자였다. 정말 외로웠다.

"저는 14살 때 자폐증 진단을 받았습니다. 그래서 제게는 한계가 있습니다."라고 그녀는 결론을 내렸다.

2주 후, 나는 줌 창을 열고, 긴장하고 불안한 듯 입술을 떨고 있는 은발의 여성을 만났다.

"마가렛, 바로 시작하죠. 이메일로 보니까 외롭고 불안한 마음이 자주 드는 것 같네요. 자기 소개를 좀 해 주세요."

"어떻게 시작해야 할지 모르겠어요. 저는 말하기가 서툴러요. 누구와도 말하기가 서툴러요. 한 번도 해 본 적이 없어요. 거의 모든 시간을 혼자 보내요."

"좀 더 자세히 말해 주세요. 코로나19로 인해 우리 모두가 고립된 지금, 외로움은 매우 흔한 일입니다. 정말 이상한 시기입니다."

"저의 상황은 다릅니다. 저는 평생 혼자였습니다. 태어난 순간부터요."

"당신이 이야기를 이끌어 주세요."

그녀는 자신의 삶의 짧고 암울한 이야기를 들려주었다. 그녀가 태어난 날부터 자기는 혼자였다고 말했을 때, 그녀는 문자 그대로 그대로 혼자였다고 했다. 어머니가 출산 중에 돌아가셨기 때문이다. 마가렛이 다섯 살 때, 아버지는 가족을 버리고 떠나서 다시는 연락이 없었다. 그녀와 일곱 살 연상의 오빠는 외할머니에게서 자랐는데 외할머니는 엄격하고 조용한 가정을 유지했다.

마가렛이 계속 이야기를 하는 동안 나는 그녀의 고립된 삶에 놀랐다. 어린 시절부터 청소년기, 그리고 외로운 성인이 되기까지의 고립된 삶을 이야기하는 중에 그녀는 친구나 중요한 인간관계에 대해 언급하지 않았다. 그녀의 이야기를 듣는 동안, 황량한 이미지가 나의 마음속에 불쑥 나타났다. 텅 빈 복도, 여름에 텅 빈 교실, 회색빛 겨울 햇살이 내리쬐는 해변 리조트.

나는 그녀를 아끼는 누군가를 발견할 수 있기를 바라며 더 자세히 알아봤다.

"마가렛, 지금 가장 가까운 사람은 누군가요?" 내가 물었다. 이 질문은 거의 언제나 치료의 문을 열어주고 환자들이 자신을 넘어 생각하고 자신이 살고 있는 더 넓은 인간관계의 그물에 집중하도록 유도하곤 한다. 그러나 마가렛은 인생에서 중요한 사람으로 프랑스어 교사인 오빠 한 명만 언급했다. 그 또한 미혼이었고, 수백 마일 떨어진 다른 도시에 살고 있었다. 그들은 10년 넘게 직접 만나지 않았지만, 매주 한 번씩 정확히 10분 동안 정기적으로 전화통화를 한다.

"왜 정확히 10분인가요?"

"10분이 맞습니다." 그녀가 말했다.

"그 이상도, 그 이하도 아니라고요?"

"맞아요."

"왜 그런가요?"

그녀는 마치 그것을 운명처럼, 의문의 여지가 없는 한계인 것처럼 손짓을 했다. 그리고 그녀는 1년 전 은퇴할 때까지 수학 교사로 생계를 유지했다고 말했다. 그녀는 항상 혼자 살았다. 그녀는 클래식 음악 앨범을 들으며 몇 시간 동안 정성껏 식사를 준비했다. 그녀가 꼼꼼하게 요리를 하고 정확한 메뉴를 준비하는 것을 자세히 설명하는 동안, 나는 그녀의 얼굴에 미소가 번지는 것을 보았다. 그녀에게 음식에 대한 특별한 세부 사항은 분명히 중요했다.

나는 그녀에게 마지막으로 다른 사람과 식사를 한 것이 언제였는지 물었다. 그녀는 기억이 나지 않는다고 하면서 아마 몇 년 전일 것이라고 말했다. 그녀가 과거와 현재의 삶에 대해 자세히 이야기하는 동안 나는 꽤 불안한 기분이 들었다. 마가렛은 눈물을 흘리기 시작했다. 의미 있는 관계가 전혀 없는 삶을 묘사하면서 눈물이 펑펑 쏟아졌다. 그녀의 외로움은 너무 극심해서, 환자의 고통에 깊이 공감은 하지만, 일반적으로 도움이 될 수 있을 만큼 충분히 침착하게 자신을 관리하는 나의 습관적인 치료사 자세가 어느 정도 흔들렸다. 이제 나 자신도 불안해지는 것을 느낄 수 있었고, 나의 어린 시절의 극심한 외로움이 조용히 파도처럼 일렁이고 있었다. 나는 그녀를 달래고 싶었고, 동시에 나 자신의 불편함도 억제하고 싶었다. 그녀의 상황을 통찰력 있게 재구성하거나, 그녀의 자아감을 개선하기 위한 멋진 관점의 전환 같은 유용한 개입 방법이 떠오르지 않았다. 내가 할 수 있는 것은 동정적인 말뿐이었다. **음, 정말 힘들었겠네요. 당신의 두려움은 상상할 수조차 없겠어요.**

그리고 그녀는, 최근에 다른 아이들과는 다르게 자랐다고 느끼는 아이들의 경험에 관한 책을 출판하는 곳에 에세이를 제출했는데, 아직까지 답장을 받지 못했다고 말했다. 여기에서 그녀가 사람들과 연결하려는 가능성을 발견하였다!

"아이구, 속상하겠네요, 그 상처가 얼마나 아픈지 알겠어요 마가렛. 저도 작가이고, 거절당하는 일이 꽤 많았기 때문에 그 고통을 잘 이해할 수 있어요."

잠시 침묵이 흐른 후 그녀는 심호흡을 한 다음 이렇게 말했다. "제 에세이는 1,300단어 정도로 짧습니다. 대략적인 숫자예요. 이 글을 읽을 사람이 세상에 있기나 할지 모르겠어요. 제가… 제가… 이 글을 선생님께 큰 소리로 읽어드릴 수 있을지 모르겠어요."

"물론입니다. 정말 듣고 싶어요."

그녀는 진심으로 미소지으며 읽기 시작했다. 그 글은 그녀가 초등학교 시절에 겪은 소외감과 다른 아이들과 친구가 되려고 여러 번 시도했지만 실패했던 경험에 대하여 아주 잘 쓰여진 가슴 아픈 에세이였다. 나는 열심히 듣고 집중해서 몇 가지 메모를 했다. 예상했던 시간보다 15분이 더 걸렸지만, 내가 집중하는 모습을 보고 그녀가 기뻐하는 것을 느낄 수 있었다.

그녀가 글을 다 읽은 후, 나는 동료 작가로서 그녀의 훌륭한 문장에 감탄했고, 특히 감명 깊었던 문장 몇 개를 다시 읽어 보라고 요청했다. 나는 그녀와 내가 몇 가지 공통점이 있다고 지적했다. "당신과 나는 열렬한 독자이고, 훌륭한 문학을 좋아하며, 탄탄한 문장을 만드는 것에 큰 즐거움을 느낍니다."

그녀는 내가 잘 알아듣지 못했지만, "들어주셔서 감사합니다"라고 말했던 것 같다. 그녀는 웃으며 카메라를 똑바로 바라보았다. 잠시 동안 우리는 연결되어 있었고, 그녀의 산문에서 울려 퍼지는 공명에 함께했다. 사랑스러운 순간이었다. 그러자 망설임이 그녀의 얼굴을 스치고 지나갔고, 그녀는 아래를 내려다보았다. 나는 그 친밀감이 무너지고 거리가 벌어지는 것을 느낄 수 있었다. 나는 그 간격이 벌어지기 전에 그 연결을 유지하려고 이렇게 말했다. "마가렛, 당신에게 하고 싶은 말이 있어요. 지금 나는 당신의 외로움에 정말 공감하고 있어요. 전염병 때문만은 아니에요. 전염병 때문에 집에 갇혀 있지만요. 저는 몇 달 전 아내의 죽음으로 인한 고립감이 더욱 심해졌습니다. 아내와 저는 14살 때 만났기 때문에, 저는 성인이 된 이후로 한 번도 혼자 지낸 적이 없었어요. 저는 끔찍할 정도로 고독한 어린 시절을 보냈고, 아내는 저를 구해준 존재라고 항상 생각했어요. 지금 저는 당신의 고립감을 이해할 수 있을 것 같아요. 정말로 당신에게 배울 게 많을 것 같다는 생각이 듭니다."

내가 이렇게 말할 때까지 나는 나의 개인적인 정보를 그녀와 공유할 생각은 하지 않았다. 매릴린의 죽음은 최근 몇 차례의 상담에서 언급된 적이 있었지만, 항상 어떤 신문이나 잡지에서 그녀의 부고를 읽은 환자들이 나에게 애도의 뜻을 전하기 위해 말했던 것이고 내가 직접 공개한 것은 이번이 처음이었다. 나는 순간적으로 내 행동에 대해 의구심을 품었지만 마가렛이 들으면 도움이 될 것 같았다. 우리를 더 가깝게 만들기 위해서 나 자신의 취약점을 드러낸 제안이었다.

그녀는 분명히 당황했고, 나의 폭로에 혼란스러워했다. 그녀는 잠시 망설이다가 입을 열었으나 아무 말도 할 수 없었다. 마침내 그녀는 "안타깝네요. 정말 유감입니다…"라고 말한 다음 계속했다. "오빠가 전화하긴 하는데, 별로 얘기하지 않아요. 제 생각에 오빠는…"

"마가렛, 뭐 하나 물어볼게요." 그녀가 물러서는 것을 알아차리고 나는 '여기-지금'에 집중하기 위해 말을 끊었다. "제가 아내를 잃었다는 이야기를 했을 때, 기분이 어떠셨나요? 어떤 느낌이셨나요?"

"음, 음, 그런 말을 들어본 적이 없어요. 정말, 정말로… 모르겠어요. 너무 개인적인 이야기예요. 연결감이 느껴졌어요. 그런데 … 저는 대답할 수 없어요 … 무슨 말을 해야 할지 모르겠어요."

"무슨 말을 해야 할지 생각하면서 머릿속을 스쳐 지나간 생각을 떠올려 보세요."

"음, 음, 두려움. 대체로 두려움이었어요. 제가 감당할 수 없는 무언가가 저에게 요구되고 있다는 느낌이 들었어요. 선생님은 심지어 저에게서 배울 수 있다고 말씀하셨잖아요."

"네. 그리고요?"

"저는 … 음 … 공허함을 느꼈어요. 결국 저는 자폐증 환자인걸요. 제가 선생님에게 무엇을 드릴 수 있을까요?"

"마가렛, 당신은 자신에게 너무 엄격합니다. 우리의 시간이 끝나가서 정말 유감입니다. 하지만 끝내기 전에 제가 중요한 질문이 하나 있습니다. 오늘 상담에서 당신과 내가 어떻게 하고 있는지에 대한 당신의 생각은 어떻습니까?"

마가렛은 약간 의아한 표정으로 나를 바라보았다.

"말해 봐요." 내가 말했다. "우리 둘 사이에 친밀한 만남이 있었다고 생각해요?"

그녀는 힘차게 고개를 끄덕였다. "물론이죠."

"그리고 그 친밀함이 좋은 거죠?"

"네. 물론이죠."

"나도 전적으로 동의해요, 마가렛. 나도 같은 느낌이에요. 아주 강렬하게 느껴져요."

"감사해요."

"아. 내가 감사해야 할 것 같네요, 마가렛. 이런 만남을 만드는 데는 두 사람이 필요하니까요."

그녀는 갑자기 큰 소리로 울기 시작했다. 잠시 눈물을 흘리게 한 다음, "당신의 반응에 감동했습니다. 자신의 감정을 경험하고 표현하는 것은 중요해요. 당신은 당신이 생각하는 것보다 훨씬 더 잘할 수 있습니다."라고 말했다.

"자폐증 환자는 공감하지 못해요."

"자폐증 환자에 대해서는 말할 수 있는 게 없어요. 하지만 저는 방금 마가렛이 공감하는 것을 경험했고, 당신은 자신을 과소평가하고 있다고 생각합니다.”

그녀는 계속 울었다.

“저는 제가 항상 혼자일 것 같아서 두려웠어요.”

“마가렛, 우리 분야에서는 그런 생각을 ‘자기 충족적 예언’이라고 부릅니다. 다시 말해, 당신 자신도 당신의 대인관계에 영향을 미친다는 거예요. 오늘 우리의 시간 중에서 꼭 기억해 주었으면 하는 한 가지를 고르라고 한다면 바로 이것입니다. 당신과 저는 진정한 만남을 가졌습니다. 맞죠?”

그녀는 눈물을 닦으며 힘차게 고개를 끄덕였다.

“그리고 마가렛, 만남을 만드는 데는 두 사람이 필요합니다. 당신은 저와 함께 그것을 해냈습니다.”

세션이 끝날 무렵, 나는 그녀에게 이런 스펙트럼에 속하는 사람들을 위한 지역 지원 그룹을 찾아보라고 제안했고 또한 그녀가 개인 치료를 받는다면 도움이 될 것이라고 생각한다고 하면서, 멜버른에 있는 훌륭한 치료사 정보를 그녀에게 제공했다.

몇 주 후, 나는 이 동료에게 연락을 취했고, 그가 마가렛으로부터 연락을 받지 못했다는 사실을 알게 되었다. 나는 걱정이 되어 마가렛에게 다시 한 번 치료사에게 연락을 할 것을 제안하는 이메일을 보냈다.

하루가 지난 후, 마가렛은 당장은 치료받을 필요가 없다고 말하는 긴 이메일을 보내왔다. 그녀의 마지막 말은 다음과 같았다.

제가 쓴 글에 대한 선생님의 반응에 특히 감동했습니다. 제 글을 듣고 좋아해 주셨다는 것이 큰 의미가 있었습니다. 그리고 대화를 마친 후, 제가 그렇게 나쁜 상황에 있지 않다는 것을 느꼈습니다. 저는 이번 세션에서 제가 원했던 것을 얻었습니다. 사실, 더 많은 것을 얻었습니다. 더 큰 자존감과 자신감. 지금은 그것으로 충분합니다.

감사합니다.

그 후 몇 주 동안 마가렛에 대해 많이 생각했다. 그녀의 극심한 외로움이 나를 괴롭혔고, 내가 가장 외로움을 느낄 때 나 자신의 연민에 대한 현실 점검의 역할을 한 것 같았다. 매릴린이 없어도, 코로나19의 영향이 있는 상황에서도, 아이들이 나를 방문하고, 환자들과 매일 세션을 하고, 최근에 나를 돌보기 위해 우리 집에 들어 온 훌륭한 청년 조가 있었다. 아마도 나는 그렇게 나쁜 상황에 있지 않은지도 모른다. 나는 마가렛이 겪고 있는 엄청난 고립을 견딜 수 없다는 것을 알고 있지만, 우리 모두가 원하는 연결의 종류와 정도는 서로 상당히 다를 것이라고 생각한다. 만약 나와의 만남이 지금 마가렛에게 충분한 연결이라고 느껴진다면, 내가 반대할 이유가 있을까?

나는 때때로 그녀가 치료사와 함께 상담하는 모습이 어떤 것일까 상상하곤 했다. 그리고 그녀가 현실 세계에서 다른 사람들과 연결되어 있을 것이라고 상상했다. 아마도 지원 집단을 통해 만나거나, 지역 레코드 가게의 클래식 음악 코너에서 우연히 만나게 될지도 모른다. 결국 나는 이 이야기를 써서 그녀에게 출판 허가를 요청했으나 아무런 답을 듣지 못했다. 나는 이 이야기를 이 책에 포함시키는 것을 완전히 포기했다. 그러던 어느 날, 2년 후, 뜻밖의 이메일이 도착했다. 그녀는 이 이야기가 출판되는 것을 허락했지만, 이 종결 문장을 포함시켜 달라고 요청했다.

> 얄롬 박사와의 단 한 번의 만남 이후로 저의 삶과 생활 방식은 상당히 바뀌었습니다. 30년이 지난 2022년에 저는 19살 때 받아들인 기독교 신앙으로 돌아갔습니다.
>
> 이는 내가 유대인의 메시아이자 주님이자 구세주이신 그리스도를 받아들였음을 의미합니다. … 그러나 오직 한 일, 즉 뒤에 있는 것은 잊어버리고 앞에 있는 것을 잡으려고, 빌립보서 3:13.

마가렛이 어떻게 변화했는지 정확히 알 수는 없지만, 지금은 그녀가 교회 행사에서 누군가와 연결되어 있을 것이라고 상상해본다. 나는 종교와는 거리가 멀지만, 종교가 제공하는 많은 것들, 특히 공동체와 수용을 높이 평가한다. 이런 것들이 마가렛에게 분명히 도움이 될 것이다.

CHAPTER 11

물물교환

마가렛에게 매릴린의 죽음과 나의 외로움에 대해 이야기할 계획은 없었다. 대화를 나누던 중 그녀가 점점 내게서 멀어지는 느낌이 들었기 때문에, 그녀와 연결되고 싶어서 말을 꺼냈을 뿐인데 그 효과는 강력했다. 곧 우리 관계에 변화를 일으켜, 자기 자신을 다른 사람과 공유하는 것이 불안한 마가렛이 나와 깊은 친밀감을 가질 수 있게 되어 우리는 정서적인 해방감과 심오한 경험을 할 수 있었다.

내 인생 이야기를 다른 사람과 공유하는 것은 자기 공개의 한 예이다. 치료사가 치료를 잘 진행시키기 위해 자신의 정보를 환자에게 제공하는 것이다. 대부분의 사람들은 치료사를 질문하는 사람, 경청하는 사람, 때로는 자극하는 사람, 그리고 환자를 응원하는 사람으로 생각한다. 사람마다 각자 가지고 있는 이론적 접근에 따라 치료사를 교육자, 숙제를 내주는 사람, 또는 약물을 처방하는 사람으로 생각할 수도 있으나 치료사들이 자신에 대해 너무 많이 말할 거라고는 생각하지 않는다.

치료의 핵심은 독특하고 여러 가지 면에서 일방적인 관계이다. 환자는 자기 성찰과 자기 폭로를 많이 하는 반면에 치료사는 환자에게 집중하고 자신을 거의 드러내지 않는다.

치료사가 자신의 이야기나 개인적인 정보를 치료에 사용하지 않도록 훈련받는 데에는 여러 가지 이유가 있다. 역사적으로 정신의학은 의사는 전문가로, 환자는 '병에 걸린' 치료가 필요한 사람으로 간주하는 의료 모델에서 발전했다. 정신과 의사들은 의사의 지위가 높다고 생각했고, 환자에게서 발견된 문제는 좋은 의사라면 완전히 고칠 수 있는 결함이나 결점으로 간주했다. 거기에 더해서 프로이트의 원래 정신분석 모델에서는 백지 화면과 같은 치료사에게 환자가 자신의 감정, 환상, 그리고 신경증을 투영하면 그 속에 내재되어 있는 치료사의 역동성이 활동한다고 믿었다. 치료사의 인간적인 정보가 너무 많으면 이 역동성을 방해하고 환자의 자기 발견 과정에 영향을 미칠 수 있다는 것이다.

나는 여기에서 프로이트의 혁신적인 연구가 이루어진 지 100년이 훨씬 넘었고, 수없이 많은 다른 뛰어난 사상가와 실무자들이 현대심리치료를 풍부하고 다양하게 만들었는데 이 백지 화면의 접근 방식과는 크게 다른 많은 접근 방식을 사용했다는 것을 밝힌다. 그럼에도 불구하고 냉정하고 전문적인 의사여야 한다는 이상은 여전히 남아 있으며, 대부분의 훈련 프로그램은 치료사가 자신을 환자와 깊이 공유하는 것을 계속해서 경계하고 있다.

이런 태도를 취하는 이유 대부분이 항상 나에게는 설득력이 없었고, 나는 이 문제에 맞닥뜨리게 되면 오랫동안 '더 많은 것을 드러내라'는 쪽에 가까운 입장이었다. 멀리 떨어진 전문가가 아닌 함께 걷는 동행자로 지내는 것이 수십 년 동안 나의 기본 원칙 중 하나였다. 내가 '여기-지금'에서 가장 중요하게 생각하는 자기 공개의 첫 번째 유형은 현재 상황에서 환자에 대해 내가 어떻게 느끼는지 매우 솔직하게 드러내는 것이다. 물론 나는 내 감정을 무분별하게 내뱉지는 않는다. 오히려 내 감정을 주요 데이터 소스로 활용하고, 이 정보를 환자에게 가장 유익하게 활용할 수 있는 방법을 신중하게 고려한다. 예를 들어, 환자가 무언가를 숨기고 있는 것 같으면 그 부분에 대해 물어본다. 환자가 공격적이거나, 들떠 있거나, 유치한 행동을 한다면, 그에 대해서 물어보면서 그것은 내가 그 환자로부터 받은 정보라는 것을 가장 유용한 방법으로 환자에게 알려준다.

자기 공개의 두 번째 유형은 내 삶에서의 개인적인 경험이나 이야기를 환자의 치료에서 공유하는 것이다. 이것은 대부분의 젊은 치료사들이 피해야 한다고 경고하는 자기 공개이다. 마치 여기에는 큰 위험이 있는 것처럼 — 어쩌면 치료사가 평범하고 결함이 있는 인간으로 보이면 치료 능력이 떨어질 수도 있고, 어쩌면 자신의 삶에 대해 솔직해지는 것이 치료사에게 너무 부담이 될 수도 있다. 그런데도 환자들은 종종 치료사에게 직접적인 질문을 하곤 한다. 자녀가 있는지라는 질문에서부터 정치적 견해에 이르기까지. 우리는 이런 질문들을 무시해야 할까? 환자가 그런 질문을 할 때 치료사가 자주 쓰는 일반적인 전술 중 하나는 역으로 환자에게 왜 이런 것들에 관심이 있는지 되물어보는 것이다. 때로는 환자의 질문이 환자의 성격 깊은 곳의 무언가를 드러낼 때도 있다. 예를 들어, 치료사가 어떻게 지내는지 끊임없이 묻는 환자는 자기가 맺는 인간관계에서 남을 돌보는 보호자 역할을 맡는 경향을 드러내는 동시에 자신의 문제의 초점을 다른 곳으로 옮기는 것일 수 있다. 그러나 대부분의 경우, 환자가 그런 질문을 하는 이유는 단순히 그들이 새롭게 중요한 관계를 맺게 된 사람에 대해 더 알고 싶어서라고 생각한다. 그들은 치료사에 대해 알고 싶어 한다. 치료사가 그들의 어려움을 이해하거나 이 낯설고 구조화된 관계에 대한 불안감을 해소할 만큼 충분한 공통점이 그들 사이에 있는지 확인하기 위해서이다. 여기서 대체 뭐가 그렇게 큰 문제일까? 만약 어떤 환자가 내가 어떤 종류의 TV 프로그램을 좋아하는지 알고 싶어 하면, 나는 기꺼이 알려준다. 내게 자녀가 있는지? 어떤 특정 식당에 대해 내가 어떻게 생각하는지? 부모님과 나는 어떻게 지냈는지? 왜 이런 것들을 숨겨야 하는가? 나 자신을 환자와 공유하는 것을 두려워한다면, 어떻게 환자를 돕는 데 필수적인 진정한 인간 관계를 형성할 수 있을까?

치료사와 환자가 너무 친밀해질 경우 역할이 모호해질 수 있고, 치료의 친밀함이 환자나 치료사 중 한 사람의 로맨틱한 감정을 불러일으킬 수 있다는 우려가 있을 수 있다. 이것은 확실히 가능하다 — 결국 많은 환자들에게 치료사는 가장 깊이 공유하는 사람이니까. 그리고 실제로 그런 일이 생긴다면 분명 문제가 될 것이다. 그러나 훈련된 전문 치료사는 충분히 주의하고 자각할 수 있어서 이런 문제를 피할 수 있고 그들 사이에 로맨틱하거나 성적인 느낌이 실제로 일어난다고 할 때 적절하게 검토할 수 있다고 나는 굳게 믿고 있다.

물론 중요한 것은 우리의 공유가 환자의 최선의 이익을 위한 것이어야 한다는 것이다. 그리고 너무 많이 공유하거나 특정 사안을 공유하는 것이 해가 되는 경우도 있을 수 있다. 그러나 내가 강조하고 싶은 것은, 내가 60년 이상 치료 활동을 해 온 동안, 너무 많이 공유음에도 불구하고 부정적인 영향을 받은 적이 없다는 것이다. 오히려 나 자신의 자기공개가 나와 내 환자들을 더 가깝게 만들고 치료 과정을 개선하는 것 같았다.

마가렛을 비롯하여 최근에 만난 몇몇 다른 환자들과 함께, 나는 매릴린의 죽음과 내 어린 시절의 기억 등 내 삶에 관한 사실들을 대화에 포함했다. 이러한 개인적인 경험들이 언뜻 보기에는 환자의 현재 문제에 직접적으로 관련이 없어 보일 수도 있지만, 내가 그들에게 이야기한 것은 결국 그들에게 유익한 것으로 판명되었다. 어떻게? 나는 그것이 우리 사이에 신뢰와 친밀감이 형성되는 속도를 가속화하여, 환자들이 자신의 경험에 대해 더 빨리 털어놓을 수 있도록 도와준다고 생각한다. 이것은 단일 세션 작업에서 중요한 깨달음이었다. 이 단일 세션 작업과 내가 익숙했던 장기 치료 작업의 가장 큰 차이점은 당연히 긴박감이었다. 환자와 강력한 관계를 구축하기 위해 몇 주를 기다리면서 문제를 더 깊이 피고 기다릴 수 없었다. 오히려 나는 신속하게 움직여 환자와의 관계를 구축해야 했고, 이것이 훌륭한 도구라는 것을 알게 되었다.

지금까지 이런 자기 공개는 대부분 계획되지 않은 것이었다. 환자가 나의 슬픔에 대해 친절하게 관심을 보였거나, 마가렛의 경우에서처럼 나의 자발적인 연결 시도에 의해 촉발되었다. 나는 다음에는 거리감을 느끼거나 회피하는 환자와 적절한 기회가 있을 때, 그것이 과거에 내가 했던 방식에 비해 서두르거나 성급하게 느껴진다 하더라도, 의도적으로 더 빨리 나 자신을 더 많이 드러내 보기로 결정했다.

2020년 9월 어느 날 아침, 며칠만에 나는 그녀를 만날 수 있었다. 지중해적인 이목구비가 인상적인 베아트리즈의 얼굴이 내 컴퓨터 화면에 나타났다. 그녀는 포르투갈에 있었고, 또렷한 영어로 말하면서 세션을 시작했다. "저는 서른세 살이고, 결혼한 지 11년 됐으며, 4살 된 딸이 있습니다. 저는 화가인데 지금 작업 중인 작품을 보여드릴게요." 그녀는 옆으로 걸어가 불타는 듯한 석양을 향해 항해하는 두 척의 작은 배가 그려진 커다란 미완성 그림을 보여주었다. 정말 아름다웠다. "이 그림은 저의 집 3층에 있는 제 작업실에서 바라본 대서양입니다." 그녀가 덧붙였다.

"정말 멋진 그림이네요!" 내가 말했다. "이런 경치를 볼 수 있다는 것은 정말 행운이네요."

"얄롬 박사님 — "

"그냥 어브라고 불러 주세요."

"그럼, 어브. 제 그림이 마음에 드신다니 정말 기쁘네요." 그녀는 가쁘게 숨을 쉬었다. "제가 즉흥적으로 행동해도 될까요? 갑자기 이런 생각이 떠올랐어요. 이 그림을 저희 세션에 대한 비용으로 교환하는 것에 관심이 있으신지 궁금합니다."

이런 일은 처음이었다! 내 나이에 완전히 새로운 무언가를 만나는 것이 큰 자극이 된다. 이 시간은 꽤 흥미로운 시간이 될 것 같다는 예감이 들었다.

나는 친절하게 대답하려고 노력했다. "베아트리즈, 내가 수년간의 경험을 통해 배운 것이 있는데, 치료와 치료비는 항상 분리하는 것이 가장 좋다는 것입니다."

나는 끔찍하게 경직된 고지식한 사람처럼 느껴졌지만, 달리 무슨 말을 할 수 있었겠는가? 그녀는 장난스러운 미소로 반응했다. 그녀는 이 상황을 정말 즐기고 있었다. 그녀에게 잘된 일이다. 잠시 동안 나는 우리가 이 교환을 심도 있게 살펴볼 것을 제안하는 것을 고려했다. 그러나 우리의 과정을 살펴보기에는 너무 이르다는 생각이 들었다. 우리는 이제 막 시작했으니까.

"그래서" 내가 말했다. "바로 작업을 시작합시다, 베아트리즈. 당신의 이메일은 간략했고, 당신에 대해 아는 것이 거의 없습니다. 이번 세션에서 작업하고 싶은 문제를 말씀해 주세요. 지금 당신의 삶에서 어떤 일이 일어나고 있어서 저에게 연락을 하셨나요?"

"무슨 일이 있었냐고요? 꽤 많았어요. 아버지가 친구들과 여행을 다니셨기 때문에 언니와 저는 어머니와 많은 시간을 보내야 했어요. 모든 관계가 어느 정도 괜찮긴 하지만, 가족과 많은 시간을 보내야 했어요. 어디 보자. 또 한 가지 더 말씀드리자면, 저는 심리학 서적 광입니다. 이론부터 새로운 연구까지, 이 주제에 관한 책을 끊임없이 읽습니다. 최근에 선생님의 책을 읽었는데, 정말 좋았습니다. 그래서 선생님과 이야기를 나누면 많은 것을 얻을 수 있을 것 같다는 생각이 들었어요. 이게 제가 드릴 수 있는 답변입니다."

"그래서 내가 어떻게 도움이 될 수 있을까요?"

"제가 선생님에게 연락을 드린 진짜 이유는 나의 남편 조앙과의 관계 때문인 것 같아요. 그는 생물학자인데 굉장히 스마트해요. 지난 6개월간 그는 코비드 백신을 연구하는 회사 고위급 연구원으로 일하고 있어요. 그는 항상 열심히 일해 왔어요. 그렇지만 지금은 정말 너무해요. 그는 계속해서 이것은 중요한 일이라고 저에게 상기시켜 줍니다. 그는 지금까지 벌어 들인 돈보다 더 많은 돈을 벌고 있지만, 근무 시간이 너무 길어서 매일 밤 자정 무렵에나 집에 돌아와요. 어떤 날은 저녁을 간단히 먹고 다시 일하러 돌아가기도 합니다."

"주말은 어떻습니까?"

"똑같아요."

"그 때문에 두 분이 친밀하게 지낼 시간이 별로 없겠군요."

"제가 친밀하다는 게 섹스를 의미하는 건가요?"

"그럴 수도 있고, 그와 친밀하게 지내고 싶은 어떤 형태의 것이겠죠."

"음, 우리 성생활은 죽어가고 있어요."

"죽어가고 있다니! 당신의 영어 단어 선택이 아주 훌륭하네요."

"영국 기숙학교에서 3년, 보스턴대학교에서 2년." 그녀가 웃었다.

"죽어가는 우리 성생활보다 제 영어 실력이 확실히 더 뛰어나죠."

"얼마나 죽어가고 있는지 말해 주세요."

"몇 주씩이나 그냥 지나가요."

"이게 최근의 변화인가요?"

"예전에는 훨씬 더, 뭐랄까, 활기 넘쳤는데 말이에요."

우리는 잠시 동안 앉아 있었다. 그녀의 따뜻하고 장난기 가득한 표정은 흐르고 있었지만, 그 속에는 분명한 좌절감이 담겨 있었다. 나는 남편이 아내에게서 그렇게 멀어진다는 것이 그녀에게 어떤 느낌일지 상상해 보려고 노력했다.

“그가 코로나바이러스 백신을 개발하기 위해 노력하고 있다고 하셨죠. 그건 정말 중요한 일입니다. 매우 중요합니다. 그러니 그의 근무 시간에 대해 불평하는 것이 당신에게는 힘들겠군요.”

“선생님 같은 미국인들이 말하듯 ‘빙고!’라고 외칠 만한 상황입니다!”

“베아트리즈, 지금 내 기분이 어떤 것인지 말씀드리겠습니다. 코로나19 백신 개발 경쟁의 내막은 잘 모르겠지만, 엄청난 압박을 받고 있을 것이라고 생각합니다. 그럼에도 불구하고, 일주일에 7일 밤늦게까지 일하는 것은 … 비현실적입니다. 그는 아마도 세계 어느 과학자보다도 더 오랜 시간 일하고 있을 거예요.”

베아트리즈가 웃음을 터뜨렸다.

나는 눈썹을 치켜올렸다.

“재미있네요. 지난주에 그가 집을 나서면서 문을 쾅 닫기 직전에 제가 똑같은 말을 했거든요. 쎄게요.”

“이런 생활은 그의 건강에 좋지 않을 뿐 아니라 가정에도 분명 재앙입니다.” 내가 말했다. “당신이 아직 말하지 않았지만, 따님에게도 힘든 일이라는 것을 잘 알고 있습니다.”

“딸은 처음에는 코로나19로 학교가 문을 닫고, 그다음에는 아버지가 사라져서 화가 났어요. 지금은 아버지가 누구인지도 거의 잊은 것 같아요.”

나는 당혹스러웠다. 이 모든 시간을 그는 연구실에서 보냈을까? 그가 베아트리즈와 공유하고 싶지 않은 비밀스러운 일을 감추기 위한 것일 수도 있다는 생각이 들었다. 어쩌면 그는 바람을 피우고 있었을지도 모른다. 이런 의심은, 물론 빈약한 정보에 근거한 큰 도약이었다. 그러나 결혼 생활에서 그런 큰 행동 변화가 있고 한 배우자가 그 이유를 이해할 수 없을 때 종종 불륜이 관련된다. 나는 베아트리즈의 이야기에서 뭔가 빠진 것이 있다고 확신했다. 다른 여자가 있었을까?

베아트리즈는 너무 따뜻하고 활기찬 사람이어서 나는 그런 의심을 받아들이기가 어려웠다. 그녀는 남편과 자신이 겪는 모든 어려움을 마치 게임의 일부인 것처럼 장난스럽게 말했으나 나는 그런 불륜을 발견하는 것이 심각한 파열이 될 것이라고 생각했다. 나는 가능성을 찾아야 한다고 느꼈지만, 그렇지 않은 경우 베아트리즈에게 의심을 갖게 해서 우연히 더 큰 균열을 만들고 싶지 않았기 때문에 매우 신중하게 접근했다. "베아트리즈, 이 미스터리에 무언가 중요한 것이 누락된 것 같아요."

"동의해요!" 그녀는 거의 음모를 꾸미듯 말했다. "하지만 그게 뭔지 모르겠어요. 선생님은 혹시 아세요?"

어떻게 최대한 조심스럽게 접근해야 할까? 나는 조심스럽게 시작하려고 했다. 불륜은 보통 결혼 생활에 문제가 생겼을 때 나타나는 반응이기 때문에, 나는 거기서부터 시작하기로 했다.

"저는 당신들 두 분의 관계에 무슨 일이 있다면 그것은 남편의 부재의 결과가 아니라 부재의 원인이 되는 어떤 일이 있는 것은 아닌지 궁금할 따름입니다."

"뭐라고요? 무슨 말씀이신지 잘 모르겠네요."

"결혼 생활에서 일어나는 일은 어쨌거나 두 사람의 행동의 결과입니다."

"무슨 말씀이신가요?"

그녀는 미끼를 물지 않았다. 다시 한 번, 나는 조심스럽게 진행해야 한다는 것을 알았다. 치료사는 실제로 그 방에 함께 있는 사람하고만 작업을 할 수 있고, 다른 사람의 행동과 동기에 대해 추측하는 것이 얼마나 유용한가에 한계가 있기 때문에, 나는 그가 바람을 피우고 있는지 직접 묻지 않기로 다시 한 번 선택했다. 나는 계속해서 그녀의 역할에 집중했다.

"혹시 당신이 그를 소외시키는 일을 했나요? 그를 불편하게 하거나 무관심하게 만들려고 한 일이요?"

"상상도 할 수 없어요." 그녀는 잠깐 생각한 후 이렇게 말했다.

"그는 당신에게서 더 많은 관심을 원할까요?"

"하지만 저는 바로 여기 있잖아요! 집에 없는 사람은 그 사람이죠."

내가 충분히 직접적으로 말하지 않았을 수도 있다. 아니면 그녀가 고의로 내 말을 피하고 있을 수도 있다.

"그러니까, 당신이 아는 한, 그가 다른 곳에서 더 인정받고 있다고 느끼게 할 만한 어떤 일도 하지 않는다는 말이군요?"

그녀는 마치 영어를 완전히 잊어버린 것처럼, 또는 내가 헝가리어로 말하기 시작한 것처럼 멍한 표정을 지었다. 내 의심이 아주 소량의 정보에 근거하고 있다는 것을 알고 있었기 때문에, 나는 불륜에 대한 생각을 공개적으로 표현하기보다는 그 문제에서 물러서기로 결정했다. 필요할 때 언제든지 다시 그 문제로 돌아갈 수 있으니까.

"좋아요. 그럼, 당신과 남편이 당신들의 관계에 대해 이야기할 때, 또는 거리감에 대해 이야기할 때 어떤 일이 벌어지나요?"

"우리에게 그런 일은 없었어요. 정말로요."

"정확히 무슨 일이 벌어지고 있는지 모르겠지만, 베아트리즈, 나는 당신의 결혼 생활에 심각한 문제가 있는 것 같아요. 부부문제를 함께 해결하고 서로에게로 돌아갈 수 있도록 도와줄 수 있는 부부 상담사를 만나보기를 강력히 권합니다."

베아트리즈는 침묵했다.

"제가 이렇게 말하면 어떤 기분이 드나요?"

"혼란스러운 기분입니다. 한편으로는 선생님이 옳다는 것을 알고 있지만, 현실적이지 않다는 느낌도 듭니다."

"어떤 점에서?"

"제 남편은 항상 심리치료에 대해 부정적인 감정을 가지고 있고 이에 대해 이의를 제기하지만, 제 생각에는 그의 부모님이 심리치료를 받고 이혼한 경험 때문인 것 같습니다. 그는 제가 읽는 책을 보는 것만으로도 짜증을 냅니다."

"그리고 당신은 그가 그 성가신 문제를 극복할 수 있을 거라고 생각하지 않나요?"

"그가 기꺼이 그럴 것 같지는 않네요." 그녀는 단호하게 말했다.

나는 막막한 기분이었다. 두 사람이 함께 그들의 관계를 개선하는 작업을 해야만 실질적인 진전이 있을 것 같았다. 나는 이 점을 분명히 제안했지만, 그녀는 단번에 거절했다. 내가 할 수 있는 일이 무엇일까? 그런 다음, 나는 비에트리즈와 그녀의 남편에 대해 생각했다. 그녀의 남편은 너무 일에 몰두하고, 그녀는 버림받았다고 생각하면서 혼란스러워했다. 수십 년 전의 나 자신의 결혼 생활 장면이 떠올랐다. 자기 공개를 실험해 보겠다는 나의 계획을 기억하면서, 나는 그것을 공유하기로 결정했다. 시간이 촉박했고, 비에트리즈는 더 깊이 파고들지 않으려는 것 같았다. 아마도 이 방법이 도움이 될 것이다.

"나는 지금 내 인생에서 수십 년 전의 한 시기를 떠올리게 됩니다." 내가 말했다. "내가 스탠퍼드에 처음 고용되었을 때, 제 아내인 매릴린은 스탠퍼드의 비교문학 교수직에 지원했습니다. 그녀는 뛰어난 학자였고, 그 자리에 적임자였으나 그녀는 진지하게 받아들여지지 않았고, '스탠퍼드에서는 교직원 아내를 고용하지 않는다'는 이유로 거절당했습니다. 그래서 그녀는 명성이 훨씬 떨어지는 대학에서 10년 동안 학부 프랑스어를 가르쳤어요. 나중에 스탠퍼드대학은 그녀를 교수가 아닌 새로 설립된 여성 연구센터의 책임자 중 한 명으로 고용했습니다. 우리는 이 승리를 축하했습니다."

"하지만 곧 아내는 당신의 남편과 마찬가지로 새로운 일에 깊이 몰두하고 전념했지요. 그리고 몇 달이 지난 후, 저는 지금 당신이 느끼고 있을 법한 감정을 느꼈던 기억이 납니다. 바로 나의 배우자가 나를 완전히 무시하고 있다는 느낌 말입니다. 저는 인내심을 가지고 배우자가 분명히 만족스러워하는 것을 생각하면서 내가 불평하는 것이 옳지 않다고 생각했습니다. 상황이 악화되자 나는 아내에게 여러 번 이야기하려고 했지만, 아내는 자기 일에 너무 몰두해서 내 말을 제대로 듣지 않았습니다. 나는 처음으로 결혼 생활에 불만족을 느꼈습니다."

나는 지금까지 몇년 동안 이 시기에 대해 생각하지 않았다. 그런데 이 말을 하는 지금 매릴린의 얼굴이 선명하게 떠올랐다. 여성 역사와 해방과 관련된 경력을 쌓기 시작하면서 흥분했던 매릴린의 얼굴 표정이었다. 그녀는 그때 40대 초반이었고, 베아트리즈보다 몇 살 더 많았다.

나는 잠시 감정에 휩싸였다 — 사랑, 팔로알토에서 우리가 함께 살았던 행복한 기억, 그때 팔로알토는 살구 과수원 일부에 불과했던 그 시절, 새로운 모험을 시작할 수 있을 만큼 젊었던 우리 삶의 추억에 대한 기쁨. 나는 눈을 감았어야 했는데, 눈을 떴더니 베아트리즈의 얼굴이 보였고, 다시 현재로 돌아왔다. 베아트리즈에게 도움이 될 수 있다면, 나는 내 이야기 속에서 길을 잃을 수가 없었다.

"어느 날 저녁," 나는 계속했다. "우리는 샌프란시스코의 한 레스토랑에서 저녁을 먹고 있었지요. 저는 특별히 그 상황에 좌절감을 느꼈고, 과감히 결단을 내고 이렇게 말했습니다. 나는 아내가 새로운 직업에 너무 흥미로워한다는 점에 대해 기쁘게 생각하지만, 그녀가 너무 바빠서 우리 결혼 생활이 더 이상 나에게 맞지 않는다고. 우리가 함께 지내야 하는지 궁금해지기 시작한다고 말했던 것을 기억합니다. 그 순간 아내는 울기 시작했습니다. 아주 크게 울었습니다. 너무 큰 소리에 식당에 있던 모든 사람들이 식사를 멈추고 우리를 쳐다보기 시작했습니다. 정말 충격적인 소리였어요. 저는 웨이터에게 계산서를 달라고 손짓을 하고, 재빨리 계산한 다음, 식당을 나왔습니다. 매릴린은 여전히 흐느끼고 있었습니다. 우리는 아파트로 걸어갔고, 두 블록 정도 걸은 후에 매릴린이 제 손을 잡았습니다. 우리는 고등학교 때처럼 손을 잡고 조용히 걸었고, 곧 십 대 때처럼 서로를 껴안았습니다."

베아트리즈의 눈은 내가 이 오래된 기억을 정리하는 동안, 나를 응시하고 있었다. 베아트리즈와 나 사이에 눈에 띄는 변화가 있었다. 그녀의 얼굴이 부드러워지고 장난기 있는 표정이 사라졌다. 잠시 후, 그녀가 말했다.

"공유해 주셔서 감사합니다. 어떻게 해야 할지 모르겠어요. 그냥, 감사합니다."

"우리가 치료를 계속한다면," 내가 말했다. "나는 당신의 무력감에 초점을 맞추고 싶어요. 남편이 중요한 일을 하고 있기 때문에 당신이 남편이 하는 일에 대해 의문을 제기할 권리가 없다는 느낌 말입니다. 저도 확실히 그런 느낌을 받았습니다."

그녀는 고개를 끄덕이며 여전히 나와 함께 있었다. 내 이야기가 우리를 더 가깝게 만들었고, '여기-지금' 순간으로 이동하는 것이 옳다고 느꼈다. 결혼 생활이 멀어진 이유에 대한 중심적인 미스터리는 여전히 남아 있었고, 아마도 언제나 그렇듯이 우리 사이에 무슨 일이 일어나고 있는지 조사하는 것이 단서를 제공할 것이다.

"하지만 우리에게는 시간이 제한되어 있어요, 베아트리즈. 그래서 다른 제안을 하고 싶어요. 우리 관계에 대해 이야기할 수 있을까요? 이 세션에서 우리는 어떻게 하고 있나요?"

그녀는 당황한 듯 보였다.

"혼란스러워요? 이렇게 말해 보죠. 지난 한 시간 동안 저나 우리에 대해 느낀 감정을 말로 표현해 볼 수 있겠어요?"

"어… 모르겠어요. 막막해요. 도와주세요."

"아마도 당신이 읽은 글에서 자유 연상이라는 개념을 접해 보셨을 겁니다."

"네… 프로이트의 분석에 따르면, 환자는 떠오르는 모든 것을 말합니다."

"정확합니다. 저는 이 방법이 당신이 말한 것처럼 생각이 막혀 있을 때 생각을 흐르게 하는 데 도움이 된다고 생각합니다. 지금 자유 연상을 해 보실 수 있겠습니까? 오늘 우리의 만남과 우리가 지금까지 이야기한 내용에 대한 생각을 말해 보세요."

"저는 이런 방법을 해 본 적이 없습니다."

"마음을 자유롭게 하려고 노력하세요."

"얼마나 오래요?"

"몇 분 정도만요."

"해 볼게요." 그녀가 눈을 감으며 말했다. "우리가 전화 통화할 때 정말 흥분했어요. 모든 것을 바로 말씀드리고 싶었어요. 그런데 왠지 모르겠지만… 제 그림에 대한 이야기로 시작했어요. 꼭 보여주고 싶었어요. 제 작업실의 풍경이라고 말하면서요. 사실은 좀 부끄러워요."

"왜 부끄러워요?" 내가 살짝 찔렀다.

"제가 얼마나 훌륭한 예술가인지 보여드리고 싶었습니다… 선생님의 관심과 존중을 받고 싶었습니다. 그리고 상담 한 시간 동안 그림을 교환하겠다는 제안은 — 좀 민망하고 — 약간 미친 짓이었습니다. 하지만 선생님의 반응은 약간 거만했습니다, 얄롬 박사님."

베아트리즈는 잠시 멈추었다가 재빨리 웃으며 눈을 떴다. "글쎄요, 거만하다는 표현은 좀 잘못된 것 같습니다. 제 제안에 대한 선생님의 반응은 무시하는 것 같았어요."

"지금 당장 느끼는 감정을 말로 표현할 수 있어요?"

"글쎄요, 복잡한데요. 저는 제가 무시당하고 있다고 느꼈고, 선생님에게 꾸중을 듣는 것 같았지만, 동시에 안도감을 많이 느꼈습니다. 솔직히 선생님이 저의 제안을 받아들였다면 저는 어떻게 했을지 모르겠습니다. 저는 성공한 예술가입니다. 그림을 완성하는 데는 많은 시간이 걸릴 것이고, 그 그림 가격은 상담 비용보다 훨씬 더 높을 것입니다. 그러니 거절해 주셔서 감사합니다."

"당신이 왜 그 제안을 했는지 좀 더 얘기해 줄 수 있어요?"

"그냥 장난치는 기분이었어요. 어쩌면 추파를 던지는 기분."

"그게 다인가요? 저는 좀 회의적인데. 좀 더 깊이 갈 수 있나요?"

"세상에, 얄롬 박사님, 정말 끈질기시군요! 박사님의 글에는 그런 점이 전혀 나타나 있지 않는데요. '더 깊이' 라고 하셨죠. 글쎄요, 제가 얼마나 재능이 있는지, 얼마나 중요한 사람인지 박사님이 알아주셨으면 했을지도 모르겠네요. 아마도 저를 좀 더 진지하게 대했으면 했을지도 모르겠네요." 베아트리즈는 잠시 생각에 잠겼다. "네, 고백하자면, 저의 제안에 대해 이야기하다 보면, 어쨌든 제 그림의 실제 가격에 대해 말씀드릴 수밖에 없다는 것을 알고 있었습니다. 사실 제 그림은 저희 가족이 풍족하게 살 수 있도록 해주었습니다. 남편과 저는 아무것도 없는 상태에서 시작했습니다. 남편은 전통적인 경력을 가진 사람으로, 학자로서 과학자로서 성공적으로 사다리를 오르고 있었습니다. 그는 저의 예술적 포부를 아주 심각하게 생각하지 않았던 것 같아요. 나 자신도 그렇게 생각하지 않았으니까요. 그러다가 어느 대형 갤러리에서 나를 인정해 주었고, 갑자기 제 그림이 큰 액수로 팔리기 시작했습니다. 성공적인 개인전을 통해서 이 아름다운 집, 한쪽으로는 석양을 볼 수 있고 다른 한쪽에서는 국립공원의 푸른 언덕을 볼 수 있는 이 특별한 집을 살 수 있었습니다."

아! 찾지 못했던 그들의 문제의 단서가 그것이었다.

"베아트리즈" 내가 말했다. "물질화되고 있는 그림을 보세요. 이 특별한 집, 당신의 우아한 생활 방식은 당신의 재능과 성취에서 비롯된 것입니다! 이제 완전히 다른 시나리오가 보입니다."

"무슨 뜻이죠?"

"당신이 화가로 '발견'되었을 때, 당신과 당신 남편 두 사람의 관계에 엄청난 변화가 있었을 것 같아요! 남편은 승승장구하던 중이었는데, 갑자기 당신이 그 자리를 빼앗아 버렸으니까요. 남편은 자신이 빛을 잃었다고 느꼈을까요? 아니면 당신의 성공으로 인해 부부 관계에서 자신의 역할이 사라졌다고 느꼈을까요? 그것은 남편의 자아뿐만 아니라 정체성에 큰 타격을 줄 수 있는 일입니다."

베아트리즈는 강렬한 집중력으로 쳐다보았다. 그녀의 눈은 계속 진행하라는 듯이, 요점을 파악하라는 듯이 말하고 있었다.

"그리고 몇 달 전, 코로나19로 모든 것이 바뀌었습니다. 예술은 부차적인 것이 되었고, 하룻밤 사이에 그의 작업은 긴급한 일이 되었고, 가장 중요한 일이 되었습니다. 그는 뒤처졌다는 느낌에서 모든 인류를 구할 수 있는 기회를 얻게 되었습니다! 당신이 수년간 누려온 중요성을 누릴 수 있는 기회를 주는 것입니다."

베아트리즈의 눈이 나를 바라보며 살짝 고개를 끄덕였다.

"그렇다면, 만약 이게 맞다면," 나는 계속했다. "그 수수께끼는 갑자기 더 이상 수수께끼가 아닙니다."

"그건… 제가 생각했던 것과는 아주 다르네요." 그녀는 한숨을 쉬며 말했다.

"저도 생각했던 것과는 아주 다르네요." 내가 말했다. "저는 약간…

약간 이상할 정도로… 처음에 제가 생각했던 것, 즉 그가 다른 여자와 바람을 피우고 있을지도 모른다는 생각이 부끄러워요."

그녀의 눈이 잠시 크게 뜨였다. "그건 흥미있는 왜곡이네요!"

"제가 잘못 생각한 것 같네요."라고 나는 질문이 아니라 진술을 했다.

"그렇게 생각해요."라고 그녀가 말했다.

"제가 좀 무모한 생각을 하고 있는 것 같아요. 하지만 이 세션이 마지막 기회인 걸 고려해서 지금 무슨 일이 벌어지고 있는지 생각해 봅시다. 제 생각이 맞다면, 그는 지금의 기회를 놓치지 않으려고 발버둥 치고 있을 거예요. 그 동기가 그를 이처럼 엄청난 속도로 일하게 만듭니다. 당신과 당신의 딸, 그리고 모든 사람을 구하기 위해서입니다. 그리고 그렇게 함으로써 어쩌면 위대함, 명성, 부를 얻을 수 있을지도 모릅니다. 그리고 아마도 가장 중요한 것은, 당신의 존경심을 얻는 것일 것입니다."

베아트리즈는 내가 말하는 것을 열심히 쳐다보았다. 잠시 내 말의 내용을 받아들인 후, 그녀는 물었다. "그렇다면 저는 어떻게 되는 건가요?"

"인내심을 배우는 거겠지요."

"하지만 제가 뭘 할 수 있겠어요? 남편과 이런 생각을 공유해야 할까요?" 매릴린의 얼굴이 다시 떠올랐고, 그 힘든 시기를 떠올렸다. 그때와는 다르지만, 베아트리즈와 나는 그 문제를 해결하면서 우리의 관계를 발전시키는 법을 배웠다.

"이 새로운 관점을 시도해 보시길 권합니다. 당신이 당장 뭔가를 할 필요는 없습니다. 물론 붐비는 식당에서 이혼을 제안할 필요는 없습니다! 남편을 더 많이 지지해 주세요. 그래야만 그는 자기가 비난받는다고 느끼지 않을 것입니다. 그리고 이러한 이해의 전환에 익숙해지면,

아마도 더 편안해질 것입니다. 그러면 당신은 남편과 감정을 공유하고, 남편이 자신의 감정에 대해 이야기할 수 있도록 도울 수 있습니다. 그의 반응을 너무 개인적으로 받아들이거나, 너무 방어적으로 나아가지 않고 받아들일 수 있다면 도움이 될 것입니다. 그렇게 하는 것이 항상 도움이 됩니다."

몇 주 후, 나는 베아트리즈로부터 이메일을 받았다. 우리의 세션은 그녀가 남편의 욕구를 이해하는 방식을 완전히 바꿔 놓았다. 그리고 그녀가 비난받는다는 느낌을 받지 않으려고 애쓰는 동안, 그들은 이제 그들의 어려움에 대해 훨씬 더 잘 이야기할 수 있게 되었다. 그녀는 더 강해졌고, 조금씩 그들의 관계도 더 강해지고 더 부드러워졌다.

수년 전 매릴린과의 갈등에 대한 이야기를 베아트리즈에게 털어놓은 나의 자기 개방 실험은 어땠을까? 베아트리즈와의 세션은 풍부하고 다층적이었으며, 내 인생의 이 이야기가 변화의 유일한 원인은 아니었다. 그러나 그것이 그녀의 마음을 여는 데 촉매제가 되었을 것이라고 생각한다. 그것은 확실히 치료에 방해가 되지 않았고, 아마도 그녀의 마음을 여는 데 속도를 더해 주었을 것이다.

이것은 본격적인 임상 실험이 아니었고, 유용한 통제 집단도 없었다. 그럼에도 불구하고 나는 내 환자들에게 도움이 될 수 있도록 나 자신에 대해 더 많이 드러내는 기회를 적극적으로 찾아보기로 결정했다.

CHAPTER 12

앨버트의 불안감

남아프리카 공화국의 물리학자 앨버트가 상담을 요청하는 이메일을 보내왔다. 상담 몇 시간 전에 나는 이메일을 받았다.

> 제가 이야기하고 싶은 가장 중요한 요점은 죽음에 대한 두려움입니다. 8살이나 9살 때부터, 존재의 유한성에 대한 지식은 번갯불처럼 저를 쳤습니다. 그 이후로 죽음에 대한 두려움은 매일 밤낮으로 제 삶의 일부가 되었습니다. 특히 작년에 제가 70세가 된 이후로 그 두려움은 점점 더 커졌습니다.

앨버트 같은 사람이 나를 찾는 것은 당연한 일이다. 내가 존재에 대한 고민을 오랫동안 해 온 이유도 있지만 우리 사회가 죽음에 대해 제대로 대처하지 못하기 때문이다. 우리는 죽음을 숨기고, 죽음을 완곡한 표현("멀리 간다", "더 좋은 곳으로 간다"거나 또는 최근에 내 손자 아드리안이 말한 것처럼 "삶이 살아있지 않다")으로 대체하고, 민속과 종교에서 말하는 영생에 대한 이야기로 대체한다. 물론 죽음에 대한 생각은 분명 두려울 수 있지만, 나는 우리가 집단적으로 모래 속에 머리를 파묻고 이러한 두려움을 악화시키고 있다는 데는 의심의 여지가 없다. 죽음은 우리 모두가 경험하게 될 하나의 사건이며, 우리가 삶을 이해하는 방식에서 두드러지게 나타나야 한다. 나는 사람들이 상담을 받는 많은 문제의 중심에는 죽음에 대한 불안이 있다고 생각한다. 대부분의 경우, 이러한 실존적 공포는 잠재의식 속에 묻혀 있고, 다른 여러 방식으로 나타난다. 예를 들어, 삶에 완전히 몰입하기를 꺼리거나 — 왜냐하면, 제대로 살아보지도 않았다면 잃을 것이 없으니까! — 반대로 스카이다이빙과 같은 죽음을 무릅쓰는 묘기를 하거나 끊임없이 성적 쾌감을 추구하는 등 필멸의 존재를 무시하려는 노력을 한다. 나는 환자들에게서 이러한 죽음에 대한 불안과 관련된 경향을 자주 접해 왔고, 많은 환자들이 이러한 두려움에 휩쓸리지 않고 관리할 수 있도록 도와왔다.

이 분야는 익숙했지만, 한 번의 세션에서 내가 앨버트에게 얼마나 많은 것을 제공할 수 있을지 확신이 없었다. 심각한 실존 치료는 시간이 걸린다. 죽음에 대한 두려움은 우리 삶의 방식에 깊이 뿌리내려 얽혀 있기 때문이다. 적어도 다른 환자들에게 도움이 되었던 몇 가지 관점을 제시할 수 있을 것이라고 나는 생각했고, 어쩌면 내가 죽음과 정면으로 마주한 나의 최근 경험을 그와 공유할 수 있을 것이라고 생각한다.

앨버트와 내가 줌으로 얼굴을 마주 보자, 사려 깊고 활기찬 백발의 남자가 보였다. “얄롬 교수님,” 그가 시작했다. “만나 뵙게 되어 기쁩니다. 저는 물리학 교수입니다. 누구에게도 말하지 않았지만 저는 수십 년 동안 선생님 작품의 학생이었습니다. 교수님과 얼굴을 마주하게 되어 매우 기쁩니다.”

그 말에 나는 잠시 멈칫했다. 나는 내 작품에 대해 잘 알고 있는 물리학자를 만나본 적이 없었기 때문이다.

“우리 그냥 편하게 이름을 부를까요?” 내가 물었다. “당신, ‘앨버트’ 그리고 나, ‘어브’라고 부를까요?”

‘교수님’과 ‘교수님’은 어때요?” 그가 말했다. “농담이에요. 물론, 이름이 더 좋죠. 처음에는 조금 어색할 수도 있겠네요. 당신은 제 선생님이고, 저는 선생님 책을 많이 읽었고 페이스북에서 선생님을 팔로우하고 있어요. 적어도 그렇게 하려고 노력하고 있죠. 물론 선생님은 거의 글을 올리지 않고 있지만요.”

”맞아요. 한때는 올렸었는데, 시간이 너무 많이 걸린다는 것을 알게 되었어요. 하지만 오늘은 한 시간 동안 우리가 함께할 수 있으니 바로 시작해 보도록 하죠. 이메일에서 죽음에 대한 불안감을 언급했습니다. 그 경험을 설명해 줄 수 있나요?”

“음. 솔직히 말해서, 이런 경험은 처음이에요. 아내에게도 말한 적이 없어요. 어떻게 시작해야 할지 모르겠어요.”

”제가 도와드리겠습니다. 죽음에 대한 불안감을 처음 경험한 때가 언제인지 기억하시나요?”

“아, 그 질문을 예상하지 못했네요. 생각 좀 해 볼게요.”

눈을 감고 잠시 동안 집중한 후, 앨버트는 마침내 이렇게 말했다. "아주 강렬한 기억이 떠오릅니다. 제가 8살쯤 되었을 때, 할아버지의 장례식에 갔었는데, 아버지가 우는 모습을 본 기억이 납니다. 저는 아버지의 팔을 잡아당기며 물었습니다. '아버지가 돌아가시면 어떻게 되나요?' 아마도 아버지는 저를 위로하고 싶었던 것 같습니다(아마도 자신을 위해서였을 수도 있겠지요). 그래서 이렇게 말씀하셨습니다. '죽으면 꿈 상태에 들어가서 영원토록 네 삶을 반복하며 살게 되는 거야.' 지금은 아버지가 그때 저를 위로하려고 하셨다는 것을 알고 있습니다. 하지만 제가 8살이었을 그때는 역효과를 가져왔습니다. 그것은 저를 더욱 힘들게 만들었습니다. 저는 아버지의 대답에 혼란스러웠고, 저 자신(그리고 아버지)에게 계속해서 물었습니다. '지금 내 삶이 진짜인지 꿈인지 어떻게 알 수 있을까?' 우리의 삶이 단순히 꿈일지도 모른다는 생각은 제 온 인생을 맴돌았고 아버지께 계속 물어보기도 했어요. 아이러니한 일이지요! 저를 위로하기 위해 했던 말이 오히려 더 많은 불안감을 만들어 냈습니다."

"결국 아버지는 제 질문에 짜증을 내기 시작했습니다."라고 앨버트는 말을 이어갔다. "아버지는 저에게 단순히 교회에서 말하는 죽음과 사후 세계에 대한 견해를 받아들이라고 강요하셨습니다. 저는 수년간 교회의 가르침을 믿으려고 노력했습니다." 하지만 제가 성장하고 과학자로서의 사고방식을 가지게 되면서, 사후 세계에 대한 종교적 견해는 어떤 증거로도 뒷받침되지 않는다는 결론을 내렸습니다. 20대 초반에 교회를 떠난 후로 한 번도 돌아보지 않았습니다."

그는 잠시 멈추고 몇 마디 더 한 후 더 이상 할 말이 없는 듯했다. 잠시 후 죽음에 대한 불안이 어떻게 형성되었는지를 떠올리는 데 큰 어려움을 겪고 있는 것이 분명해졌다. 시간을 생각해서 나는 계속했다. "내가 죽음에 대한 나의 경험을 이야기하면 도움이 될 것 같네요."

앨버트는 놀란 표정을 지었다. "저는 죽음에 관심이 있습니다. 제 기억을 되살리는 데에 도움이 될 것 같거든요."

"아시겠지만, 제 아내가 정확히 1년 전에 세상을 떠났습니다."

"네, 부인의 부고를 읽었습니다. 조의를 표하지 못해 죄송합니다. 어떤 말을 해야 할지 몰랐습니다. 솔직히 말씀드리자면, 오늘 선생님과 이야기하는 것이 좀 불편합니다. 죽음이나 죽음에 대한 두려움에 대한 이야기를 잘못하면 선생님에게 상처를 줄까 봐 걱정됩니다."

"그 반대로, 저는 앨버트 당신이 솔직하게 말하는 것이 더 좋습니다. 죽음을 직면하면서 다른 사람들과 공개적으로 죽음에 대해 논의하는 것이 도움이 된다고 생각합니다. 저는 죽음에 대한 불안에 대해 많은 것을 생각해 왔고, 제가 죽음에 대해 배운 것을 공유할 수 있어서 좋습니다."

"무엇을 배웠습니까? 알고 싶습니다."

흠. 내가 무엇을 배웠을까? 매릴린이 다발성 골수종 진단을 받은 이후로 죽음은 내 마음의 중심에 있었다. 그녀가 생을 마감하기 전 몇 주 동안, 그녀와 나는 죽음에 대해 끝없이 이야기했다. 심지어 과거에 죽음과 죽음에 대한 두려움에 대해 쓴 글도 다시 읽었다. 무엇이 도움이 되었을까?

"우선, 죽음과 죽어가는 것에 대해 글을 쓰는 것과 실제로 죽음을 경험하는 것은 매우 다르다는 것을 배우고 있습니다."라고 나는 시작했다. "솔직히 말해서, 제가 오랫동안 죽음에 대한 불안에 대처하는 데 도움이 된다고 생각했던 것들 중 일부는 저에게 별로 도움이 되지 않았습니다. 그러나 다른 것들은 정말 도움이 되었습니다. 가장 중요한 것은 이것입니다. 매릴린의 병이 진행됨에 따라, 우리는 우리가 살아온 삶에 대해 후회할 것이 거의 없다는 데 계속해서 동의했습니다. 사실, 지금도 나는 그녀가 이렇게 말하는 것을 거의 들을 수 있을 것 같습니다. '87세의 여성이, 자신의 삶을 충만하게 살았고, 네 명의 훌륭한 자녀와 항상 곁에 있는 사랑하는 남편이 있는 상태에서 죽는 것은 비극이 아니다.'"

"이것은 어떻게 살고 죽음을 어떻게 바라보느냐에 대한 공식을 정말로 확고히 했습니다. 그 공식은 이렇습니다. **삶에 대한 후회가 적을수록 죽음에 대한 불안도 적습니다.** 이것은 새로운 생각이 아닙니다. 사실, 제가 환자들에게 자주 제안해 온 생각입니다. 그러나 죽음과 저의 관계가 더욱 친밀해짐에 따라, 이 생각은 저에게 새로운 의미를 갖게 해주었습니다. 저는 이 공식이 어떤 힘을 가지고 있다고 믿습니다. 당신에게도 이 공식이 울림을 줄 수 있을까요?"

앨버트는 잠시 동안 눈을 감고 있다가 고개를 저었다. "그 공식이 저에게도 통할지 잘 모르겠어요, 어브. 저는 좋은 삶을 살았고 후회할 일이 거의 없어요. 저는 제 일을 즐겼고, 창의적이었고, 많은 훌륭한 학생들을 가르쳤고, 아내와 거의 50년 동안 사랑했고, 불과 몇 킬로미터 떨어진 곳에 사는 멋진 딸이 있어요. 그럼에도 불구하고, 저는 계속해서 죽음에 대한 불안감에 시달리고 있습니다. 특히 지난 10년 동안 그랬습니다. 저는 지식이 풍부한 친구, 동료, 사제들에게 계속해서 도움을 요청했지만, 항상 헛수고였습니다. 솔직히 저는 종교적 신념으로 위안을 받는 사람들을 부러워하지만, 제가 거짓이라고 알고 있는 것을 믿을 수는 없습니다."

"종교를 믿는 사람들을 부러워하는 당신의 마음이 저와 통하는 것 같아요, 앨버트. 최근에 제가 겪은 경험을 말씀드리겠습니다. 어느 날 아침, 아내 꿈을 꾸고 그 잔상이 얼마 남지 않은 채 깨어났습니다. 그 어느 때보다 아내를 그리워하며 가슴이 아팠습니다. 그러다 갑자기, 제가 죽으면 아내 옆에 묻히고 매릴린과 합치게 될 것이라는 생각이 들었습니다. 물론 이성적이고 과학적인 마음을 가진 사람에게는 매릴린과 합치겠다는 생각이 터무니없는 생각일 겁니다. 매릴린은 죽었고 더 이상 존재하지 않으니까요. 그리고 제가 죽으면, 저는 더 이상 존재하지 않을 거니까요. 당신과 마찬가지로, 저는 오랫동안 내세에 대한 종교적 믿음을 거부해 왔습니다. 그런데 매릴린과 함께 한다는 생각을 했을 때, 불안이 저를 떠나갔고, 안심이 저에게 들어와 저를 감싸 안고 제 몸을 통해 스며들었습니다. 이상하지요 — 제 이성적인 마음으로는 한 가지를 알 수 있지만, 동시에 그 반대되는 생각에 대해 강력한 감정적 반응을 보일 수 있다는 것이 말이죠?"

"매우 이상하네요." 앨버트가 동의했다.

"글쎄요, 우리는 인간이기 때문에 모순을 품을 수 있죠. 이 일은 종교가 제공하는 놀라운 선물을 제게 일깨워 줍니다." 나는 계속했다. "모든 주요한 종교가 어떤 방식으로든 인류에게 존재의 위안을 지속적으로 제공해 왔다는 사실을 깨닫게 해줍니다. 얼마나 위안이 되는지요."

앨버트가 고개를 끄덕였다. "믿을 수 있었으면 좋겠다는 생각이 거의 들 정도입니다."

"거의죠."

"개인적인 질문을 해도 될까요? 선생님의 글을 보면 선생님은 무신론자이면서 유대교 가정에서 자랐다고 합니다. 어떻게 종교를 잃었거나, 아니면 탈출했나요?"

"종교는 저에게 전혀 이해가 되지 않았어요." 내가 말했다. "당신의 말이 맞아요. 제 어린 시절의 세계는 유대인 중심이었습니다. 제 부모님은 구러시아 제국의 한 점에 불과한 셀츠(Seltz)라는 같은 유대인 마을(shtetl)의 다른 사람들과 함께 1920년에 구세계를 떠나 워싱턴 DC에 도착했습니다. 그러나 많은 사람들이 — 형제자매, 사촌, 친구 등 — 가족과 함께 나치 수용소에서 죽었습니다. 이 죽음의 그림자는 우리 공동체 전체에 드리워져 있었습니다. 어쨌든 우리 부모님은 이디시어를 사용하셨고, 제가 먹은 모든 음식은 코셔였고, 주위에 유대인이 아닌 사람은 거의 없었습니다. 문화적으로는 정상적인 것처럼 보였습니다. 그러나 저는 그 종교를 이해할 수 없었습니다. 내가 치즈버거를 먹는 것이 정말로 온 우주를 돌보느라 바쁜 신을 화나게 하는 일인가? 당신과 마찬가지로, 저도 아버지와의 중요한 만남에 대한 강한 기억이 있습니다. 어느 날 아버지와 함께 점심을 먹으면서 제가 아버지께 신을 믿으시는지 여쭤본 적이 있습니다. 아버지는 '홀로코스트(Shoah) 이후에 어떻게 신을 믿을 수 있겠느냐?'라고 대답하셨습니다. 그 대답이 제게 결정적인 계기가 되었습니다.

이 모든 정보가 앨버트에게 도움이 되었을까? 나는 몰랐다. 그리고 홀로코스트에 대해 이야기한다고 해서 누군가의 불안이 해소될 것 같지는 않았다. 그러나 그는 내가 지내온 역사를 물어봤고, 나는 앨버트와 나의 역사를 공유하는 것이 아무런 해가 없다고 생각했다.

"고마워요, 어브," 그는 이 모든 것을 받아들인 후 말했다. "선생님도 이 문제로 고생했다는 말을 들으니 도움이 됩니다."

"앨버트, 제가 몇 분 전에 했던 질문으로 돌아가 보겠습니다. 사람은 자기가 살아온 방식에 대해 후회할 일이 적을수록 죽음을 두려워하지 않는다는 공식에 최대한 집중해 주세요. 그게 당신에게 의미가 있습니까?"

앨버트는 잠시 생각에 잠겼다가 이렇게 대답했다. "생각해 봤지만, 그렇게 생각하지 않아요. 죽음에 대한 불안이 항상 저를 괴롭히지만, 저는 삶에 대한 후회는 없습니다. 저는 꿈꿔왔던 것보다 전문적으로 훨씬 더 많은 것을 성취했습니다. 연구하고 글을 썼고, 제 분야에 큰 영향을 미쳤습니다. 많은 중요한 상을 받았습니다. 저는 좋은 삶을 살았습니다."

"그래서 후회와 죽음에 대한 불안감의 연관성이 당신에게는 공감이 되지 않는다는 말씀이신가요? 그건 제가 알아야 할 중요한 정보입니다."

"아니, 아니, 잠깐만요. 그렇게 성급하게 결론을 내리지 맙시다. 이건 새로운 개념이고, 저는 탐구할 방법을 찾고 있습니다."

앨버트는 그 생각을 머릿속으로 곱씹으며 강렬한 호기심을 띤 사랑스러운 표정을 지었다. 나는 그가 생각에 갇혀 있는 것처럼 보일 때까지 잠시 동안 매료된 듯 지켜봤다.

"이렇게 해 보세요." 내가 말했다. "내 인생의 후회라는 문구에 집중하고, 몇 분 동안 생각나는 걸 큰 소리로 말해 보세요. 떠오르는 대로 전부 말하세요. 아무것도 생략하지 말고, 검열하지 말고, 강요하지 마세요."

"흠. 한번 해 볼게요. 이런 건 해 본 적이 없어요. 긴장을 풀고… 생각하지 말고, 그냥 말하고… 엄격한 아버지… 그는 우리 삶을 어둡게 만들었지… 사랑이 넘치는 아버지가 없었다는 사실이 많이 아쉽지 그는 온 가족에게 해가 되었지… 내 두 형들은 아버지로부터 깊은 상처를 입었고 — 나는 막내였기에 상처를 가장 덜 받았지만 — 아버지는 내가 열두 살 때 돌아가셨기 때문에… 그렇습니다. 가족에 대한 후회가 되지요. 사랑스럽고 행복한 가족을 볼 때마다." 그는 잠시 멈췄다. "이것이 선생님이 말하고자 하는 것입니까, 어브?"

"정확히 그래요. 계속 말씀해 주세요."

"하지만 제가 성인이 되어 집을 떠난 후로는 후회할 일이 없었습니다. 정반대입니다. 흠… 결혼한 지 48년…좋은 결혼… 훌륭한 딸, 항상 아내를 사랑했고 — 좀 더 자유롭게 지내지 못한 것에 대해 약간 후회… 결혼 전에 성적인 모험을 하지 못한 것에 대한 후회…그리고 아들에 대해 후회… 그가 지능적으로 자신을 찾지 못하고 좋은 배우자를 찾지 못한 것에 대해 후회하고 있습니다." 앨버트가 말을 멈추고 나를 바라보았다. "괜찮은가요? 제가 약간 전환을 했습니다."

"잘하고 계십니다. 쉽지 않다는 것을 알고 있지만, 몇 분만 더 계속해 보세요."

앨버트는 고개를 끄덕이고 심호흡을 했다. "후회…그래요, 네, 네, 아내의 건강에 대해 많은 후회를 합니다… 아내는 자주 아프고 여행도 못 갔고… 우리는 휴가 여행을 한 적이 없어요… 편두통과 천식 … 그리고 여행을 하려고 할 때마다 그녀는 아프기 시작했어요 … 나는 그녀를 사랑하는 마음을 멈추지 않았지만, 네, 후회합니다 … 우리가 가지 못한 모든 여행 … 우리가 할 수 있었지만 하지 못한 모든 일들 … 저녁 식사에 친구를 초대하는 것조차 어려웠고 … 분명 분노가 있었습니다 … 얄롬 박사님, 이런 식으로 제 자신을 마주하는 것은 쉽지 않습니다. 저는 지쳤습니다."

"어떻게 안 그러겠어요? 당신은 방금 놀라운 일을 해냈고, 당신이 저를 그렇게 신뢰해 주셔서 영광입니다. 지난 몇 분 동안 무슨 일이 있었는지 되짚어 봅시다. 처음에 당신이 큰 후회가 없다고 말했을 때, 저는 당신이 자신의 마음속 어두운 방에 들어가기를 꺼려 한다는 느낌이 들었습니다. 그러고 나서 당신이 그 어두운 방을 열고 불을 켰을 때, 후회가 쏟아져 나왔습니다. 당신의 아버지가 당신과 당신의 형제들에게 끼친 파괴적인 영향에 대한 후회. 그러고 나서 당신은 당신의 아들과 아내와 그녀의 병, 그리고 당신과 그녀가 결코 겪지 못한 모든 경험에 대해 이야기했습니다."

"네. 저는 그 모든 것이 그 어두운 방에 있다는 것을 잘 몰랐습니다. 놀랍군요. 그리고 그런 것들을 인정하는 것에 조금 죄책감을 느낍니다."

"이것이 중요합니다, 앨버트. 아내와 함께 살아온 삶에 대해 후회, 심지어 많은 후회, 심지어 분노를 갖는 것이 아내를 사랑하고, 그녀를 매우 깊이 사랑하는 것과 양립할 수 없다는 점을 강조하고 싶습니다. 아들과도 마찬가지입니다. 두 가지 모두 사실일 수 있습니다."

"그렇게 말씀하시니 몸이 떨리네요. 계속 만나서 마지막 아이디어를 탐구할 수 있었으면 좋겠어요."

"앨버트, 저도 그러고 싶어요. 다만 제게는 기억력이나 체력이 부족해요. 하지만 기억하세요. 당신은 인간이고 모순을 품을 수 있다는 것을요. 당신이 떨림을 느낀 것처럼, 저는 당신에게 이런 생각을 탐색해 보라고 권합니다. 이상적으로는 제가 추천해 드릴 심리치료사 중 한 명과 함께 말입니다. 이것이 당신의 죽음에 대한 모든 불안을 마법처럼 치유해 줄 수는 없지만 탐구해 볼 만한 출발점이라고 생각합니다. 그리고 당신이 지금 인생에서 에너지를 쏟고 싶은 곳을 찾는 데 도움이 될 수도 있습니다."

앨버트의 놀라고 지친 표정과 함께 우리는 서로 안부를 묻고 작별 인사를 했다. '회의 종료'를 클릭하고 화면이 어두워지자, 나는 앨버트와의 세션을 머릿속으로 되짚어 보았다. 나는 만족스러웠다 — 나는 의심하지 않았다. 나는 그와 나의 내면의 생각, 종교에 대한 생각, 아버지에 대한 기억, 그리고 '매릴린과 함께하게 된' 것에 대한 안도감을 공유했다. 나는 종교를 관찰하고 회의론자로서 그와 나 사이의 유대를 강화하고, 지적 동맹을 구축했다고 생각한다. 그리고 '매릴린과 함께하기'에 대해 이야기하고 종교적 신념에 대한 위안적인 사기 행각에 대한 나의 양가감정을 보이고 나의 취약성을 드러낸 것이, 아마도 우리 사이에 정서적 다리를 놓는 데 도움이 되었을 것이다. 이것은 또 다른 성공적인 명시적·의도적 자기 공개의 활용인 것 같다. 상담을 할 때마다 내가 나의 내면의 세계를 조금씩 드러냈을 때, 내 환자가 마음을 열도록 도왔고 우리 둘을 더 가깝게 만들었다.

그러나 나에게는 한계가 있고, 공유하지 않는 것들이 있다. 앨버트에게 말하지 않은 것은 그날 아침에 내 딸이 아내의 묘를 방문하기 위해 30분 정도 걸어서 묘지로 갔다는 것이다. 언제나처럼, 그녀는 나를 초대했지만, 나는 거절했다. 매릴린은 1년 전에 세상을 떠났지만, 나는 아직까지 그녀의 무덤을 한 번도 찾아가지 않았다. 그녀를 생각하거나 그녀의 사진을 볼 때마다 가슴이 찔리는 듯한 느낌이 계속 들었다. 그래서 동행을 거절했던 걸까? 아니면 내가 곧 묻힐 무덤 옆의 빈 무덤을 보지 않기로 선택했기 때문일까? 나는 정말로 잘 모르겠다.

요즘 죽음을 많이 생각하지만, 두려움이나 불안감에 압도되는 경우는 거의 없다. 오히려 그 존재가 나타나서 주변에 머물면서 대화를 하다가 사라지는 느낌이다. 불편함에도 불구하고 그 존재와 함께 앉아 있고, 죽음의 불가피성을 받아들이고, 수년 동안 그것을 똑바로 바라보는 나의 의지는 내가 더 이상 죽음을 공포스럽게 받아들이지 않는 중요한 이유라고 확신한다.

CHAPTER 13

고요함과의 스파링, 트라우마와의 결투

앨버트에 이어 또 다른 환자가 죽음에 대한 불편한 생각을 가지고 나에게 연락을 했다. 캘리포니아에 있는 나와 거의 10,000km 떨어진 베를린에 있는 안트제의 얼굴이 화면에 나타났다. 연결 상태가 아주 좋았다. 음질이 나쁘거나, 영상이 끊기거나, 보청기에 문제가 있는 것도 아니었다. 11월이 시작되면서 공기가 서늘해졌다. 독일은 이미 추워졌을 것 같은데, 안트제의 방은 따뜻한 황금빛으로 가득 차 있었다.

"안녕하세요, 얄롬 박사님." 그녀가 말을 시작했다. "박사님의 저자 사진으로 박사님의 얼굴이 익숙합니다." 그녀는 독일어로 번역된 몇 권의 내 책을 내가 볼 수 있도록 컴퓨터를 책장 쪽으로 향하게 했다.

"안트제, 당신의 문학 취향이 마음에 듭니다. 지금 저에게 연락을 주신 특별한 이유가 있었나요?"

"선생님의 실존적 관점 때문이겠죠. 최근에 죽음에 대한 강박적인 생각이 쏟아져 들어와 괴로웠어요." 그녀는 의자에 등을 기대며 대답했다.

앞서 언급했듯이, 나는 수십 년 동안 실존적 불안으로 고통받는 많은 환자들을 치료해 왔다. 심지어는 치료 받으러 온 환자들 중 실존과 전혀 관련이 없어 보이는 고민을 안고 있는 환자들을 실존적 영역으로 유도하는 일까지 저지른 적이 있어 죄의식도 느낀다. 매릴린의 죽음과 나의 임박한 죽음을 생각하면, 이 환자들의 고민이 더욱 절실하게 느껴졌다. 나는 도움이 될 수도 있고, 조심스러울 수도 있는 새로운 관점으로 무장되었다고 생각하면서도 내가 더 젊고 생기 있었을 때만큼 죽음을 깊이 있게 들여다보는 것이 조금 꺼려지는 느낌도 들었다.

"죽음에 대한 이런 생각들이 당신에게 새로운 경험인가요?" 나는 안트제에게 물었다.

"음… 네. 코로나19 때문인 것 같아요. 이 격리 조치는 정말로 죽음이라는 현실을 직시하게 만드는 것 같지 않나요?"

"좋은 통찰력이에요." 내가 말했다. "그러니까 이런 생각이 침입자같이 자꾸 떠오르는 건 격리 기간 동안 시작되었나요?"

"글쎄요. 지금 이렇게 생각해보니, 어머니가 7년 전에 자살한 이후로 가끔씩 그런 생각이 들긴 했으나 최근 들어서는 그 생각이 훨씬 더 강렬해요."

"그 감정을 설명해 주실 수 있나요?"

"예를 들어 볼게요. 저는 남자친구 클라우스와 함께 있습니다. 우리는 대부분의 밤을 함께 보내고, 저는 그를 정말 좋아해요. 그는 저와 같은 나이인 서른 한 살이고, 우리는 함께 술을 마시거나 영화를 보거나 하면서 즐거운 시간을 보내고 있어요. 그러다가 갑자기 나의 어두운 면에서 들려오는 어떤 목소리가, 부드럽지만 단호하게 우리는 모두 죽을 거라는 것을 상기시켜 줍니다. 나도 죽고, 클라우스도 죽고, 우리가 아는 모든 사람들도 죽을 거라고요. 그러면 모든 삶에 아무런 의미가 없어져요."

그녀는 손으로 부드러운 제스처를 취했다. 마치 바람에 날리는 민들레 꽃잎처럼 손가락을 활짝 펴고 푸후 하고 불더니 길다란 주스 글라스를 들어서 아이스티처럼 보이는 음료를 입에 대고 천천히 한 모금 마셨다.

"저는 클라우스와 그 이야기를 하지 않으려고 노력해요." 그녀는 계속해서 말했다. "그건 우리의 시간을 망칠 뿐이에요. 적어도 저에게는 그렇습니다. 하지만 제 머릿속의 그 어두운 말들은 점점 더 커지고 있어요."

안트제의 말을 들으면서 나는 그녀의 말과 어조 사이의 대조적인 느낌에 놀랐다. 그녀의 말은 어둡고 음울했지만, 그녀의 모든 것 — 자세와 얼굴 등 — 은 나른하고 평화로웠다. 나는 마치 평온의 웅덩이에 무례하게 뛰어든 침입자처럼 느껴졌다.

"그래서 그 다른 목소리, 꺼버릴 수 없는 어두운 목소리가 들릴 때 어떻게 대처하나요?"

"가끔은 클라우스에게 말하기도 합니다. 그는 신경 쓰지 않아요. 그는 아주 냉철하거든요. 저는 대부분은 그냥 무시하려고 노력해요. 다른 생각을 하려고 하지만 아무리 노력해도 완전히 잊어버릴 수는 없어요. 그 목소리가 없으면 좋겠어요. 선생님께서 그걸 도와 주실 수 있나요?"

"그럼, 한 번 해봅시다. 이 일이 클라우스와의 관계에 어떤 영향을 미치나요?"

"말씀드렸듯이, 클라우스는 그냥 흘러가는 대로 받아들입니다. 그는 모든 일에 대해 매우 냉철해요."

나는 더 많은 이야기를 들을 수 있을 거라 생각했지만, 그녀는 만족스러워 보였고, 입가에 차분한 미소가 번지고 있었다.

"클라우스와 어떤 관계인지 좀 더 자세히 말해 주세요. 얼마나 오래 사귄 거죠?"

"6년 정도 됐어요."

"미래에 대한 생각은 어떤가요?"

"왜 미래를 얘기하는 거죠? 우리는 너무 어리고, 인생을 즐기느라 너무 바빠요. 우리는 선생님이 글에서 자주 언급하는 것처럼 '여기-지금' 이 순간을 살고 있어요."

"인생을 즐기는 것. 그건 좋은 것이에요, 안트제."

나는 당황했다. 그녀는 도움이 필요하다는 것을 알리고 있었지만, 매우 평온한 모습을 보였다. 말과 태도 사이의 이러한 강한 대조는 보통 뭔가 어긋나 있다는 것을 나타내며, 환자가 파악한 문제가 전부가 아니라는 것을 의미한다. 그녀의 불편함을 파헤쳐서 그 밖의 다른 것들이 무엇인지 알아내는 것이 나의 임무였다. 나는 앞으로 나아갔다.

"그런데도 당신이 여기 있네요. 왜 전화한 거죠?"

"죽음에 대한 이 망할 생각이 점점 더 심해지고 있어요. 인지행동치료 과정을 12주씩 세 번이나 받았지만, 별 도움이 되지 않았어요. 아무것도 변하지 않았어요. 치료사인 친구들이 저에게 선생님에게 연락하라고 권했어요. 그래서 여기 왔어요. 이 생각을 없애는 데 도움을 줄 수 있나요?"

그녀는 마치 충치를 뽑아내는 것같이 아주 간단한 일인 것처럼 이 말을 매우 사무적으로 했다. 그리고 그녀는 음료수를 천천히 한 모금 더 마셨다. 그녀는 그녀에게는 최후의 수단인 나와 공유하기에는 다소 무서운 깊은 고민을 하고 있었다. 그러나 나는 그녀가 해변가 바에서 휴식을 취하고 있는 것처럼 느껴졌다. 나는 더 깊이 들어갔다.

"안트제, 그 집착이 시작된 아주 진짜 시작에 대해 다시 이야기해 봅시다. 언제, 어떻게 시작되었는지 말해 주세요."

"제가 말했듯이, 어머니의 자살과 관련이 있습니다. 약 7년 전의 일이에요." 그녀는 다시 미소를 지으며 얼굴에 묻은 머리카락을 쓸어 올렸다.

"부모님에 대해 더 자세히 이야기해 주세요."

"제가 어렸을 때 부모님은 이혼하셨어요. 부모님과 함께 살았던 기억이 전혀 없어요. 아버지는 어머니 집에서 두 블록 떨어진 곳에 집을 사셨고, 저는 격주로 아버지와 저녁을 함께 보냈어요. 지금도 매주 두 번 정도 아버지와 저녁을 함께 보내고 있어요 — 클라우스는 이 일에 전혀 신경 쓰지 않아요. 어머니 이야기로 돌아가 보죠. 어머니는 심각한 문제를 안고 계셨어요. 어머니는 조울증 환자였어요 — 때로는 저를 사랑해 주셨지만, 때로는 제가 있는지도 모를 정도로 우울해하셨어요. 그녀는 제가 셀 수 없을 정도로 많이 입원했습니다."

"그리고 어머니가 집에 있을 때, 어머니는 어떤 사람이었나요?"

"멀리 떨어져 있고, 고민이 많고, 정신이 온전하지 않았어요. 어머니가 저를 돌봐주던 기억이 없어요. 어머니는 어머니 자신도 돌볼 수 없었어요. 네, 그게 사실이에요."

그녀의 미소는 언제나처럼 부드러웠지만, 이 주제는 민감한 주제라는 것을 알고 있었기 때문에 나는 조심스럽게 말을 꺼냈다. "좀 더 자세히 말씀해 주실 수 있나요? 어머니가 어머니 자신을 돌볼 수 없는 부분은 어떤 것이었나요?"

"음식 만들기, 집 청소, 기본적인 모든 것들이요. 집이 엉망진창이어서 제가 스스로 해결해야 했어요. 또한 어머니는 도벽이 있었어요. 아마도 서투른 도벽이었을 겁니다. 어머니는 항상 물건을 훔치다가 잡혀서 몇 주 또는 몇 달씩 감옥에 갇히곤 했고 마약에도 손을 댔어요. 마약을 사용하거나 팔기도 했고 7년 전, 헤로인 과다 복용으로 사망했습니다. 사고였을까요? 아버지와 저는 자살이라고 생각하지만, 누가 알겠어요?"

어머니가 부재한 상태에 더해 부모로서의 기본적인 보호를 제공하지 못하는 상황을 상상해 보면 무서울 수밖에 없었을 것이다. 나는 안트제의 고통스러운 어린 시절에 대해 더 많은 정보를 수집하여 함께 나누고 싶었지만, 이 부분에서는 조심스럽게 접근해야 한다는 것을 알고 있었다. 너무 급하게 진행하면 깊은 상처가 다시 생길 위험이 있었고, 상처를 치료할 시간도 없이 진행하면 무책임한 행동이 될 수 있었기 때문이다. 나는 조심스럽게 계속 진행했다.

"그래서 몇 년 동안 집에 두 분만 계셨는데, 누가 아이고 누가 엄마인지 분명하지 않았겠네요?"

"글쎄요, 아까도 말씀드렸듯이 아버지 집은 두 블록 정도 떨어진 곳에 있어서 저는 자주 거기서 지냈어요. 격일로 지내기로 되어 있었지만, 실제로는 그보다 훨씬 더 많은 시간을, 절반 이상을 그곳에서 보냈습니다. 어머니가 감옥에 있거나 병원에 계실 때뿐만 아니라, 아버지가 정말 좋은 분이셨기 때문에 더 자주 갔던 거예요. 제가 덧붙이고 싶은 또 다른 이야기는, 죽음에 대한 어두운 생각은 저나 클라우스에 관한 것만이 아니라는 거예요. 종종 아버지의 죽음을 떠올리곤 합니다. 저는 아버지를 정말 사랑하지만, 그래서 항상 걱정이 돼요."

나는 그녀와 아버지의 강한 유대감에 대해 듣고 기뻤고, 그녀가 아버지에 대해 계속 이야기하도록 내버려 두고 싶은 충동을 느꼈다. 하지만 시간을 낭비할 여유가 없었고, 나는 그녀의 어머니에 대한 이야기를 계속하기로 결정했다. 그 어려운 관계에서 더 많은 보물을 찾을 수 있을 것 같았기 때문이다.

"안트제, 어머니의 집에 있는 기분이 어땠는지 말해 줄 수 있어요?"

"그게 왜 중요한지 모르겠어요. 제 말은, 그건 아주 오래전 일이고, 지금은 상황이 훨씬 나아졌어요. 지금 제게 닥친 침입적인 생각들에 대해 선생님의 도움이 필요해요! 이 실존적 문제에 대해 저를 도와줄 수 있나요? 다른 치료사들은 실패했고, 이제 선생님에게 의지하고 있어요."

또 다시 그 문제가 발생했다. **제발 고쳐 주세요!** 그러나 그녀는 미래에 대해 이야기하고 싶어 하지 않았고 과거에 대해 더 깊이 파고들려고 하지도 않았다. 어쨌든 이 두 가지 모두 그녀가 현재 경험하고 있는 것들인 클라우스와의 훌륭한 관계, 느긋한 음료를 곁들인 영화의 밤, 그리고 잊히지 않는 침입적인 생각이 '여기-지금'의 순간들과 제대로 연결되지 않았다. 나는 그녀의 중요한 어린 시절의 트라우마에 대해 생각했고, 언제나 침착한 클라우스가 이해되는 것 같았다. 아마도 그녀는 의지할 수 있는 누군가가 필요했을 것이다. 그러나 너무 가까워지거나 친밀해질 필요가 없는, 충분히 거리감을 유지할 수 있는 누군가가 필요했을 것이다. 진정한 친밀함은 그러한 트라우마를 가진 사람들에게 양날의 검이 될 수 있다. 우리는 친밀함을 갈망하지만, 이전에 상처를 입거나 버림받거나 소홀히 대우받은 적이 있기 때문에 친밀함을 경계한다.

그녀의 차분한 표면 너머로 들어가 진정으로 연결되는 방법은 무엇일까? 나는 그녀의 방어를 빠르게 우회할 수 있기를 바라며 다시 한번 자기 공개를 했고, 이 접근 방식이 어떻게 작동할지 궁금했다.

"안트제, 제 아내 매릴린과 저에 대한 이야기 하나를 들려드릴게요. 자연은 우리에게 흥미로운 실험을 진행했어요. 처음에는 당신의 상황과 관련이 없어 보일 수도 있지만, 제 말을 끝까지 들으시면 제가 왜 이 이야기를 하는지 알게 될 거예요. 간단히 요약하면, 그녀의 부모님과 제 부모님은 제1차 세계대전 직후 폴란드와 러시아에서 워싱턴 DC로 이민을 오셨습니다. 그녀의 아버지는 세컨드 스트리트와 시튼 스트리트에 식료품점을, 제 아버지는 한 블록 떨어진 퍼스트 스트리트와 시튼 스트리트에 식료품점을 열었지만, 두 분은 서로를 알지 못했어요. 사실 두 분이 처음 만난 것은 저희 결혼식에서였지만, 그 이야기는 나중에 또 들려 드릴게요.

"나의 아버지는 우리 가족이 가게 바로 위층에서 살도록 결정하셨기 때문에 저는 태어나서부터 14년 동안 위험한 동네의 낡은 아파트에서 살았고, 부모님은 아래층에서 하루 12시간씩 일하셨죠. 워싱턴은 당시 인종 차별이 심했고, 우리는 가난한 흑인 동네에 사는 유일한 유대인 가족이었습니다. 저는 그 동네 아이들과 친구가 되는 것이 허용되지 않았어요. 문화적 격차가 너무 컸기 때문에 부모님도, 아마 저에게도 그랬을 겁니다. 그리고 백인 아이들은 나를 볼 때마다 반유대주의적 욕설을 퍼부었습니다. 그래서 저는 대부분 혼자였고, 종종 무서웠죠.

"모든 것이 9학년 때 달라졌습니다. 어머니가 매릴린의 집에서 몇 블록 떨어진 좀 더 나은 동네에 집을 사셨거든요. 매릴린의 아버지는 저의 아버지와는 아주 다른 선택을 하셨어요. 매릴린의 아버지는 상점들이 있는 동네가 세 딸이 자라기에 너무 위험하다고 생각하셨기 때문에 워싱턴의 더 안전한 곳에 가족을 위한 작은 집을 사서 매일 20분씩 출퇴근하셨어요. 매릴린은 아버지 가게에 발을 들여놓은 적이 없었고, 두려움 없이 어린 시절을 보냈습니다. 매릴린은 많은 친구가 있었고, 웅변과 피아노, 춤, 프랑스어 수업을 들었죠.

"안트제, 내가 이 말을 하는 이유는 이것입니다. 제가 태어나서 14년은 우리 가족에게 지울 수 없는 흔적을 남겼어요. 매릴린은 보호받고, 사랑받고, 많은 친구들과 선생님들의 찬사를 받으며 자랐습니다. 그녀는 불안감을 경험한 적이 없죠. 그녀는 불안이 무엇인지 몰랐고, 차분하고 우아하며 자신감 넘치는 아이로 자랐습니다. 반면에 저는 평생 불안에 시달려 왔고, 그 불안은 제가 완전히 떨쳐낼 수 없는 끊임없는 끔찍한 동반자였습니다. 여러 차례의 치료가 상당히 도움이 되었지만, 저는 여전히 원치 않는 생각에 자주 사로잡히고, 꿈에 스며드는 이미지나 갑작스러운 불편함에 시달리고 있습니다."

안트제의 의아한 표정을 보며 저는 이렇게 말했습니다. "이것은 긴 이야기이고, 왜 지금 이 이야기를 하는지 궁금하실 겁니다. 이 이야기는 당신과 관련이 있다고 생각해요. 우리 분야에서 이용 가능한 모든 연구 결과에 따르면, 당신이 당신의 어머니와 함께 경험한 것과 같은 초기의 안전하지 않은 환경은 어두운 잔상을 남깁니다. 제가 무슨 말을 하려는 건지 아시겠습니까?"

"알겠어요. 하지만 말씀드렸듯이, 제 인생의 그 부분은 오래전에 지나간 과거의 일이에요. 아주 오래전에 잊어버린 과거의 역사죠. 지금은 삶이 아주 좋아요."

"안트제, 초기 역사는 잊히지 않는다는 제 말을 믿어 주세요. 계속해서 당신 머릿속을 맴도는 그 끔찍한 생각들을 기억하세요? 네, 당신은 배려심 많은 파트너와 함께 좋은 삶을 살고 있어요. 그러나 당신이 누구인지는 단순히 현재 존재하는 이 사람으로만 정의할 수 없다는 것을 알아야 합니다. 우리는 모두 경험과 기억, 꿈으로 구성되어 있으며, 우리의 뇌와 신경계는 이 모든 경험을 간직하고 있습니다. 따라서 우리는 이러한 과거의 트라우마를 의식에서 밀어낼 수는 있지만, 과거의 이 트라우마는 의식 속으로 스며들 수 있는 길을 찾아냅니다. 당신의 그 어두운 목소리는 어렸을 때부터 존재해 왔습니다. 그런 생각이 지금 당신이 제 도움을 요청하는 이유입니다."

그녀는 잠시 동안 이 문제에 대해 고민했다.

"저는 정말로 그런 것들에 대해 생각하고 싶지 않아요. 지금은 모든 것이 괜찮아요."

다시 한 번 그녀는 거절했다. 그녀는 분명히 자신을 괴롭히는 목소리를 다루기 위해 자신의 트라우마적인 과거를 파헤쳐야 한다는 사실을 받아들이고 싶지 않아했다. 나는 그 저항을 이해했지만, 내가 도울 수 있는 시간이 얼마 남지 않았다. 나는 '여기-지금' 이 순간으로 시선을 옮겼다.

"다른 질문을 드려 볼게요, 안트제. 오늘 이 세션에서 우리는 어떻게 하고 있습니까?"

"음, 이런 어두운 생각을 선생님에게 털어놓을 수 있어서 기뻤어요. 그런데 왜 선생님은 계속해서 이런 덧없는 감정을 제 어린 시절과 연관시키는지 정말 이해할 수 없어요. 솔직히 선생님은 제가 요청한 것에 응답하지 않는 것 같아요. 제 요청은 제가 그것들을 떨쳐낼 수 있도록 도와달라는 거예요!"

"아마도 우리 세션에 대한 나의 경험을 이야기하는 것이 도움이 될 것 같아요."

"좋아요."

"제가 왜 당신의 과거와 현재에 일어나는 일들을 연결해서 이야기하는지 궁금해하실 겁니다. 우리가 함께할 시간이 한 시간밖에 없으니, 솔직하게 말씀드리겠습니다. 당신은 저에게 도움을 요청했고, 저는 오랜 경험을 통해 당신이 묘사하는 어린 시절의 트라우마 유형 — 혼란스럽고 위험한 어린 시절, 어린아이에게 필요한 일관된 사랑과 보호를 받지 못한 양육 환경 — 이 나중에 죽음에 대한 불안으로 나타나는 경우가 많다는 것을 알고 있습니다. 저는 이런 버전을 여러 번 접했어요. 그리고 매번 제가 그 연결 고리를 찾으려고 할 때마다, 당신은 방어 태세를 취하고 밀어내고 있어요. 아이러니하게도, 어쩌면 당신이 어린 시절에 대해 이야기하기를 강하게 저항하는 게 우리가 찾아내야 할 무언가가 매우 어려운 영역에 있다는 저의 믿음을 강화하는 것일지도 모릅니다."

"하지만 지금의 상황과 관련이 없는 것 같아요."

"당신이 맞을 수도 있고, 내가 틀렸을 수도 있어요, 안트제. 하지만 궁금한 점이 있는데, 왜 그렇게 빨리 가능성을 무시하는 거죠?"

"그 시기는 정말로… 어두웠어요. 지금 제 삶은 전혀 그렇지 않아요."

"네, 오늘 대화를 시작하면서부터 저는 당신의 평온함에 매료되었습니다, 안트제. 저는 그것을 존경했고, 심지어 부러워했습니다. 그리고 저는 이 평온한 태도가 세상에서 당신을 더 편안하게 만들고, 친구들에게 더 사랑받고, 받아들여지게 만들었을 것이라고 확신합니다. 그러나 저는 또한 당신의 이 평온함이 끔찍한 기억으로부터 당신을 보호하는 방법이라고 생각합니다."

화면에서 멀리 떨어진 대륙에 있는 안트제의 눈이 나를 빤히 바라보고 있었다. "좋아요"라고 그녀가 천천히 말했는데 왠지 의문스러운 느낌이 들었다.

"저는 당신이 그 기억들을 의식에서 배제하려고 매우 열심히 노력했다고 생각합니다."

"이전 치료사는 제 어린 시절에 대해 많이 묻지 않았어요."

"이건 불편한 일입니다. 하지만 제가 말씀드리는 짧은 시간 동안 행동에 초점을 맞춘 CBT(인지행동치료) 사고방식의 변화 노력은, 당신이 필요로 하는 도움을 줄 수 없을 것입니다."

"그래서, 선생님은 무엇을 제안하는 건가요?"

"저는 당신을 위한 완전히 다른 치료법을 제안하고 있습니다. 이러한 초기 기억은 고통스럽고, 많은 연구에서 밝혀진 바와 같이, 지우거나 무시하기가 매우 어렵습니다. 다행히도 최근 몇 년 동안 당신이 겪은 것과 같은 트라우마를 이해하고 치료 방법을 개발하는 데 많은 진전이 있었습니다. 저는 유아기 트라우마에 초점을 맞춘 치료사와 장기적인 치료를 받기를 제안합니다. 치료사와 함께 이 기억을 직면하고 탐구하면 궁극적으로 극복할 수 있습니다."

그녀는 말을 시작했지만, 보고 싶지 않은 곳을 직접 바라봐야 한다는 생각에 잠시 멈췄다가 잠시 후 다시 말을 시작했다.

"생각이 떠오를 때 그것을 재구성하는 것은 좋은 방법이 아니라는 말씀이신가요?"

"생각이 떠오르는 것을 막을 수는 없습니다. 생각은 훨씬 더 깊은 곳에 뿌리를 두고 있어요. 또한 여기에는 어려운 측면이 있습니다. 이것은 단순한 인지 왜곡이 아닙니다. 죽음에 대한 당신의 공포는 해결해야 하지만, 그 생각에는 진실이 있습니다. 우리는 모두 다 죽을 것이고 당신과 클라우스도 결국에는 죽게 될 것입니다. 그리고 저는 더 빨리 죽을 것입니다. 우리가 가진 시간 동안 어떻게 가장 풍요롭게 살 수 있는지가 가장 중요한 질문인 것 같습니다. 당신에게는 좋은 치료사와 함께 초기 트라우마와 이런 실존적 생각을 오래 탐구하는 것이 도움이 될 것입니다."

안트제의 사랑스러운 미소가 사라졌다. "장기 치료에서 제가 해야 할 일에 대해 더 자세히 말씀해 주세요."

그녀의 호기심은 희망적인 신호로 다가왔다. 나는 치료가 중요하면서도 매력적으로 느껴지기를 원했다. 그리고 그녀가 트라우마 치료를 충분히 이해하고 올바른 결정을 내릴 수 있도록, 정보의 양이 너무 많지 않도록 하고 싶었다.

"안트제, 과거의 고통은 묻혀 있을 수 없고, 그냥 무시할 수 있는 것이 아닙니다. 치료 과정에서 이러한 기억과 경험을 주의 깊게 살펴보고, 그것이 어떻게 당신 사고의 다른 부분에서 나타나고, 어떤 영향을 미쳤는지 생각해 보세요. 이상적으로는, 자신이 견딜 수 있는 속도로 천천히 진행하는 것이 좋습니다. 또한 안트제와 같은 심각한 트라우마에는 인지적 또는 지적 요소가 아닌 중요한 요소가 있습니다. 그것은 신경계에 더 깊숙이 자리 잡고 있으며, 신체적 방법과 안구 운동과 두드림 패턴을 사용하는 EMDR이 있는데, 치료사는 이 방법을 대화 요법과 함께 사용하여 신경계의 일부를 재훈련하는 데 도움을 줄 수 있습니다. 내가 생각하기에 적어도 일 년이라는 시간이 긴 시간처럼 보일 수는 있겠으나 불편한 것을 탐구하는 데는 필요할 것이라고 생각해요. 그러나 인내심을 가지고 노력한다면, 당신에게 큰 도움이 될 것이라고 확신합니다."

안트제는 고개를 끄덕였다. 그녀의 평온한 미소는 사라졌다. 한때는 온화했던 그녀의 눈은 이제 두려움과 걱정으로 가득 차 있었고, 나는 그 시간을 끝내고 싶지 않았다. "안트제, 이 일이 당신에게 쉽지 않았다는 것을 알고 있어요. 나는 당신이 잊고 싶었던 고통스러운 기억을 파헤치고 있습니다. 하지만 저를 믿으세요. 제가 추천해 드릴 치료사 중 한 명과 함께 작업하면 당신의 삶에 큰 변화를 가져올 것입니다."

그녀는 로그아웃하면서 간신히 들리는 소리로 "감사합니다"라고 속삭였는데, 한 시간 전만 해도 자신감 넘치고 평화로워 보였던 그녀와는 전혀 다른 모습이었다.

몇 시간이 지난 후에도 안트제의 겁에 질린 얼굴이 내 머릿속에서 떠나지 않았다. 나는 또다시 매우 직설적으로 말했었다. 내가 평소에 하던 장기 치료라면 훨씬 더 나중에나 꺼냈을 내용을, 신뢰가 완전히 쌓이기도 전에 그녀의 강한 저항감을 지적한 것이다. 물론 내 해석이 틀렸을 수도 있었다. 그녀의 죽음에 대한 침입적 사고가 어린 시절의 트라우마 때문이 아니라, 더 최근의 삶의 경험에서 비롯된 것일 수도 있으니까. 하지만 나는 또다시 꽤 단정적으로 접근했다. 그녀가 스스로 연결고리를 찾도록 돕기보다는, 과거의 트라우마와 현재의 두려움 사이에 연결이 있다고 단언한 것이다. 시간이 없었기 때문이다!

나는 내가 옳은 일을 했다고 스스로를 안심시키려고 노력했다. 나는 그녀가 자신에 대한 깊은 작업, 초기 트라우마의 악마를 밝혀내고 직면하는 것이 필수적이라고 굳게 믿었다. 그럼에도 불구하고 이 상담을 무시하기는 쉽지 않았다. 환자가 처음보다 더 화가 나서 세션을 끝낼 때면 나는 항상 불편하다.

몇 주 후, 나는 안트제에게 이메일을 보내서 그녀가 어떻게 지내고 있는지 물어보았다. 그녀는 우리가 이야기를 나눈 후로 자신의 존재에 대한 불안이 사라졌다고 아주 기쁜 마음으로 답했다. 그녀는 여전히 부정적인 생각이 작용하고 있다는 것을 알고 있지만, 그 이후로 훨씬 덜 고민하고 있다는 것이다. 나는 그녀를 더 큰 위기로 몰아넣지 않았다는 사실에 안도했다. 그러나 그녀는 현재로서는 더 이상의 치료가 필요하다고 느끼지 않는다고 말했다. 나는 그녀가 평온함의 장막 뒤로 다시 빠져들지 않을까 걱정이 되었지만 그녀는 할 일이 많았고, 만사태평한 그녀의 저항을 극복할 수만 있다면 가능할 터였다! 나는 재빨리 답장을 썼다.

안녕하세요, 안트제

잘 지내고 계신다니 다행입니다. 그래도 계속 치료를 받으라는 제 충고를 반복하고 싶습니다. 예방책 – 불안의 어두운 목소리가 미래에 당신을 괴롭히지 않도록 하는 예방책이라고 생각하세요. 제 말을 믿으세요. 앞서 말씀드렸듯이 저도 어려운 어린 시절을 보냈는데, 제가 받은 치료는 제게 없어서는 안 될 만큼 소중한 경험이었습니다.

후에 다시 연락해주세요.

안트제, 안부 전합니다

어브 얄롬

그리고 그게 내가 할 수 있는 전부였다. 그녀가 자신의 어두운 구석을 탐험하는 방법을 찾았기를 간절히 바랐지만, 나로서는 결코 알 수 없는 일이다.

내가 안트제에게 나와 매릴린의 어린 시절 이야기와 불안에 대한 매릴린의 성향의 경험에 대한 이야기를 공개한 것은 어땠을까? 이것이 안트제에게 도움이 되었을까? 나는 확신할 수 없었다. 그런 이야기를 할 때 확실히 안트제의 어린 시절 트라우마 이야기를 전면에 내세웠기 때문에 그것에 대해 이야기하기가 쉬웠다. 그리고 어쩌면 그 이야기를 하면서 나는 나 자신에게 트라우마를 안겨준 것일지도 모른다. 그러나 그녀는 내가 아무리 재촉해도 자신의 과거가 현재의 자기에게 어떤 영향을 미치고 있는지 직면할 준비가 되어 있지 않았다.

내가 너무 강하게 밀어붙였을까? 잘 모르겠다. 그녀는 상담을 마친 후 안도감을 느꼈다고 했다. 비록 일시적인 것이었지만, 그것은 좋은 일이었다. 반면에, 우리의 상담은 확실히 안트제를 불편하게 만들었고, 장기간 동안 불편한 자기 탐구를 해야 한다는 것이 그녀가 자기에게 도움이 되는 치료를 찾는 일을 방해했을지도 모른다. 앞으로 나는 내가 너무 지시적으로 되고 있다는 것을 느낄 때 더 조심해야겠다고 생각했다. 짧은 시간 내에 진행해야 하는 경우에는 이런 지시적인 방법이 필요하지만, 신중하게 진행해야 한다는 것을 스스로에게 상기시켜야 한다.

CHAPTER 14

엄격한 사랑

얄롬 박사님 –

저는 텍사스 시골에 사는 45세의 정신과 의사입니다. 많은 환자들이 먼 길을 마다하지 않고 저를 찾아옵니다. 저는 그들을 돕기 위해 더 많은 것을 배워야 한다고 생각합니다. 저는 제 일을 사랑하지만, 지난 몇 년 동안 정체되어 있었습니다. 저는 새로운 것을 배우기 위해 컨퍼런스와 강연에 참석하지만, 가식적인 연사들은 똑같은 진부한 내용만 제공합니다. 제 동료들은 막히면 저에게 도움을 요청하고, 저는 항상 그들을 돕습니다. 지금은 제가 막혀 있는 상황이지만, 제가 아직 해결하지 못한 문제는 아무것도 없습니다.

저는 저의 한 교수님으로부터 선생님을 처음 알게 되었습니다. 그

교수님은 강의에서 *Love's Executioner*(나는 사랑의 처형자가 되기 싫다)를 필독서로 요구하셨습니다. 저는 그 책을 시작으로 선생님의 다른 책들도 읽었고, 모두 도움이 되었습니다. 정말이지 하나같이 다 도움이 되었습니다! 하지만 지금은 진흙탕에 빠진 것 같은 느낌에 있습니다. 이런 느낌이 마음에 들지 않습니다. 계속 성장하고 싶습니다. 선생님께 상담을 받을 수 있을까요?

진

나는 항상 치료사가 자신의 환자들에게 더 많은 것을 주고 싶어할 때, 관심이 가기 때문에 3주 후에 약속을 잡자고 제안했다. 진의 얼굴이 화면에 나타났을 때 나는 깜짝 놀랐다. 내가 어렸을 때 정말 좋아했던 카우보이 영화 배우이자 컨트리 가수인 진 오트리를 떠올리고 있었던 것 같다. 게다가 이메일에 쓰여진 거친 말투까지 더해져서, 나는 며칠 동안 수염이 난 채 앞니가 한두 개 빠진 늙은 촌뜨기를 기대하고 있었던 것이다. 그런데 내 앞에 있는 사람은 어깨가 넓은 여성, 그녀는 체크무늬 셔츠를 입었고, 창백한 파란 눈과 곧게 뻗은 하얀 이를 가지고 있었다.

"만나서 반갑습니다, 진. 당신은 지금 막다른 길에 서 있는 기분이라는 것을 알고 있습니다. 좀 더 자세히 말씀해 주세요."

"저는 이 주변의 다른 치료사들이 더 이상 어떻게 할 수 없을 때 의뢰하는 치료사입니다. 선생님도 그런 경험이 있으셨지요? 사람들은 내가 처리할 수 없는 일이 없다는 것을 빌어먹게 잘 알고 있습니다 — 알코올 중독자, 아내를 때리는 미친 놈에서부터 조울증 환자, 정신분열증 환자, 그리고 앞서 언급한 미친 놈에게 맞은 아내에 이르기까지 모든 것을."

"당신이 무엇을 하고 있는지 잘 알고 있는 것 같군요."

"당연히 알고 있습니다!" 그녀는 치아를 드러내고 웃으며 말했다. "나는 해결책을 찾고, 누구에게도 굽히지 않습니다!"

"그런데 어떻게 할 수 없을 때에는?"

"어떻게 표현해야 할지 모르겠네요. 뭔가를 더 하고 싶은 욕구 같은 거죠. 아니면 더 깊이 파고들어 보고 싶은 욕구 같은 거랄까요. 이해가 되시나요? 저는 사람들이 어리석은 짓을 그만두게 만드는 데는 능숙합니다. 자신이나 다른 사람을 다치게 하는 것, 가족을 망치는 것 같은 것 —하지만 많은 경우, 그저 당장의 문제 해결에 불과합니다."

"무엇 대신에?"

"좀 더 오래 지속되는 것, 그런 것 같아요. 예를 들면 어떤 남자가 문제를 가지고 저를 찾아온다고 쳐요. 보통은 제가 그 문제를 당장 해결하는 데 도움을 줄 수 있어요. 하지만 그건 마치 둑을 막기 위해 제방(堤坊)에 손가락을 넣고 있는 아이와 같은 느낌이에요. 같은 문제가 몇 년 후에 다시 나타날 거라는 것을 알고 있거든요. 어쩌면 그 사람의 삶의 다른 부분에서, 또는 다른 형태로 나타날 수도 있겠죠. 무슨 말인지 아시겠죠?"

"제 생각에도 그렇습니다, 진. 그들에게 좀 더 영향력 있는 무언가를 주고 싶으시죠? 그들의 행동의 근본 원인을 파악할 수 있는 무언가를."

"네. 바로 그겁니다. 정말 답답합니다."

"이 문제에 대해 다른 사람들과 이야기해 보셨나요? 동료들과요?"

"제가 이메일에서 말했듯이, 여기 있는 사람 중에는 그 누구도 제공할 것이 없는 것 같습니다. 시행착오를 통해 아니면 책을 읽으면서 이미 알아낸 것 외에는 아무것도 없습니다."

"힘들군요. 저는 항상 대화할 동료가 필요했습니다. 하지만 저는 큰 대학교에 다녔기 때문에 그런 사람을 찾는 것이 더 쉬웠을지도 모릅니다."

"여기서는 그런 사람이 많지 않습니다."

아이디어를 같이 논의할 수 있는 사람이 있다는 것은 나에게 언제나 중요했다. 스탠퍼드대학의 동료들부터 치료사 지원 그룹, 내가 수십 년 동안 참여해온 작가 그룹에 이르기까지. 나는 내 어려움을 공유할 수 있는 동료가 없었다면 그것이 얼마나 힘들었을지 생각해 보았다. 그러면서 내가 실리콘 밸리 환자들로부터 이와 비슷한 이야기를 들은 적이 있다는 것을 깨달았다. 아마도 이 이야기를 진과 공유하는 것이 도움이 될 것이다.

"진," 내가 말했다. "저는 지난 몇 년 동안 정말 성공한 사람들과 함께 일해 왔습니다. 그들은 종종 정상에 오르고, 결정을 내리는 사람이 된다는 것이 얼마나 외로운지에 대해 이야기하곤 합니다. 함께 그 무게를 나눌 사람이 없기 때문입니다. 이런 부분이 당신에게도 영향을 미치고 있는 것은 아닐까 궁금합니다."

"제가 제 사건에 대해 소 떼와 이야기할 수 있다고 상상해 보세요" 그녀는 짧은 웃음을 지으며 말했다. 그녀는 옆을 바라보았다. 창밖을 바라보는 듯했다. "그게 기밀을 위반하는 것이라고 생각하시나요?"

나는 그녀의 업무에 대해 더 자세히 알아보고 싶었지만, 멀리 바라보는 그녀의 시선으로 보아 이 대화가 그녀의 업무에 관한 것만은 아닐 것 같다는 생각이 들었다.

"당신의 가정 생활에 대해 조금 말씀해 주실 수 있나요?"

진이 이야기를 시작했다. 그녀는 작은 마을에 혼자 살고 있었다. 그녀는 결혼한 적이 있었지만, '말도 안 되는 알코올 중독자, 쓸모없는 남편'과 겨우 3년 만에 이혼했다. "주님께 감사드린다"고 말하며 오래전에 그와 연락을 끊었다. 그녀는 말을 가지고 있고, 기회가 있을 때마다 말을 탔고, 게으른 외눈박이 개가 어디든지 느릿느릿 그녀를 따라 다녔다.

내가 아이들에 대해 물어보자, 진의 목소리가 갑자기 부드러워졌다. "제 딸 저스틴은 백혈병으로 1년 전에 죽었습니다. 아직도 깊은 슬픔에 빠져 있어요." 진은 뒷주머니에서 큰 손수건을 꺼내 코를 크게 풀었다. 그리고는 부드러운 목소리로 말했다. "얄롬 박사님, 저도 박사님이 아내를 잃은 슬픔을 겪고 있다는 것을 알고 있습니다. 그래서 바로 여쭤보고 싶은데요, 혹시 힘든 환자를 만나야 하는 일도 감당할 수 있으신가요?"

이쯤 되자, 세션에서 매릴린의 죽음이 언급되는 것에 점점 익숙해지고 있었다.

"솔직히 말해서 쉽지 않았습니다. 하지만 도움을 받고 있고, 치유되고 있습니다. 제가 감당할 수 있겠냐고 물어보셨죠? 당신의 경험을 공감하고 이해하는 관점에서는, 제가 당신에게 이상적인 상담사가 될 수 있을지도 모릅니다."

"알겠습니다. 선생님은 이 길을 걸어왔고, 어쩜 집으로 돌아가는 길을 알고 있을지도 모르겠네요."

"네. 힘든 여정에서는 누군가와 함께 가는 것이 가장 좋습니다. 말해봐요, 진, 가까운 사람이 있나요? 의지할 수 있는 사람이 있나요? 털어

놓을 수 있는 사람이 있나요?" 나는 내가 그녀의 말투를 흉내 내고 있다는 것을 깨달았다. 조심하지 않으면 한 시간 내로 내가 텍사스 남자처럼 직접 담배를 피우고 있는 모습을 상상할 수 있을 것 같았다.

진은 내 질문에 곤란해했다. 그녀는 당황한 표정을 지으며 단어를 찾다가 조용히 말했다. "좋은 친구가 있었어요. 엘렌이라는 친구였는데, 정말 강인했어요." 우리는 스카이다이빙을 하고 큰 사냥감을 잡으러 함께 많이 다녔습니다. 그런데 젠장, 그녀는 몇 년 전에 유타주에 있는 아들의 아이들 할머니가 되기 위해 그리로 이사했습니다. 믿어지십니까? 저는 그녀와 연락이 끊겼습니다. 거짓말은 하지 않겠습니다. 사실, 그녀에 대해 이야기하는 것조차 아픕니다. 저는 그녀를 대신할 누군가가 없습니다. 가까운 사람이 있냐고 물으셨나요?" 그녀는 약간 슬픈 듯 고개를 저었다. "없어요. 아무도."

"그리고 물론" 내가 덧붙였다. "코로나19로 인해 연결이 그 어느 때보다 어려워졌습니다. 고립은 당신을 지치게 할 수 있습니다."

그녀는 고개를 끄덕이고는 생각에 잠겨 조용히 있었다. 몇 분 후 그녀는 자기 역할을 바꿔서 대화의 주도권을 잡는 것으로 나를 놀라게 했다. "이제 선생님의 이야기를 좀 더 들어보고 싶어요, 어브. 당신의 아내와 제 딸이 거의 같은 시기에 세상을 떠났잖아요."

나는 좀 더 친밀한 대화를 나누자는 그녀의 초대를 반가워하면서도, 그것이 그녀 자신의 고통에서 벗어나려는 회피일 수도 있다는 것을 알고 있었다. 나는 두 가지 선택지를 떠올렸다. 내가 계속해서 그녀에게 친밀함에 대해 질문할 수 있거나, 내가 그녀를 위해 친밀한 경험을 모델링할 수도 있었다. 나는 망설임 없이 후자를 선택했다.

"슬픔은 힘든 여정이라는 것을 깨닫고 있습니다. 우리 부부의 관계는 매우 특별했습니다. 저는 14살 때 매릴린을 만났습니다. 결론적으로, 우리는 74년 동안 뗄려야 뗄 수 없는 사이였습니다. 저는 그렇게 긴 인연을 맺은 친구, 환자, 또는 그 어떤 사람도 본 적이 없습니다. 그녀가 죽었을 때, 저는 슬픔에 대해 충분히 알고 있었기 때문에 제 예후가 좋지 않을 것이라는 것을 깨달았습니다. 그리고 실제로, 저는 그렇게 잘 지내지 못했습니다. 저는 여전히 노력하고 있고, 좋은 치료사를 만나고 있으며, 여전히 아파하고 있습니다. 저는 아직도 아내의 사진을 볼 때마다 가슴이 찔리는 듯한 느낌을 받고, 아내의 무덤을 아직도 방문하지 못했습니다. 하지만 저는 천천히 회복하고 있습니다."

"어떻게 하는 거죠?" 그녀가 말했다. "슬퍼하는 거요?"

"쉬운 대답은 없습니다. 하지만 진, 제가 뭘 좀 알려드리죠. 최근에 제가 쓴 책 몇 권을 다시 읽었습니다. 그런데 그중 몇 권은 나쁘지 않더군요! 제 삶을 뇌돌아보는 방식인 것 같아요. 어쨌든 몇 주 전에 저는 *Momma and the Mening of life*(폴라와의 여행)를 펼쳤는데, 거기서 '슬픔의 치료에 관한 8가지 고급 레슨'이라는 이야기를 읽어 보았습니다. 이 이야기를 제가 썼다는 사실을 완전히 잊어버렸다는 것이 조금 부끄럽지만, 제 기억력이 점점 나빠지고 있습니다. 혹시 그 이야기를 기억하시나요'?"

"저는 그 책을 좋아했습니다. 하지만 그 내용을 기억하지 못합니다. 죄송합니다."

"제 환자 중 한 명에 관한 이야기입니다. 최근에 남편과 오빠를 잃은 교수였는데, 당연히 그녀는 이 우주에 대해 화가 났습니다. 그녀는 또한 치료사인 제가 이렇게 편안하고 고통 없는 삶을 살아온 것에 대해서도 화가 났습니다. 그녀는 저의 삶이 너무 편해서 제가 그녀가 겪고 있는 일을 제대로 이해할 수 없다고 느꼈고, 이 문제로 우리는 심각한 논쟁을 벌였습니다. 언젠가 제가 화를 내며 '내가 우울증을 치료하려면 우울해져야 하는 건가요? 정신분열증을 치료하려면 정신분열증에 걸려야 하는 건가요? 그게 당신이 말하는 거예요?'라고 말했던 기억이 납니다. 그 당시 저는 그녀의 입장이 너무 어처구니없다고 생각했습니다. 하지만 지금은 슬픔에 제가 잠겨 있고, 부인(否認), 무감각, 강박적인 생각 등 여러 단계를 거치고 있는 지금, 그녀가 옳았다는 결론에 도달했습니다. 지금, 이 고통을 겪으면서야 비로소 저는 그녀가 겪은 일을 정말로 알게 되었습니다. 그 결과 저는 더 나은 치료사가 되었습니다. 그 대가가 마음에 들지는 않지만, 인생 경험에 대해 할 말이 많습니다."

나는 내가 매릴린에 대해 생각하는 것이 어려웠기 때문에 휴식이 필요하다는 것을 깨달았다. 하지만 진은 계속해서 말을 이어갔다.

"그리고 지금은요? 혼자 살고 계시나요?"

"제 아이들 중 셋은 나와 차로 한 시간 거리에 살고 있고, 그중 한 명은 매주 한두 번씩 찾아와서 하루 이틀 정도 함께 지냅니다. 아내의 예전 작업실에 살고 있는 조라는 조력자가 있어서 제가 일을 계속할 수 있도록 도와줍니다. 물론 코로나19로 인해 제 고립감은 훨씬 더 커졌습니다. 저는 이제 90살에 가까워졌고, 만약 바이러스에 감염되면 살아남을 수 있을지 의심스럽습니다. 그래도 대부분의 날에는 제 아이들 중 한 명이나 친구가 찾아와서 마스크를 쓰고, 제가 애용하는 보행 보조기를 끌고 산책도 하고, 함께 이야기를 나누곤 합니다."

“한 가지 더 여쭤봐도 될까요?”

“물론이죠, 진”

나는 그녀가 심호흡을 하는 것을 보았다. 그런 다음, 부드러운 목소리로 물었다. ”어떻게 친구를 사귀셨어요?”

내가 나이가 들면서 감정적으로 훨씬 더 불안정해졌는데, 진이 이렇게 마음을 열고 부드럽게 질문을 던지자 눈물이 났다. 진이 나를 믿고 있다는 사실이 영광스러웠고, 눈물이 흐르는 것을 무시한 채 진의 질문에 완전히 대답했다. “저는 어렸을 때부터 친한 친구들이 몇 명 있었습니다. 그중 4명은 의대 출신들이었습니다. 우리 반에는 유대인 5명만 허용되었고, 해부학 수업에서는 모두 한 구의 시신에 배정되었습니다. 우리는 다소 섬뜩한 유대감의 경험으로 매우 친해졌고, 평생 친구로 남게 되었습니다. 그 평범하지 않은 그룹핑을 제외하고는, 매릴린이 내 친구 대부분을 만들어 주었지요. 그녀는 저보다 훨씬 사교적이어서 저녁 식사나 파티, 새로운 사람들을 만나는 것을 좋아했습니다. 저는 항상 좀 더 어색한 편이었습니다. 저는 제 학생들 몇 명과도 몇 년 동안 친해졌는데, 그들은 지금도 저를 찾아와 느긋하게 산책을 합니다. 왜 다른 학생들은 안 오느데 특별히 그들만 찾아오는가? 내 생각에 그 친구들은 모두 개방적이고, 저에게 자신을 드러내보이며, 저에게 잘 보이려고 히지 않는 사람늘입니다. 그 점이 제가 그들에게 마음을 열도록 만든 것 같습니다.”

우리는 몇 분 동안 침묵을 지켰다. 어린 시절의 친구들은 지금 모두 사라졌고, 어떻게 내가 아직 숨 쉬고 있는 마지막 살아남은 사람이되었나 하는 생각이 들었다.

그리고 다시 돌아와서 나는 이렇게 말했다, "진, 제 글을 읽었다면 알고 있겠지만, 나는 '여기-지금' 순간을 살자는 주장을 펴고 있어서 제가 느낀 바를 말하고 싶습니다. 몇 분 전에 당신은 제가 어떻게 친구를 사귀었는지 물어보았습니다. 제가 당신에게 말하지 않은 것은 당신의 질문에 너무나 감동하여 눈물이 났다는 것입니다." 나는 계속하려고 했지만 그녀를 더 가까이 데려오기 위해 이 시점에서 멈추기로 했다.

진은 당황하고 불편해하며 고개를 약간 저으며 잠시 말을 하려는 듯한 표정을 지었다가 조용해졌다.

"진, 지금 느끼는 감정을 말로 표현해 볼 수 있겠어요? 한 번 해 보세요."

"음, 글쎄요… 혼란스럽네요."

"언제부터 혼란스러웠죠? 그 시점을 한번 짚어 볼 수 있겠어요?"

"저는 이런 일에 소질이 없지만, 아마도 선생님이 눈물에 대해 언급했을 때였을 거예요."

"당신이 저에게 제가 어떻게 친구를 사귀었는지 물었을 때 눈물이 났다고 말씀드렸죠. 그게 무슨 의미였나요?"

진은 확실히 불편해 보였고, 어깨를 으쓱하며 입술을 모았다.

"그 감정을 말로 표현해 보세요, 진."

"모르겠어요… 눈물… 윽… 위험할 뻔 했네요. 그러고 싶지 않아요… 어떻게 말해야 할지 모르겠어요."

"그래서 제가 생각해 본 것이 있어요, 진. 제가 어떻게 친구를 사귀었는지를 묻는 당신의 질문이 매우 중요하다고 느꼈어요. 나는 당신이 친밀감을 원한다는 신호로 받아들여 감동받았어요. 그것은 당신이 도움을 원하고 나와 다른 사람들에게 더 가까이 다가가고 싶다는 것을 의미합니다. 당신이 탐색해야 할 주요 쟁점은, 한편으로는 당신이 강하고 거친 카우보이가 되고 싶은 욕구를 가지고 있고 다른 한편으로는 당신이 더 부드럽고 감수성 있는 면을 표현하고 싶은 욕구를 가지고 있기 때문에 그 둘 사이에서 얽혀 있는 당신의 딜레마라고 생각합니다."

오랜 침묵 끝에 내가 그녀를 부드럽게 재촉했다. "진, 무슨 말인지 잘 안 들려요."

진은 괴로워하며 속삭이듯 말했다. "우리는 지금 어려운 상황에 직면해 있어요. 이곳은 작은 공동체이고, 저는 효율적인 사람으로 잘 알려져 있어요. 저의 부드럽거나 취약한 면을 드러내는 것이 불편해요. 특히 이곳 사람에게는 더욱 그렇죠."

"진, 내가 진정으로 당신에게 요구하는 것은 당신이 당신 자신에게… 그리고 저에게 그런 부분을 드러내 달라는 것입니다. 말해 보세요, 당신이 그 부분을 탐구하는 데 어떤 위험이 따르는지?"

"모르겠어요. 그건 그저 미지의 영역일 뿐이에요."

"우리는 벌써 그 영역에 들어와 있어요. 조금 전에 당신이 엘렌에 대해 이야기할 때도 이 영역에 있었고, 또 몇 분 전에도 제가 어떻게 친구를 사귀었는지 물었을 때도 이 영역에 있었습니다. 그리고 당신이 나에게 친밀함에 대한 질문과 소망을 물었을 때 그 질문이 나에게 큰 감동을 주었다고 말씀드렸을 때도 이 영역에 있었습니다. 그 순간 나는 당신과 정말 가까워졌다고 느꼈습니다. 당신은 어떻습니까? 당신의 경험은 어떻습니까?"

"네. 그것은 저에게는 미지의 영역이고 솔직히 무섭기도 합니다. 이해합니다. 무슨 말씀인지 이해는 하지만, 저는 오래 머물 수 없습니다. 친밀함, 부드러움, 온화함… 이런 것들은 저에게는 낯선 것들입니다. 한 번도 제대로 느껴본 적 없고, 익숙하지 않아요." "진, 제가 다른 이야기를 하나 해드리겠습니다. 우리가 처음 만났을 때 화면에 한 여성이 나타났을 때 저는 놀랐어요. 제 누나 이름이 진(Jean)인데, 좀 더 여성스러운 철자를 사용합니다. 당신의 이름은 진 오트리(Gene Autry)나 진 켈리(Gene Kelly)를 연상시켰기 때문에, 제 눈앞에 남자가 나타날 줄 알았어요. 당신은 평생 이 남자 이름을 써왔잖아요. 혹시 이게 지금 우리 얘기와 관련이 있나요?"

"아뇨, 그렇지 않아요. 제가 듣기로는 저의 아버지는 여배우 진 티어니(Gene Tierney)에게 반했었대요. 그 여인이 유일하게 Gene이라는 철자를 썼대요. 남자의 이름 철자를 쓰는 것이 전혀 불편하진 않았어요. 저는 오히려 좋아했어요. 지금도 그렇구요. 제가 사춘기 때 저는 이름을 로레타(Loretta)라고 바꿀까 생각한 적은 있었어요. 근데 그걸 얘기할 사람이 없었어요. 저는 여자 형제도 없었고 친한 여자 친구도 없었어요. 지금 생각하면 몇 번 이름을 진짜 여자 이름으로 바꿀 생각을 한 것 같은데, 제가 사는 이 공동체에서는 남자 같은 거친 이름이 갖는 이점도 있어요."

"그 다른 면을 드러내면 어떤 이점이 있나요?"

"아마도. 탐구해 볼 가치가 있을지도 모르겠네요."

그녀는 강인했지만, 대안을 탐구할 의지도 있는 것 같았다. 나는 이것이 단지 말뿐인지, 아니면 그녀가 정말로 더 나아가려는 의지가 있는지를 확인하기 위해 조금 더 밀어붙였다.

"진, 당신이 방금 나에게 말한 것을 듣고, 당신이 중요한 변화를 일으킬 준비가 되어 있다는 느낌이 듭니다. 지금 상담 치료를 받는 것에 대해 어떻게 생각하나요?"

"치료에 대해 이야기하는 것이 불편해요. 솔직히 그것에 대해 생각만 해도 그렇습니다. 치료사로서 말도 안 되는 소리라는 것을 알지만요. 그런데 저는 모두가 서로를 아는 작은 지역사회에 살고 있고, 소문이 난무하는 곳입니다."

"그런 상황이 이해돼요. 다행히도 코로나19는 이 문제에 대해 희망적인 면이 있어요. 거의 모든 치료사가 현재 온라인으로 일하고 있기 때문에, 지역사회와 관련이 없는 치료사를 만날 수 있습니다. 개인 치료도 가능하고, 그룹 치료도 가능합니다."

그녀의 눈이 갑자기 반짝였다. "그룹에 대해 생각해 본 적이 없어요. 어떻게 진행되는지 좀 더 자세히 설명해 주세요."

"제가 생각하기로는, 처음에 당신은 원래 전문적인 면에서 막혀서 저에게 연락을 하셨던 것 같은데요. 그런데 이야기를 나누다 보니, 개인적으로도 막혀 있는 것 같네요. 당신은 모든 것을 처리할 수 있는 최후의 수단인 심리치료사 진인데, 겉으로는 딱딱한 외면을 가지고 살아왔어요. 그 딱딱한 외면은 아마도 더 많은 교류가 필요한 진이라는 사람에게는 그다지 도움이 되지 않을 수도 있습니다. 좋은 그룹은 사람들과의 연결을 배우는 곳이고, 아마도 그보다 더 민감한 측면을 드러내고 다른 사람들이 어떻게 반응하는지 보는 곳일 것입니다. 내가 이메일로 그룹이나 개인 상담사 몇 분을 소개해 드릴 테니 확인해 보세요."

"좋아요. 저도 할래요. 제가 연락할게요. 감사합니다, 어브. 이 세션은 정말 좋은 선물이었어요."

시간이 다 되어서 로그아웃하려고 하는데, 한 가지 생각이 계속 머리를 맴돌았다.

"마지막으로 한 가지 더, 진. 상담을 진행하는 동안 당신이 주도권을 잡은 적이 몇 번 있었어요. 무슨 말인지 아시겠죠? 당신은 저에 대해 질문하기 시작했어요… 슬픔을 어떻게 극복하고 있나요? 어떻게 친구를 사귀었나요? 치료사인 제가 당신에게 질문하는 대신 말이에요. 꽤 특이한 일이었습니다. 이에 대해 어떤 생각이 있으신가요?"

그녀는 잠시 생각에 잠긴 후 미소를 지으며 어깨를 으쓱했다. "저는 지휘하는 것이 더 편한 것 같아요. 제 안에 진 켈리라는 사람이 있는 것 같아요."

진은 내가 그녀에게 선물을 줬다고 말했고, 그리고 나는 그녀가 인생의 변화를 모색할 기회를 잘 활용할 것이라고 확신했다. 그러나 그녀가 나에게도 선물을 준 것 같은 느낌이 들었다. 그녀는 질문하면서 리드하는 자리가 그녀에게 더 편하기 때문에 역할을 바꿨다고 말했다. 그녀는 자신이 더 잘 통제하고 있고 덜 취약하다고 느꼈을 것이다. 그러나 거기에는 다른 무언가가, 유용한 무언가가 있었다. 내가 환자에게 개인적인 질문을 하도록 명시적으로 요청한다면 어떨까? 그 결과는 어떨까?

물론 환자들은 수년 동안 수백 가지 질문을 나에게 했고, 환자들이 선택한 질문에는 배울 점이 많다. 그들이 무엇에 관심이 있고, 그 질문은 그들의 걱정을 어떻게 나타내는 것일까? 진은 내가 어떻게 친구를 사귀었는지 물어봤고, 그것은 그녀가 외로움과 인간관계의 부족으로 어려움을 겪고 있다는 것을 나타냈다. 그것은 귀중한 정보였다. 그러나 이것 외에도 환자가 치료사의 개인적인 질문을 계속해서 요구한다면, 치료사는 환자에게 친밀하게 다가서고, 친밀한 방식으로 손을 내밀어야 할 것이다. 그것은 나에게 개방과 공유의 모범을 보여줄 수 있는 기회를 제공할 것이다.

환자들이 질문하도록 허용하는 것이 위험한 일인가? 심리치료사를 양성하는 대부분의 학교는 그런 개인적인 탐색의 공간을 마련하는 것을 꺼릴 것이다. 그러나 우리는 환자가 무엇을 물어볼까 봐 두려워하는 것일까? 그들은 우리의 가장 깊은 비밀을 알고 싶어 할까? 우리의 성적 환상 같은? 우선, 나는 치료사가 안전하지 않거나 도움이 되지 않는다고 생각되는 질문에는 대답할 의무가 없다는 점을 지적하고 싶다. 그 밖에도 이런 극도로 사적인 질문이 가능할 수도 있지만, 환자가 자신이 구축한 치료적 관계에 대해 정말로 의문을 제기하고 싶어 하는 경우에만 가능하다. 그리고 그것조차도 중요한 정보이다.

그렇다. 나는 진이 나에게 의미 있는 무언가를 선물해 주었다고 느꼈다. 그 선물은 내가 탐구해 오고 있는 자기 공개 과정을 촉진하는 방법인데, 그것은 특정 환자들이 관심을 가질 만한 삶의 영역에 초점을 맞추는 방법이다. 이 방법을 사용하면 환자들이 관심을 갖는 영역을 빠르게 파악할 수 있을 것 같았다. 또한 이 방법이 환자에게 더 큰 주체성을 심어줄 수 있다는 점도 마음에 들었다. 이 방법을 탐색해 볼 적절한 기회가 생기기를 기다리고 있다.

CHAPTER 15

역할을 바꿔 봅시다

진과 만난 후 몇 주 동안 나는 그녀가 나에게 무심코 선물해 준 역할 바꾸기 전략을 여러 번 실험해 보았다. 각각의 경우에 나는 마음을 열려고 애쓰는 환자들에게 이 전략을 사용했다. 그들은 대화를 표면적인 수준으로만 유지하고 감히 내면을 드러내지 않으려 했다. 나는 잠시 위치를 바꿔서 환자들이 치료사인 나에게 질문을 하도록 하는 아이디어를 제안했다. 나는 그들에게 원하는 것은 무엇이든 나에게 물어보라고 권유했고, 나는 질문에 최대한 진실되게 답하겠다고 약속했다. 매번 환자들에게 그런 권한을 주는 것이 우리를 더 친밀하게 만들었고, 그들이 마음을 열 수 있도록 도와주는 듯했다. 알라라와의 상담은 이러한 초기 만남 중 하나였다.

알라라의 이메일에서 몇 가지 기본적인 정보를 얻을 수 있었다. 그녀는 40세의 터키 여성으로, 남편과 세 자녀(12살된 쌍둥이 아들과 2살된 딸)와 함께 이스탄불에 살고 있었다. 어렸을 때 그녀의 가족은 어느 정도 부유했으며, 그 덕분에 그녀는 사립 학교에서 교육을 받았고, 훌륭한 영어 실력을 갖추게 되었다. 불행히도 최근 그녀 아버지의 수출입 사업이 망했고 회사를 살리려다 대부분의 재산을 잃었다. 지금은 알라라와 자매들이 부모님을 부양하고 있다.

알라라는 내가 세션을 시작하기를 기다리지 않고 바로 이렇게 말했다. "선생님의 첫 질문은 '왜 저를 만나자고 했지요?'이겠지요?"

"당신이 맞아요. 일반적으로 제가 가장 먼저 하는 질문이 바로 그거예요."

"그리고 제 대답은 제가 1년 동안 코로나19로 인한 봉쇄 상태에 있었고, 그로 인해 미칠 것 같다는 것입니다."

"무슨 일이 있었는지 말해 보세요." 내가 말했다.

"저는 외롭고 갇혀 있습니다. 매일매일 똑같은 고립된 삶을 살고 있어요. 하지만 그게 문제가 아닙니다. 그건 낮의 문제가 아니라 밤의 문제입니다. 우리에게는 우리 침대에서 자는 2살짜리 딸이 있습니다. 그녀는 자주 움직이기 때문에 남편과 저는 거의 쉬지 못합니다. 저희 아파트에는 작은 침실이 세 개 있는데, 아기 침실이었던 방은 지금 컴퓨터 장비로 가득 차 있고, 남편은 그곳에서 하루 12시간씩 일합니다. 그는 기술 분야에서 일하고 있으며, 다른 사람들처럼 현재 재택근무를 하고 있습니다. 두 아들과 장난감과 옷이 두 번째 방을 가득 채우고 있습니다. 그래서 2살짜리 아이가 누울 수 있는 유일한 공간은 저희 침대뿐입니다."

"알라라, 당신에게는 그다지 여유가 없겠네요." 내가 말했다.

"음~" 그녀는 마치 내 말을 거의 듣지 않은 것처럼 대답했다.

"그리고 당신과 남편은 거의 사생활이 없겠네요."

"음~. 제 딸은 안절부절 못하고 잠도 잘 자지 못해요." 그녀는 계속해서 말했다.

이런 말들을 주고받는 동안 그녀는 나를 쳐다보지 않았고 오히려 내 어깨 너머로 무언가를 지켜보는 듯 옆을 응시했다. 나는 그녀에게 평범한 밤의 모습이 어떤지 설명해 달라고 부탁했다. 그녀는 울고 있는 딸을 안고 침실 밖 발코니로 나간다고 했다. 그리고는 아래로 뛰어내려 자살하는 상상을 한다고 말했다. 그녀는 이 말을 하면서 여전히 옆을 바라보며 이상하고도 달콤한 미소를 지었다. 자살에 대해 이렇게 침착하게 이야기하는 환자, 그 말을 어떻게 받아들여야 할지 몰랐다. 일반적으로 그런 주제를 꺼내는 것은 적어도 어느 정도 불편함을 수반한다 — 종종 수치심이나 심지어 당혹감을 느끼기도 한다.

"자살에 대한 생각을 좀 더 자세히 말해 줄 수 있겠어요?" 나는 이게 얼마나 심각한 문제인지 파악하려고 물었다.

"새로운 일은 아니에요." 그녀는 마치 그게 중요하지 않은 것처럼 말했다.

"자살에 대한 계획을 세운 적이 있나요?"

"실제로는 자살하지 않을 거예요."

"하지만 당신은 그런 생각을 하고 있어요."

"음."

나는 기다렸다. 잠시 후 그녀가 말을 계속했다.

"이것은 그냥 지나가는 생각입니다. 날씨를 알아차리는 것과 같습니다."

"날씨의 패턴은 무엇입니까?"

"때로는 맑고 때로는 훨씬 어둡습니다."

"그리고 어두울 때는 …?"

나는 다시 기다렸다. 그녀는 부드러운 미소를 지었다. 그녀는 그 상황이 고통스럽지만 익숙하다는 것을 주로 강조하는 것 같았다. 나는 근본적으로 그녀의 상황은 고통스럽지만 자기는 그런 것에 익숙하다는 것을 나에게 알려주려고 애쓰는 것 같았다. 슬펐지만 절망은 아니었다. 그녀가 더 이상 아무 말도 하지 않을 것이 분명해서 나는 이 문제에 대해 다시 생각해 보아야겠다고 마음으로 생각했다. 그리고 나는 그녀가 잠을 잘 수 없는 이유에 대해 물어보았다. 수면은 우리 감정의 여러 측면과 밀접하게 관련되어 있기 때문이다.

"오래 전부터 그랬어요." 그녀가 말했다. "새로운 일이 아니에요."

"당신의 수면 부족에 대해 의사와 상담해 보셨나요? 아니면 심리치료사와?"

알라라는 이상할 정도로 순진한 표정으로 나를 쳐다보았다. 마치 그런 생각을 한 번도 해본 적이 없다는 듯이. 또다시 나는 그녀를 어떻게 이해해야 할지 몰랐다. 그녀의 답변 중에는 너무 빠르고 명확한 것도 있었지만, 다른 것들은 마치 그녀의 마음이 다른 곳으로 떠난 것처럼 느리고 연결되지 않은 듯했다. 그녀는 취한 상태였을까? 아니면 이해력의 지연일까?

나는 그녀의 치료 경험에 대해 다시 물었고, 그녀는 쌍둥이 아들 중 한 명이 2년 동안 심리학자를 만나고 있다고 자연스럽게 대답했다. 나는 그녀가 자살 충동을 가지고 있다는 점을 생각해서 지속적인 치료가 도움이 될 것이라고 제안하려고 했는데, 그녀는 7년 전에 돌아가신 할머니와 관련된 막연한 꿈을 전날 밤 꾸었다는 것을 자연스럽게 이야기했다. 할머니는 평생 동안 자녀와 손주들을 돌보며 사셨던 분이다. 나는 알라라에게 더 자세한 내용을 물어봤지만, 아무런 대답도 하지 않았다. 그 꿈이 그녀에게 어떤 느낌을 주었는지 물어봤으나 대답이 없었다. 그녀가 다른 사람들을 돌보는 데 평생을 보내는 것이 두렵지 않은지 큰 소리로 물어봤다. 다시 대답이 없었다.

나는 당황했다. 그녀는 자신의 경험과 심각한 걱정에 대한 정보를 조금씩 제공은 했지만, 그것들을 서로 연결하는 것에 대한 호기심 없이 짧은 조각들만 제공했다. 그러고는 거의 어린아이 같은 순진함으로 돌아갔다. 나는 어떻게 해서든지 그녀가 더 깊이 들어가도록 해야 했다. 그녀를 가로막고 있는 모든 것을 떨쳐버리도록 해야 했다. 바로 그때 나는 그녀 속에 숨어 있는 성숙한 자아를 끌어내기 위해 역할 바꾸는 것을 생각했다.

"알라라, 지금까지는 제가 질문하는 쪽이었죠. 이번에는 좀 다른 방법으로 해 봅시다, 잠시 동안 제가 질문받는 쪽이 되어 보려고 합니다. 역할을 바꿔보도록 해요. 나에게 어떤 질문을 하고 싶으세요? 저는 당신의 그 어떤 질문에도 대답할 것을 약속합니다. 더 깊고, 더 개인적인 질문일수록 더 좋습니다."

나는 그녀가 놀라거나 당황할 것이라고 예상했으나 놀랍게도 처음으로 나를 똑바로 쳐다보며 자신 있게 말했다. “나는 선생님이 어떻게 철학과 심리학의 관계에 관심을 갖게 되었는지 알고 싶습니다.”

놀란 것은 나였다. 그녀가 지금까지 보여준 거리감 있는 말투 때문에, 나는 그런 지적인 질문을 기대하지 않았다. 놀라지 않은 척하기 위해 서둘러 대답했다. ”좋은 질문이에요, 알라라. 저는 워싱턴 DC의 가난한 동네에서 자랐습니다. 그 동네는 안전하지 않았어요. 저는 어린 시절 대부분을 도서관이나 집에서 혼자 책을 읽으며 보냈고, 책을 읽는 것을 멈추지 않았습니다. 책, 특히 흥미진진한 줄거리가 있는 책이 저의 친구이자 어려운 현실로부터의 탈출구였습니다. 그러다가 의과대학에 갔지요. 내가 진정으로 의학에 열정이 있었기 때문이 아니라, 어쩔 수 없는 필요에 의한 것이었습니다. 부모님은 교육을 받지 못한 러시아계 유대인 이민자였습니다. 그 당시 저와 저와 같은 사람들이 존경받으면서 좋은 삶을 사는 방법은 두 가지 길, 의사가 되거나 변호사가 되는 길밖에 없었지요. 저는 전자를 선택했는데 그것은 수년간의 과학 공부를 의미했습니다. 때로는 흥미로웠어요. 하지만 저는 정말로 문학을 갈망했습니다! 저는 이야기를 갈망했어요! 그래서 해부학적 구조와 감별진단을 외우는 데 수년을 보낸 후, 의학에서 문학에 가장 근접할 수 있는 분야는 정신의학 분야라는 생각이 들었습니다.”

“그래요, 사람, 우리의 마음, 그리고 우리의 문제. 그게 말이 되네요!” 알라라는 활기차고 정신이 번쩍 든 듯했다. “그래서 어떻게 됐어요?”

“그래서 나는 정신과 레지던트 시절에 롤로 메이라는 심리치료사가 쓴 *Existence*(실존)라는 책 읽었습니다. 그 책은 제가 훈련받을 때 주로 접했던 진단이나 약리학에 관한 내용이 아니라, 사람들이 가치를 어디에서 찾으며 한 사람의 감각적 경험이 다른 사람과 같은지 등과 같은 심오한 아이디어에 관한 내용이었습니다. 그 책을 읽으면서 철학이 심리치료에 중요한 역할을 할 수 있다는 것을 상상할 수 있었습니다. 저는 즉시 철학 교육을 받기로 결심하고 존스홉킨스대학의 야간 강좌를 듣기 시작했습니다."

"그래서 이 롤로 메이가 선생님이었나요?"

"공식적으로는 아닙니다. 하지만 그의 책에서 많은 것을 배웠습니다. 그리고 몇 년 후, 제가 치료 불가능 암 환자들을 위한 치료 그룹을 이끌게 되면서 죽음에 대한 극심한 불안감을 느끼게 되었죠. 그때 처음으로 롤로를 만나 그의 환자로서 치료를 받기 시작했습니다. 그 치료와 그와의 관계는 저에게 큰 도움이 되었습니다."

우리가 계속 이야기를 나누는 동안 알라라는 내 눈앞에서 성숙해지는 것 같았다. 그녀는 나의 롤로와의 치료에 대해 질문하기 시작했다. 메이는 죽음에 대해 어떻게 생각했나? 그는 나의 불안감을 치료해 주었나? 메이에게서 무엇을 배웠나? 사람들은 어디에서 의미를 찾는가? 그녀의 변화는 기적과 같았다. 얼굴에 고정된 어린아이 같은 미소를 짓던 순진한 여자는 사라졌다. 그 자리에 열정적으로 대화에 열심히 참여하는 젊은 여성이 자리 잡았다. 나는 그녀가 이토록 변한 모습을 보는 것이 얼마나 놀랍고 기쁜지 말했다. 나는 무엇이 그녀를 이렇게 변화시켰는지, 그리고 왜 이전에는 그렇게 멀리 있었는지 물었다.

"이것이 진짜 저예요."라고 그녀는 망설이다가 말했다. "하지만 말하기 매우 어려운 개인적인 일들이 있습니다. 남편과 관련된 일이고, 공개될 경우 남편이 크게 상처받을 일입니다."

"치료사로서 저는 당신이나 남편에게 상처를 줄 수 있는 어떤 것도 절대 공개하지 않을 것입니다."

"하지만 당신은 치료사 그 이상입니다. 작가이시잖아요."

아! 공개. 갑자기 몰입한 알라라와 멀리 있는 알라라의 대비가 더 선명해졌다.

"네," 내가 대답했다. "그렇게 솔직하게 말씀해 주셔서 정말 기쁩니다. 저는 작가이기 전에 치료사라는 것을 알아주셨으면 합니다. 저는 제 환자들에게 상처를 줄 수 있는 어떤 것도 절대로 쓰지 않겠다고 다짐했습니다. 제가 글을 쓸 때는 항상 환자의 신원을 철저히 감추고 있습니다. 그리고 저는 항상 명확한 출판 허가를 구합니다."

알라라는 잠시 내 눈을 바라보더니 고개를 끄덕이며 말했다. "제 남편은 매우 연약해요. 죽음에 대한 두려움이 큽니다. 아마 선생님과 비슷한 것 같아요. 선생님은 죽음에 대한 두려움 때문에 롤로 메이를 만났다고 했죠. 제 남편의 아버지는 그가 일곱 살 때 돌아가셨는데 그와 그의 어머니는 아직도 아버지의 죽음을 깊이 슬퍼하고 있어요. 그의 어머니가 우리를 방문할 때마다 그들은 한 구석으로 가서 아버지에 대해 이야기하고 또 이야기하고 울어요."

"하지만 30년 전쯤에 돌아가셨을 텐데 ―"

"36년" 알라라가 끼어들었다. "제 남편은 아버지의 죽음이나 죽음에 관한 이야기라면 절대 꺼내지 않아요."

"정말 힘들겠군요. 정말 불편하겠어요."

"죽음에 대한 언급만으로도 그는 완전히 말을 끊어버리거든요. 이를테면 만약 제 아들이 죽은 새를 발견했는데, 그 옆에 남편이 있으면 저는 아무 말도 할 수 없어요. 기껏해야 속삭이면서 설명하려고 할 뿐이죠.”

“그 때문에 생활이 상당히 불편하시겠군요.”

“매우 그렇습니다. 그것이 저의 절망의 원천이죠. 그것과 수면 부족도요.”

나는 죽음이 존재하는 이 세상에서, 죽음을 언급하지 않고 살아간다는 것이 얼마나 힘들지 상상해 보았다. 그것을 피하기 위해 많은 에너지와 많은 생명이 소진될 것이다.

“저도 그런 극단적인 사례는 거의 들어본 적이 없습니다.” 내가 말했다. “남편이 이 문제를 해결하도록 좋은 치료사를 찾아보라고 권해 보세요.”

“여러 번 시도해 보았지만, 남편은 매우 강하게 거부해요.”

“왜죠?”

“말은 안 하지만 죽음에 직면하게 될까 봐 두려워서 그런 게 확실해요.”

“흠. 부부상담을 받고 싶다고 말해 보는 건 어떨까요? 그게 두 분 모두에게 도움이 될 것이고, 그 과정에서 남편 개인에게는 도움이 될 수 있는 치료를 슬쩍 끼워넣어서 받을 수 있는 방법이 될 수도 있습니다.”

”무슨 말씀이신가요?”

“일종의 은밀한 프로젝트입니다. 관계에 따르는 다른 문제, 수면 문제나 가족과의 갈등 등 유용한 주제로 상담을 할 수 있어요. 그러다 보면 결국 남편의 죽음에 대한 불안이 당신에게 어떤 영향을 미치는지도 이야기할 수 있게 되겠죠. 좋은 치료사는 이 문제를 파악하고 함께 해결할 수 있을 겁니다.”

그녀는 고개를 끄덕이고 흥미있어 하면서도 의아해하는 듯했다.

"그리고 처음에 남편이 부부상담을 거절할 것 같으면, 당신이 자살 충동이 있기 때문에 이 문제를 남편과 함께 상담받을 필요가 있다고 말하세요. 그러면 남편이 스스로 통제력을 포기한다는 느낌보다는 차라리 당신을 위해 뭔가를 하려고 할 것입니다."

"그를 충격에 빠뜨릴텐데요."그녀가 대답했다. "그럼 어쩌면 그는 그렇게 할지도 모르겠네요."

나는 이스탄불에 있는 터키인 동료에게 추천을 부탁하겠다고 말했다.

"마지막으로 한 가지 여쭤보고 싶은 게 있습니다, 얄롬 박사님." 알라라가 말했다. "저는 박사님이 부인의 죽음에 관해서 쓴 마지막 책을 읽었는데, 슬픔을 어떻게 극복하고 계신지 여쭤보고 싶습니다. 이렇게 이런 정말…정말 개인적인 질문을 해도 괜찮을까요?"

"당신이 이렇게 개인적인 질문을 해줘서 좋습니다. 나는 당신과 당신 남편도 그렇게 되길 바랍니다. 나는 아직도 슬픔에 잠겨 있고, 삶은 더 이상 재미있지 않아요. 나에게는 이 사실이 놀랍지 않습니다. 나는 14살 때부터 매릴린을 알고 사랑해 왔고, 오래오래 슬픔에 잠겨 있을 거예요. 나 역시 요즘 죽음, 그녀의 죽음과 제 죽음에 대해 많이 생각합니다. 이런 생각이 더 이상 저를 압도하지는 않습니다. 저는 아주 충만하게 좋은 삶을 살았어요. 그래도 밤에는 행복한 영화를 보는 것을 좋아합니다. 이번 주에는 레슬리 카론이 출연한 오래된 영화 〈릴리(Lili)〉를 보고 정말 기분이 좋았습니다."

"이렇게 솔직하게 말씀해 주셔서 감사합니다, 얄롬 박사님. 도움이 됩니다. 그리고 제가 〈파리의 미국인(An American in Paris)〉을 선물로 드릴게요. 레슬리 카론도 그 영화에 출연합니다. 춤 장면이 정말 훌륭합니다."

4주 후, 알라라는 남편이 마지못해 부부상담을 받아보기로 했다는 이메일을 보내왔다. 이메일에 또 다른 선물이 담겨 있었다. 이런 내용이었다.

> … 저는 이번 만남의 가장 중요한 효과는 바로 선생님에게서 나왔다는 것을 깨달았습니다. 선생님은 완전히 낯선 저와 처음부터 연결되어 있었고, 저와 함께 있었습니다. 저는 일상생활에서 이런 경험을 거의 하지 못합니다. 어떤 사람이 그렇게 할 수 있는지 모르겠습니다. 감사합니다.

알라라가 나의 전문적인 만트라(신조)인 "치유하는 것은 관계이다"를 상기시켜 주어서 얼마나 기뻤는지 모른다. 즉 환자의 성장과 변화는 특정 개입, 진단, 약물 치료보다는 치료사와의 친밀하고 안전한 유대관계 속에서 경험한 결과로 이루어진다. 이 이야기들 중 몇몇에서 나는 믿을 수 있는 관계를 형성하기 위해 '여기-지금'을 구축하는 것이 필수적이라고 언급했다. 그러나 더 나아가서 단기 해결책 중심 치료에서 인지행동치료, 장기적인 정신 역학 분석에 이르기까지 어떤 치료법을 사용하든지 간에 치료사와 환자가 강력하고 신뢰할 수 있는 긍정적인 관계를 구축하는 것이 중요하다고 말하고 싶다. 나는 알라라와의 세션에서 이 사실이 다시 한 번 입증된 것에 기뻤다.

분명히 이 관계 구축은 한 번의 세션으로 이루어지기 때문에 특히 어렵다. 그러나 스스로의 만트라를 진지하게 받아들이고, 치료사와 환자의 관계가 실제로 치유의 메커니즘이라고 믿는다면, 한 시간 동안 그 관계를 어떻게 빨리 구축할 수 있을지에 집중해야 한다. 한 개인이 공유할 수 있는 것—자신의 취약성, 자신의 연민, 자신의 인간성—을 환자에게도 하도록 격려하는 것이 유일한 방법은 아닐지 모르지만, 나에게는 확실히 가장 효과적인 방법이다.

알라라가 그것을 명확하게 반영하게 된 것은 정말 좋았다. 나의 과거의 일부를 드러낸 것은 처음 알라라가 꺼려하던 마음을 빨리 열게 하는 데 큰 도움이 되었다. 그리고 역할 전환 기법은 그녀를 참여시키는 데 효과적이었다. 그러나 많은 치료사들, 특히 젊은 치료사들은 이 접근 방식이 불편하다고 느낄 수 있다고 상상할 수 있다. 이 접근 방식은 상당한 수준의 개방을 필요로 한다. 다행히도 나는 인생의 마지막 단계에 접어들면서 (더 이상) 비밀을 유지하거나 다른 사람들의 의견으로부터 자신을 (더 많이) 보호할 필요가 없다고 느끼게 되었다. 내가 외부 의견에 대해 일반적으로 무감각하기 때문에 이 방법을 쉽게 탐색할 수 있으니 계속해서 탐구해 볼 것이다. 이 탐구가 젊은 치료사들에게 이 전략이 어느 정도 유용한지 판단하는 데 도움이 되기를 바란다.

CHAPTER 16

나의 최악의 악몽

앞의 여러 장에서 다루었던 급진적인 자기 공개에 대한 실험은 완전히 새로운 것이 아니다. 치료사로 일을 시작한 이래로, 나는 환자들에 대한 내 감정을 투명하게 하고 환자들에게서 나에 대한 솔직한 감정을 이끌어내면서, 우리 사이에 일어나는 일을 실시간으로 함께 살펴보았다. 직접적인 단일 상담에서 짧은 모험처럼 시행한 급진적인 자기 공개가 이 핵심 아이디어를 더욱 발전시켰다. 시간 프레임을 좁히면서, 나는 더 열심히 환자들을 밀어붙이고 더 빨리 더 많은 것을 드러내도록 강요했다. 지금까지 나는 이 강력한 결과에 놀라움을 금치 못한다.

그러나 조심해야 한다. 잘못된 종류의 자기 공개는 해로울 수 있다. 치료사가 자신의 성공을 자랑하거나 환자의 문제와 관련이 없는 생각을 공유하는 것으로는 대부분의 환자는 도움을 받지 못한다. 이러한 실수를 '도움이 되지 않는' 실수라고 해야 할 것이다. 그러나 그 이외의 다른 실수들이 있을 수 있다 — 예를 들어 건망증이 심한 90세에 가까운 노인이라면 훨씬 더 심각한 실수를 저지를 수 있다.

코로나19가 유행한 지 1년이 넘은 어느 화창한 5월의 어느 날, 나는 로즈라는 여성과 특히 까다로운 세션을 진행했다. 세션 후 늘 하던 대로 나는 손으로 쓴 노트를 검토한 다음, 아이폰에 그 요약본을 옮겨 놓고 그것을 내 컴퓨터에 있는 그녀의 파일에 저장하기 위해 내 이메일로 보냈다.

> 이것은 내가 진행한 상담 중 가장 실망스러웠던 상담 중 하나다! 로즈는 35세이고 12살짜리 딸이 있다. 그녀는 11년 전에 남편과 이혼했고, 이혼 수당과 자녀 양육비로 남편에게 재정적으로 의존하고 있다. 그녀는 완전히 자립하기를 희망하고 있으며, 현재 임상심리학 박사 과정 마지막 해에 있다.
>
> 그녀는 대화 내내 매우 모호했고, 나는 그녀가 하는 말을 거의 이해할 수 없었다. 마치 부드러운 구름이 입술을 스쳐 지나가는 듯한 문장이 그녀의 입에서 흘러나왔고, 그 문장은 이해하기 어려웠고, 방을 느릿느릿 가로지르는 듯했다. 나는 그녀가 무엇을 경험하고 있는지 이해하는 데 어려움을 겪었다. 나는 그녀가 무엇을 하고 싶은지 명확히 설명해 줄 수 없었다.
>
> 이 문제를 해결하기 위해 여러 번 '여기-지금' 방법으로 노력했다. 이렇게 하면 항상 문제를 거의 해결할 수 있었으나 오늘은 아니었다.

로즈가 매번 멍한 표정으로 나를 쳐다봤다.

우리의 시간이 다 되어갈 무렵, 로즈가 울기 시작했고, 클리넥스로 눈물을 닦았다. 이런 상황에서 자주 하는 것처럼 나는 "그 눈물이 말을 할 수 있다면, 무슨 말을 할까요?"라고 물었다. 이 질문은 정말 만능! 거의 모든 경우에 효과가 있다. 하지만 이번에는 전혀 통하지 않았고, 로즈는 마치 내가 중국어나 아람어를 하는 것처럼 이상한 표정을 지었다.

몇 번이고 나는 그녀의 말에 의아함을 느끼며 말을 끊고 말했다. "좀 더 명확하게 말해 주실 수 있나요?"라고 물었지만, 항상 소용이 없었다. 나는 그녀와 소통할 수 없거나 도움을 줄 수 없다는 사실에 좌절감을 느꼈다. 애매모호한 태도는 계속되었고, 상담이 끝날 무렵에도 나는 로즈에 대해 거의 알지 못했다. 더 나쁜 것은, 그녀가 나에게서 가치 있는 것을 거의 얻지 못했을 거라는 점이다. 나는 이 상담이 가장 성공적이지 못했다고 생각한다.

몇 시간 후 그녀가 그 상담 요약본을 다시 이메일로 보내왔을 때, 나는 얼마나 놀랐는지 모른다. 이런 글이 첨부되었다.

얄롬 박사님,
이 기록은 박사님이 저에게 보내려고 의도하지 않았던 개인적인 기록인 것 같습니다. 하지만 보내셨으니, 답장을 드릴게요. 박사님의 상담 중 가장 만족스럽지 못했던 상담이 바로 저와의 상담이었다는 것을 읽은 후로 계속 눈물이 났습니다. 저는 충격을 받았습니다. 다른 사람들로부터 비판을 받은 적은 있지만, 박사님과는 상황이 다를 것이라고 생각했습니다.

우리의 세션에서 박사님은 제가 어떻게 드릴 수 있는지 모르는 것을 달라고 하는 것 같았습니다. 저는 항상 그 순간에 제가 느끼는 것을 정확히 파악할 수 있는 것은 아니며, 시간 압박은 그것을 더욱 어렵게 만듭니다. 그리고 박사님은 매우매우 집요했습니다.

나는 의식적이고 진실되게 일해 왔습니다. 요가와 명상이 도움이 됩니다. 하지만 가끔 어떤 사람들과 함께 있을 때, 제가 얻은 모든 생각이 창문을 통해 날아가버리는 경우가 있습니다. 나중에 그 단어를 찾아내기도 하지만, 그 순간에는 그 단어를 파악할 수 없습니다. 제가 마음을 열 수 있는 사람이 많습니다. 왜 저는 박사님에게는 마음을 열 수 없었을까요? 아직 이해가 되지 않습니다. 지금은 시도했다는 것 자체가 어리석게 느껴져서 울음을 멈출 수가 없습니다.

세상에, 내가 무슨 짓을 한 거지!? 이것은 틀림없이 내가 환자에게 저지른 최악의 실수 중 하나였다. 나는 그녀를 돕지 못했을 뿐 아니라 절망에 빠뜨렸다. 메스꺼운 기분이 들었고, 내가 저질러 놓은 피해를 꼭 바로잡고 싶어서, 많은 사과와 깊은 당혹감으로 그 노트는 나의 눈에만 보여야 하는 것이라고 즉시 설명했다. 나는 그녀에게 다른 세션을 무료로 받아 줄 의향이 있는지 물어보았고, 어쩌면 우리는 더 좋은 관계를 맺을 수 있을 것이라고 말했다. 나는 그녀가 내가 어디 가서 조용히 사라지기를 원할 것이라고 생각했지만, 그래도 제안했다.

죄책감이 빠르게 나를 덮쳤고, 나는 사무실 책상에서 겨우 움직일 수 있는 상태였다. 나는 그 사건의 전개에 대해 몇 분 동안 끈질기게 생각했다. 내가 어떻게 내 이메일을 받았고, 서투른 손가락으로 어떻게 그녀에게 그 이메일을 전달했는지 실제로 기억이 나지 않았는데, 이것은 분명 기억 상실의 또 다른 당혹스러운 징후였다. 하지만 분명 내가 그랬을 것이다. 그녀는 그것을 받았고, 내가 부주의하게 저지른 고통을 겪고 있었다. 나는 일어나 집으로 가는 길을 다시 걸어갈까 생각했다. 캘리포니아의 햇볕을 쬐면 도움이 될 것 같았으나 나는 내 자리에서 꼼짝 않고 있는 나 자신을 발견했다. 65년 동안 상담을 해오면서, 나는 한 번도 내 환자에게 부정적인 상담 세션 감정을 전달한 적이 없다. 사실, 나는 그런 치명적인 실수를 저지른 상담사에 대해 들어본 적조차 없다! 마음 한구석에서 왱왱거리는 소리가 들려왔다. 이 소리는 내가 두려워하는 징조, 이제 모든 것을 그만둘 때가 왔다는 신호였다.

다행히도 익숙한 이메일 소리가 울렸다. 로즈가 나에게 시간을 좀 더 주겠다는 것이었다. 그렇다, 그녀는 나와 다른 미팅을 시도해 보고 싶다고 하면서 시험이 끝날 때까지는 안 된다고 했다. 시험 전에 더 많은 감정적 혼란을 겪을 위험을 감수할 수 없기 때문이다.

우리는 10일 후에 다시 만날 계획이었다. 나는 매우 불안했다. 수십 년 동안 환자 때문에 이렇게 긴장한 적이 없었다. 아마도 마운트 시나이 정신과 전문의의 가혹한 비판을 기다리던 젊은 인턴 시절 이후로 처음이었을 것이다. 나는 마음을 진정시키기 위해 노력했다. 심호흡을 여러 번 하고, 나의 불안이 아니라 환자의 요구에 집중할 준비를 했다.

보통 나는 가능한 모든 방법으로 환자에게 도움을 주려고 세션에 들어간다. 그러나 오늘의 목표는 달랐다. 내가 초래한 피해를 복구하는 것이었다. 그녀의 얼굴이 보이자마자 작업을 시작했다.

“로즈, 사과하고 싶어요. 당신을 화나게 해서 정말 미안해요. 그건 제가 정말 하고 싶지 않았던 거예요.”

“그럼 왜 그런 글을 썼어요?” 그녀가 약간 엄하게 물었다.

“당신이 본 것은 그 세션에 대한 내 개인적인 메모였어요. 내 감정을 떠올리기 위해서요. 그건 저만 보려고 쓴 거였어요. 당신이 그걸 보게 되어서 정말 어리석고 끔찍한 기분이 들어요. 나는 환자들과 함께 내 감정을 평가하는 일을 많이 합니다. 그리고 내가 당신을 별로 도와주지 못했다고 느꼈습니다.”

“제가 어떤 기분이었을지 상상해 보세요.”

“당신이 배신감을 느꼈을 거라고 생각할 수밖에 없습니다.”

“배신. 네, 그 단어가 맞네요. 완벽한 단어에요.”

”기억해 주세요, 로즈. 그것은 실수였습니다. 그것은 제 감정을 상기시켜 주는, 제가 저 자신에게 보내는 편지였습니다.”

“네, 기억력이 좋지 않다는 거 알고 있어요. 처음부터 경고해 주셨잖아요. 그래도, 제가 그것 때문에 고통을 겪어야 할 이유는 없어야지요.”

만약 내가 실패한 뇌를 탓하며 도망칠 생각을 품고 있었다면, 로즈는 그 길이 열려 있지 않다는 것을 분명히 했다. 긍정적인 측면은, 그녀가 지금 확실히 대화에 참여하고 있다는 것이고, 그것은 나에게 내가 작업할 수 있는 무언가를 주었다.

“내 메모에 대한 당신의 반응을 좀 더 말해 주실 수 있나요?”

이전의 세션과는 달리, 그녀는 아무런 문제없이 응답했다.

“암흑! 절망! 세션이 끝난 후 그 노트를 읽으면서 느낀 우울감은 제가 이혼 이후 경험한 것 중 가장 심했습니다. 제가 박사 과정을 밟아온 주된 이유는 다시는 남자에게 의존하고 싶지 않다는 것이었는데, 여기 제가 있어요. 강력한 남자가 저를 공격하고 있습니다."

나는 이전 세션에서의 그녀의 모호함과 회피가 두려움에서 비롯된 것임을 깨닫기 시작했다. 그녀는 전에 상처를 입었고 여전히 전남편의 통제하에 있었고, 전남편은 그녀의 재정을 관리했다. 나에게 마음을 여는 것은 두려운 일이었을 것이다. 예를 들면, 그녀가 가장 깊은 고민과 취약점을 나에게 보여주었는데, 내가 그녀를 사랑스럽게 돌보지 않고 어떤 식으로든 거부한다면, 그것은 그녀에게 치명적인 타격이 될 것이다. 그녀가 참여할 수 없었던 것은 당연했다. 나는 다소 둔하고 어리석게 느껴졌다. 나는 목소리 톤을 조절하고 좀 더 부드럽게 말하려고 노력했다.

"로즈, 첫 번째 세션에서 가장 인상적이었던 것은 '여기-지금'에 함께 하기를 꺼려하는 당신의 태도였습니다. 여러 번에 걸쳐 제가 세션에서 당신과 제가 어떻게 지내고 있는지, 또는 당신이 저에 대해 어떻게 느끼는지 물어봤는데, 그때 당신이 정말로 얼어붙었던 것입니다. 저는 혼란스러웠지만, 지금은 당신이 저를 매우 두려워했을 것이라는 것을 깨닫게 되었습니다. 결국, 저는 우리 사이에 무슨 일이 일어나고 있는지 물어보는 것으로 당신에게 많은 압박을 가했던 것입니다."

"그것도 그 이유 중 하나. 선생님의 끈질김이요." 로즈가 재빨리 대답했다. "그것 말고도, 선생님의 집단 치료 책이 제 수업의 주요 교재이고, 다른 수업에서는 선생님의 입원 환자 그룹 치료 책을 읽고 있어요. *Love's Executioner*(나는 사랑의 처형자가 되기 싫다)는 제가 처음에 치료사가 되고자 하는 관심을 갖게 만든 계기이기도 하죠. 선생님과 세션을 갖는 것은 제가 정말 정말로 하고 싶었던 일이에요. 하지만 솔직히 말해서, 저는 심문을 받을 준비가 되어 있지 않았어요."

아뿔싸! 기절할 것 같았다. 첫 번째 세션에서 그녀는 자신의 학업에 대해 언급했지만, 나는 그 사실을 전혀 기억하지 못했다. 왜 그녀는 이 사실을 상기시켜 주지 않았을까? 나는 생각했다. 왜 그녀는 내 책으로 공부하고 있다고 말하지 않았을까? 그 순간, 내면에서 답이 떠올랐다. '그녀는 너를 무서워하고 있기 때문이야, 이 멍청아!'

"로즈," 내가 말했다. "갑자기 수수께끼가 풀리고 있어요. 당신이 참여하지 못하는 것이 아니라, 당신이 저를 극도로 두려워하고 있었던 거예요! 어빈 얄롬 박사가 당신의 상상 속에서는 엄청나게 큰 존재였을 거예요."

로즈는 오랫동안 나를 바라보았다.

"제가 맞나요? 수수께끼가 풀리고 있나요?"

로즈가 고개를 끄덕였다. "동의해요. 전적으로 동의해요. 우리 교과서 저자이자 제 선생님들이 존경하는 사람과 이야기하는 것이 무서웠어요. 무섭다고 말하기조차 무서울 정도로요."

"지금은 뭔가 달라지고 있어요. 우리가 발전하고 있다고 생각해요." 내가 말했다. "나의 끈질긴 질문에 대답하는 것이 당신에게 얼마나 어려웠을지 이제 이해하게 되었어요. 그래서 내가 제안 하나 할게요. 다른 걸 해 봅시다. 괜찮을까요? 당신이 … 질문하는 심문관이 되어 보세요. 나에게 몇 가지 질문을 해 보세요."

로즈가 의아한 표정으로 나를 바라보았다.

"진심이에요, 로즈. 한 번 해 보세요. 당신이 묻는 질문에는 모두 대답할게요."

로즈는 잠시 눈을 감더니 결단을 내렸다. 그녀는 몇몇 환자들처럼 내가 아내의 죽음에 어떻게 대처하고 있는지 물었고, 나는 다른 많은 사람들에게 했던 것처럼, 매릴린과 내가 청소년 때부터 뗄래야 뗄 수 없는 사이였고, 지금은 행복과 건강에 대한 전망이 어둡고, 아이들을 보는 것이 어떻게 도움이 되는지 이야기하기 시작했다. 그녀가 나의 이야기를 끊었다.

"고마워요, 어브. 하지만 제가 좀 더 명확하게 더 직접적으로 질문드리죠. 선생님이 정말로 슬픔을 어떻게 극복하고 계신지 궁금해요. 어떻게 하루하루를 보내고 계신가요?"

"아. 아무도 내게 그런 질문을 한 적이 없네요. 나는…"

나는 잠시 멈춰서 이 질문을 생각해 보았다. 이 질문은 약간 부드러워서 나는 나를 보호하기 위해 덜 드러내고 싶은 충동을 느꼈고 이 머뭇거림이 나의 감정을 최대한 투명하게 하라는 신호로 받아들였다.

"도전적인 질문을 해줘서 고마워요, 로즈. 저는 주로 글을 써 왔어요. 매릴린은 마지막 몇 달 동안 우리 둘이 함께 그녀의 병과 죽음에 관한 책을 쓰기를 원했어요. 우리는 그녀의 마지막 몇 달에 관한 이야기를 번갈아 가며 썼고, 그녀가 죽은 후에 나머지 부분을 제가 썼어요. 우리는 그 책을 *A Matter of Death and Life*(죽음과 삶)라고 제목을 짓기로 했어요 — 매릴린의 죽음과 그 이후의 제 삶에 관한 책이죠. 그 책을 쓰는 동안 저는 정신이 산만해질 정도로 바빴어요. 그리고 그 책이 그녀의 죽음에 관한 것이었기 때문에, 가장 낯설고 무서운 경험을 곱씹기 위한 익숙한 도구로서 글쓰기를 선택했던 것 같습니다. 책을 끝마치는 것이 두려웠지만, 결국에는 편집자에게 넘겨야 했습니다. 지금은 당신과 상담을 하고 있는데, 이는 저에게 큰 기쁨을 주고 저는 그 만남의 일부를 글로 쓰고 있습니다. 그렇게 하지 않으면, 솔직히 말해서, 로즈, 제 일상은 외롭고 다소 암울합니다."

나는 말을 멈췄고, 우리는 몇 분 동안 침묵 속에 앉아 있었다.

"이제 로즈에게 '여기-지금'에 대해 물어볼게요. 제가 방금 말한 것에 대해 어떻게 생각하세요?"

"감동적이었어요. 저는 … 어떻게 표현해야 할지 모르겠어요. 저를 그렇게 믿어주고, 그렇게 솔직하게 말해 주셔서 영광이라고 해야 할까요? 제가 그럴 자격이 있는지 모르겠어요."

"왜죠?"

"글쎄요, 제가 선생님에게 준 것보다 선생님이 제게 준 것이 훨씬 많아요." 우리 사이가 뭔가 크게 달라졌다고 그녀에게 말했다. "첫 번째, 그 형편없는 상담에서 우리가 어떻게 하고 있는지 물어봤을 때, 당신은 얼어붙었어요. 저는 계속해서 질문을 쏟아냈어요 — 당신이 말한 것처럼, 아주 끈질기게요 — 그리고 저는 당신이 어떤 이유에서였든 당면한 현재를 논의할 수 없고, 친밀감을 다룰 수 없다고 결론을 내렸지만 저는 완전히 착각하고 있었습니다. 실제로는 당신이 저를 무서워했고 무섭다고 말하는 것조차도 무서워했던 것입니다."

"네. 저는 무서웠습니다. 그리고 선생님은 실수를 저질렀습니다. 선생님이 그 사실을 기꺼이 인정한다는 것이 놀라워요. 좋은 교훈입니다. 감사합니다."

"자신의 실수를 인정하는 법을 배우는 것은 좋은 교훈입니다. 그리고 다른 것도 인정할게요, 로즈. 정말 부끄럽지만, 오늘 당신이 교과서에 대해 말하기 전까지는 당신이 임상심리학을 공부하고 있다는 사실을 잊고 있었습니다. 나의 늙어가는 뇌에 너무 많은 데이터가 있어서요."

"잊어버렸다고요? 제가 어떻게 그걸 잊어버리게 해드렸지요?"

"사람들 사이의 공간을 들여다보는 치료사에게 아주 좋은 반응이네요! 하지만 장담하건대, 로즈, 이 경우에는 문제가 완전히 나에게 있는 거예요. 나는 정말로 늙어가고 있어요. 다음 달이면 90살이 되고, 기억력이 정말로 나빠지고 있어요. 매일 새로운 환자를 상담하고 있는데 그건 다른 사람들을 도와 임박한 나의 어두운 죽음의 생각에서 벗어나려는 것입니다. 어쩌면 이건 내가 기억하기에는 너무 여러 사람이고, 너무 많은 사연일지도 모르겠어요."

그녀는 이 말에 동의하지 않았다. 나는 로즈가 갑자기 열정적으로 말하기 전까지 잠시 동안 비참한 기분으로 앉아 있었다.

"아, 그래요! 질문이 하나 더 있어요! 이 모든 혼란은 선생님이 실수로 개인 메모를 저에게 이메일로 보냈기 때문에 시작된 거죠, 맞죠?"

그녀가 내 실패에 대해 더 깊이 파고들까 봐 불안한 마음이 들었다. 그녀가 계속 말하도록 고개를 끄덕였다.

"상담 내용을 아이폰에 받아쓰셨다고 하셨죠. 그게 궁금합니다. 왜 선생님 본인에게 이메일을 보내셨나요? 이해가 안 되네요."

"음, 받아쓴 내용은 제 아이폰에 있고, 저는 그 내용을 제가 모든 기록을 보관하는 컴퓨터로 보내고 싶었습니다. 컴퓨터로는 받아쓰는 게 제대로 작동하지 않고 계속 끊기거든요. 그래서 아이폰 메모를 제 이메일로 보내서 컴퓨터에 저장하는 영리한 방법을 생각해 냈어요. 그냥 제 이메일로 보내면, 매우 빠르게. 문제 해결."

로즈가 웃음을 터뜨렸다.

"왜 그래요, 로즈? 왜 웃어요? 뭐가 그렇게 웃겨요?"

"말로 설명하기보단 보여주는 것이 더 낫겠어요. 그러기 위해서는 이 줌 통화를 끝내고 전화 통화로 전환해야 해요. 제 전화번호를 알려드릴게요." 그녀가 번호를 읊자 나는 그것을 적었다.

"그럼, 어브, 이렇게 하세요. 줌 세션을 마치자마자 저에게 전화해 주세요. 컴퓨터는 켜 놓은 채로 앞에 두세요."

나는 그녀의 지시에 따라 전화번호를 눌렀다.

"안녕하세요." 그녀가 대답했다. "이제부터 제가 기억력이 좋지 않은 노인도 쉽게 따라 할 수 있는 간단하고 분명한 지침을 드릴게요. 화면 측면에 있는 아이콘 줄을 보세요. 보이세요?"

"보이네요. 화면 왼쪽에 긴 줄이 보입니다. 이제 어떻게 해야 하죠?"

"제 컴퓨터 상단 아이콘은 파인더(Finder)예요. 파란색과 흰색으로 된 웃는 얼굴이죠 — 옆에서 보아도 똑같이 웃고 있어요."

"제 컴퓨터도 그래요. 파란색과 흰색 얼굴이요. 저도 보여요."

"좋아요. 이제 줄을 따라 내려가면, 상단에 노란색 테두리가 있는 '메모' 아이콘이 보일 거예요. 이제 그것을 클릭하세요."

"보여요, 클릭했어요."

"뭐가 보이죠?"

"세상에! 이름 목록이 보여요 — 수십 개 정도 됩니다."

"날짜순으로 정렬되어 있을 거예요. 우리가 처음 만난 날짜인 11월

12일로 내려가면 뭐가 보이나요?"

"당신 이름이 보입니다. 그리고, 잠깐, 거기에 우리 세션의 요약본이 있습니다. 그 끔찍한 요약본 말입니다. 어떻게 여기에 들어간 거죠?"

"어떻게 생각하세요?"

"내가 느리고 어쩌면 약간 멍청한 것 같아요. 당신 말은 내가 아이폰의 '노트에 받아쓰기'를 할 때마다, 그 내용이 자동으로 제 컴퓨터로 전송된다는 말인가요?"

"매번 그랬어요." 웃음을 참느라 애쓰는 로즈가 말했다.

"그럼 제가 그동안 컴퓨터로 요약본을 보내왔던 그 모든 세월 동안, 사실 그 요약본은 이미 그 안에 있었던 거였네요? 제가 저 스스로에게 이메일을 보내는 저의 그 기발하고 영리하며 독창적인 아이디어가 완전히 우스꽝스러운 거였어요?"

"도움이 되어서 기쁩니다."

"음, 그러니까 당신이 사용하는 교과서를 집필한 얄롬이라는 사람이, 교수들의 존경을 받고 당신을 위축들게 하던 바로 그 사람인데, 때로는 약간 멍청할 수도 있다는 말씀이네요?"

"그런데도 그는 계속해서 저에게 가르침을 주시네요."

"어떻게요?"

"글쎄요, 그는 자신이 모르는 것을 솔직하게 털어놓아요. 저는 그 점이 존경스러워요."

"제가 상담 내용 중 일부를 책으로 엮고 있다고 말씀드렸던 거 기억하시죠? 저는 제가 배우고 있는 유용한 교훈과 가장 흥미로운 만남에 초점을 맞추고 있습니다. 부끄럽지만—어쩌면 그 부끄럼 덕분에—이

번 우리의 만남에서 좋은 이야깃거리가 나올 것 같다는 예감이 듭니다."

"우리들 이야기를 책으로 엮으실 수 있다는 말씀이신가요? 오, 그러셨으면 좋겠네요!"

"제가 약속할 수 있는 한 가지는, 우리 이야기를 쓴다면, 당신의 허락을 구할 것이고, 이번엔 꼭 제대로 된 사람에게 보내겠습니다!"라고 나는 말했다.

앞서 이 실수극이 시작되었을 때, 나는 치료사가 실수로 자기의 비밀을 환자와 공유하는 것을 들어본 적이 없다고 썼다. 분명히 내 작업에 대한 내 기억도 다른 모든 것들처럼 점점 사라지고 있는 것 같다. 이 책의 공동 저자인 벤은 이 글을 처음 읽었을 때, 내가 25년 전에 쓴 *Momma and the Meaning of Life*(폴라와의 여행)라는 단편집에 들어 있는 이야기 'Double Exposure(이중 노출)'를 지적했다. 이 이야기는 내가 만든 나의 가상의 분신인 어니스트 래시가 실수로 환자 린다에게 자신의 메모를 녹음한 오디오 파일을 집으로 보낸다는 내용이다. 래시의 매우 직설적이고 거친 생각을 들은 린다는 크게 상처받았다. 그러나 로즈가 나에게 한 것처럼 그 실수를 드러내는 대신, 그녀는 몇 달 동안 어니스트를 괴롭히기 시작한다. 그녀는 그가 자신에 대해 쓴 불친절한 묘사를 그에게 되돌려 사용했다—반복되는 불평으로 래시를 지루하게 만든다거나, 린다가 저속하고 돈을 밝힌다는 등의 내용이다. 린다는 심지어 우연히 녹음한 정보를 통해 래시가 자신을 향해 가지고 있는 성적 감정을 무기로 사용하기도 한다. 그녀는 날카롭게 꾸짖는 말투로, 래시가 확실히 실수에 대한 대가를 치르게 만든다. 돌이켜 보면, 로즈와의 두 번째 세션 전에 내가 느꼈던 큰 불안감은 이 이야기에 대한 깊은 기억, 즉 래시가 받은 것과 같은 비난을 받게 될 것이라는 잠재의식적인 두려움 때문이 아니었을까 하는 생각이 든다.

'이중 노출'과 로즈와의 이 세션의 공통점은 두 경우 모두 뜻하지 않은 노출이 결국 더 개방적이고 치유적인 환자와 치료사 간의 관계로 이어진다는 것이다. 나는 이러한 일이 항상 그렇게 된다고 믿는 낙천주의자는 아니며, 친밀감을 발전시키는 더 좋은 방법으로 자신의 사적인 내용을 검열하지 않고 전달하는 것보다 더 좋은 방법이 분명히 있을 것이다. 그러나 치료사들은 항상 실수를 한다. 투명성과 겸손함을 가지고 실수를 해결할 수 있고 해결하고자 한다면, 치료사로서의 경력이 시작 단계이든 끝 단계이든 성장과 변화의 기회가 될 수 있다.

CHAPTER 17

기억, 기억, 그대는 어디에 있는가?

만약 캘리포니아 팔로알토시에 상당한 액수의 돈을 기부한다면, 나의 집 아래 언덕에 있는 볼 공원의 벤치 중 하나에 사랑하는 사람을 위한 기념 명판을 설치할 수 있다. 매릴린이 세상을 떠났을 때, 나는 참나무와 호두나무 사이에 있는 벤치를 선택하고 아래와 같은 명판을 주문했다.

매릴린 얄롬

학자, 작가,
교사, 페미니스트, 그리고
마스터 처트니 요리사.

그녀는 네 명의 자녀인
이브, 리드, 빅터, 벤에게
많은 사랑을 받았습니다.
그리고 65년 동안 함께한
남편 어브에게서도.
긴 결혼 생활이었지만,
그러나 충분하지 않습니다.

거의 매일 오후 5시쯤, 나는 20분 정도 걸어서 매릴린의 벤치로 간다. 그곳에 도착하면, 나의 마음속에 있는 매릴린의 영혼과 이야기를 나눈다. 오늘 하루 있었던 일을 그녀에게 말하고, 내가 그녀를 얼마나 사랑하고 그리워하는지 되새긴다. 그녀는 걷기를 좋아했고, 함께 걷는 시간이 훨씬 길었다. 그러나 세월이 나의 에너지와 나의 균형 감각 같은 특정 능력을 앗아가서, 지금은 천천히 그리고 약간 비틀거리며 걷고, 내 앞으로 보행 보조기를 밀면서 그녀의 벤치까지는 갔지만, 더 이상은 가지 못한다.

공원을 산책하는 이웃들은 내가 여기 있는 것을 보곤 한다. 가끔 팬들이 벤치에 메모를 남겨 놓기도 한다. 어느 날 중동에서 온 어떤 치료사가 벤치에서 나를 기다리고 있었고, 상당한 양의 할바(터키캔디)를 선물로 가져왔다 — 그녀는 내가 쓴 책들 중 어딘가에서 내가 어렸을 때 할바를 좋아했다는 것을 읽었다면서 내가 쓴 책에 대한 감사의 표시로 할바를 선물한다고 했다. 물론 내가 그런 글을 쓴 기억은 없지만, 할바는 맛있었고, 이 아이디어는 매일 산책할 때 약간의 흥미를 더해준다 — 내가 한때 즐긴다고 말했던 것들 중에, 나를 기다리고 있는 게 또 뭐가 있을까? 공상과학 소설? 조 디마지오 신인 카드? 콘드 비프 샌드위치?

내가 90세 생일을 맞은 지 며칠 후, 벤치에 앉아 매릴린과 대화를 나누고 있을 때 즐거운 기억이 떠올랐다. 몇 년 동안 나는 앉아서 글을 쓰고 환자 상담을 마치고는 오후에 자전거를 타면서 운동을 하곤 했다. 나는 내 발 아래에서 자전거 바퀴가 돌아가는 느낌과 내 얼굴에 부드럽게 부는 바람을 기억한다. 공원 건너편에는 우리 아이들이 화창한 오후를 보냈던 모래 놀이터가 있었고, 손주들과 증손주들이 방문할 때면 지금도 그곳에서 놀곤 한다. 나의 머릿속 어딘가에서 또 다른 기억이 떠올랐다. 나는 고무로 만든 괴물 가면을 머리에 쓰고 있었는데 이 가면에는 송곳니, 밝은색의 피가 튄 자국, 그리고 길고 헝클어진 머리카락이 그려져 있었다. 나는 자전거를 타고 놀이터를 지나가면서 만화에서 나오는 듯한 비명을 지르며 아이들을 즐겁게 하거나 겁을 주곤 했다. 내가 그런 짓을 했을까? 이브에게 물어봐야겠다.

내가 몽상에 잠겨 있을 때, 한 노부인이 벤치 근처에 멈춰 서서 따뜻하게 인사를 건넸다.

"안녕하세요, 어브." 그녀가 웃으며 말했다. "혹시 잊어버리셨을까봐 말씀드리는데, 저는 데비예요. 우리는 몇 년 동안 서로 만나지 못했는데, 적어도 제 경우에는 얼굴과 이름을 맞추는 것이 점점 더 어려워지는 것 같아요. 앉아도 될까요? 정말로 여쭤보고 싶은 것이 있어서요."

"물론이죠, 데비."라고 대답하면서 이 여자가 누구인지 궁금했다.

벤치에 앉은 그녀는 미소를 지으며 나를 위아래로 훑어본 후, "안 좋은 소식이 있어서 도움이 필요합니다. 선생님은 제가 믿을 수 있는 유일한 치료사이고, 제 삶에서 선생님의 존재가 그리웠습니다. 인사도 하고 상담 약속도 잡으려고 선생님의 예전 집에 들렀는데 지금 그곳에 사는 사람들이 몇 년 전에 당신이 옆 블록으로 이사했다고 말해 주면서, 이 벤치에서 선생님을 찾을 수 있을 것이라고 말했어요. 그래, 여기 선생님이 계시네요."

그녀는 매우 낯익었다—목소리, 얼굴—그러나 나는 그녀를 알아볼 수 없었다. 얼마나 답답한지. 그녀는 아마도 나보다 10살에서 15살 정도 젊었을 것이다. 하지만 그 당시에는 거의 모든 사람이 나보다 젊었기 때문에, 그게 큰 도움이 되지는 않았다. 그녀는 아마도 오래전에 내 환자였을 것이라고 생각했지만, 과거에 그녀와 어떤 관계가 있었는지 하나도 기억나지 않았다.

아, 기억력! 매일 조금씩 점점 더 옅어지는 것을 느꼈기 때문에 너무 부끄러워서 가능한 한 다른 사람들에게 숨기려고 노력했다.

내가 가장 두려워하는 것 중 하나는 공적인 자리에서 일하는 누군가가 내가 더 이상 치료할 자격이 없다고 말할지도 모른다는 것이었다. 그래서 나는 기억력 상실을 거의 인정하지 않았고 대신, 오래전부터 익혀 온 포커 기술을 활용하여 시간을 벌었다. 일반적으로 몇 분간의 대화 후에 기억의 일부가 떠오르면서 모든 것이 금세 되살아났다. 이를 염두에 두고, 나는 그녀에게서 더 많은 정보를 끌어내기로 결심했다.

"데비, 무슨 일이 있었는지 말해 보세요."

"음, 간단히 말하면, 도움이 좀 필요해요. 2주 전에 저의 평생 친구가 죽었어요."

"정말 유감이군요."

"상황이 더 복잡해요. 며칠 전 그녀와 심각한 불화가 있었는데. 제 잘못입니다. 그녀는 수년 동안 저의 가장 가까운 친구였는데, 그녀의 죽음을 받아들이는 데 큰 어려움을 겪고 있어요. 선생님과 상담을 하고 싶습니다. 선생님과 제가 최근 수십 년 동안 만난 적이 없었지만, 선생님을 신뢰합니다, 어브. 가능한 한 빨리 상담 일정을 잡아 주시면 감사하겠습니다."

나는 그녀에게 지속적인 치료 환자는 더 이상 보지 않고 있지만, 그녀와는 상담을 위해 만나면 기쁘겠다고 말했다. "집에 돌아가서 일정을 확인하고 가능한 시간을 보내드리겠습니다. 이메일 주소를 적어 주실 수 있나요?" 그녀는 재빨리 지갑을 열고 메모장에 이메일 주소를 적어서 나에게 건네주었다.

"좋아요, 어브. 그리고 이메일 안에 당신의 수임료도 포함시켜 주세요. 우리가 마지막으로 만났을 때보다 올랐을 것 같네요. 제 수임료는 확실히 올랐어요. 제 동료들은 한 번 상담에 최소 200달러를 받는데, 당신 같은 정신과 의사는 최소 400달러를 받죠. 실리콘 밸리가 모든 것을 확실히 바꿔 놓았어요. 이곳이 조용한 대학 도시였을 때를 기억하세요?" 그녀는 웃으며 돌아서서 걸어갔다.

그녀가 건네준 메모를 살펴보았다. 이메일 주소뿐이었다.

왜 나는 더 많은 정보를 달라고 부탁하지 않았을까? 이름의 성이 있으면 도움이 되었을 텐데. 아쉽네. 내가 믿음직한 보행기의 도움으로 천천히 집으로 돌아가는 동안, 나는 내가 가지고 있는 정보를 계속 살펴보았다. 그녀는 나를 "어브"라고 불렀고, 마치 오래전부터 나를 잘 알고 있었던 것처럼 보였다. 그녀는 치료사였고, 아마도 임상심리학자였을 것 같은데 정신과 의사는 분명 아니었다. 그리고 한때 내 환자였을 것이다. 나는 계속 머릿속을 훑어보았지만, 그녀를 치료한 기억이 나지 않았다.

집에 도착했을 때, 나는 그 시기를 70년대 중후반으로 좁혔고, 그녀는 내가 오랫동안 운영해 온 스탠퍼드 외래 환자 클리닉에서 일했던 치료사라고 추측했다. 이건 거의 맞을 것 같았지만, 나는 내가 정기적으로 일하는 사람을 치료한 적이 없었기 때문에 완전히 정확하다고 할 수는 없었다. 나는 그 질문을 잠시 뒤로 미루어 놓고, 진실을 알아내기 위해서는 다가오는 세션을 기다려야 한다고 생각했다.

나는 다음 주 약속을 위해 그녀에게 이메일을 보내면서, 상담 직전에 줌 초대장을 보내겠다고 말했다.

그녀는 즉시 답장을 보냈다. "어브, 나는 최근에 예방 접종을 두 번 받았고, 팬데믹이 줄어들고 있어요. 나는 선생님과 직접 만나고 싶습니다. 우리가 젊었을 때처럼요."

2021년 여름, 세상이 다시 열리기 시작한 그 짧은 기간 동안 이런 일이 일어났다. 백신 접종 덕분에 연약한 노인들도 코로나로부터 안전할 수 있을 것 같았고, 공격적인 변종 바이러스의 다음 물결은 아직 닥치지 않았다. 나는 1년 넘게 내 사무실에서 살아 있는 환자를 보지 못했다. 사실, 나는 내 아이들과 몇몇 친구들을 제외하고는 살아 있는 사람을 거의 보지 못했다. 그러나 이번은 타이밍이 좋았고, 나도 두 번 백신 접종을 마쳤다. 나는 데비와 대면 미팅에 동의하고 그녀와의 만남을 기대하고 있다고 덧붙였다.

며칠 후, 우리는 내 사무실에서 만났다. 세션의 전반부에서는 그녀의 친구 질의 죽음과 그들이 겪었던 다툼에 대한 데비의 강한 죄책감에 초점을 맞췄다. 질의 남편은 치매가 진행 중이었는데, 질은 유부남인 이웃과 바람을 피우고 있었다. 데비는 그 일을 매우 못마땅하게 생각했고, 그 때문에 두 절친은 몇 주 동안 대화를 나누지 않았다. 그러던 어느 날 질이 심장마비로 사망했고, 데비는 자신의 비판적인 행동에 때문에 슬픔과 후회에 휩싸였다. 나는 데비의 이야기를 자세히 기록하면서, 데비가 나에게 어떤 존재인지, 내가 데비에게 어떤 존재인지 그 단서를 찾기 위해 노력했으나 아직까지 아무것도 떠오르지 않았다.

데비와 나는 같이 그녀의 벗어날 수 없는 죄책감을 살펴보았고, 나는 질의 심장마비와 그녀의 연애 상대 선택에 대해 그녀가 책임이 없다는 것을 강조했다. 나는 질의 불륜에 대한 데비의 강렬한 반응에 대해 질문했다. 왜 질의 불륜이 그녀를 그렇게 화나게 했을까? 도덕적 판단 때문이었을까? 아니면 불륜에 대한 자신의 경험 때문에 그런 감정을 갖게 된 것일까? 우리는 여러 가지 가능성을 이야기했다. 데비는 몰입하고 호기심을 느끼는 한편, 자신의 강렬한 반응을 어떻게 설명해야 할지 조금은 당황스러워했다.

"확실하게 알 수 없어요." 그녀가 말했다. "이런 때일수록 정말 우리 그룹이 그립습니다. 정말 많이 그립습니다!"

우리 그룹?! 단서가 될 만한 것이 있었다.

그러나 그녀가 언급한 그룹은 무엇이었을까? 제 초기 작업의 대부분은 그룹 치료사로서의 일이었고, 나의 저서인 **그룹 치료의 이론과 실제**는 이 분야에서 내 이름이 알려지게 해준 작품이다. 60년대와 70년대에 나는 수많은 치료 그룹을 이끌면서, 그 그룹들이 왜 그렇게 효과적인지,

사람들이 서로를 도울 수 있도록 돕고 싶다는 열망, 역동성에 끊임없이 매료되어 그 구조를 실험해 보려는 열망이 있었다. 나는 스탠퍼드 외래 환자 클리닉에서 장기 그룹, 입원 환자 클리닉에서 단기 그룹, 그리고 암 환자 그룹, 사별 그룹, 일반 프로세스 그룹을 이끌었다. 정말 많았다. 그녀가 말한 그룹은 어느 그룹이었을까?

그리고 왜 우리 그룹이었을까? 그녀는 치료사였기 때문에, 아마도 동료들과 함께 그룹을 이끌었던 적이 있었을 것이다. 나는 그저 기억이 나지 않았다. 나는 좌절감에 휩싸였다. 누군가와 수년간 긴밀하게 일하다가 갑자기 그 사람을 알아보지 못하는 상황, 그 사람을 안다고 생각하지만, 머릿속에서 그 조각들을 합칠 수 없는 상황을 상상해 보라.

좌절감에 이어 수치심이 밀려왔다. 줌을 통해 단 한 번 만난 사람들조차도 내 기억력의 쇠퇴를 인정하는 것이 매우 힘들었다. 하지만 내 전성기, 즉 내가 진정한 발견을 하고 영향을 미치던 시절의 나와 훨씬 가까웠던 데비와 직접 만나게 되자 그녀를 전혀 기억하지 못한다는 사실을 드러내는 것이 너무 고통스러워 차마 말할 수 없었다. 동시에, 그녀에게 매우 중요한 것 같았던 우리 그룹에 대한 기억이 나지 않는다고 말해서 그녀를 상처주고 싶지 않았다. 아마도 이것들은 오직 합리화일 뿐이고, 나의 쇠퇴를 피하기 위한 변명일지도 모른다. 어쨌든 나는 그것을 피했다. 나는 그녀가 기억의 수문을 여는 말을 할 수 있기를 바라며 앞으로 나아갔다.

"우리 그룹에 대해 더 자세히 말해 주세요."라고 내가 제안했다.

"어브, 제가 선생님에게 이런 말을 한 적이 있는지 기억이 나지 않지만, 당신은 우리 그룹이 저에게 얼마나 중요한지 알고 있었을 거예요.

몇 년 동안 저의 일주일 중 가장 중요한 시간이었습니다. 그 경험에 대해 당신과 다른 멤버들에게 항상 감사할 거예요. 진심으로요." 그녀는 잠시 멈추더니 휴지를 꺼내 들었다. "지난주에 선생님의 예전 집을 방문했을 때, 우리가 몇 년 동안 만났던 차고 위의 방을 오래도록 그리워하며 바라봤어요. 이웃이 그러는데, 지금은 그곳에 노인 부부가 살고 있대요."

우리 옛날 집. 차고 위에 있는 방. 그 시절의 모든 것들.

붐! 갑자기 기억이 마음속에서 폭발하듯 떠올랐고 또 몇 가지가 더 떠올랐다. U자형 소파에 앉아 있는 사람들, 발 밑에 있는 얼룩덜룩한 갈색 카펫, 창문을 통해 들어오는 얼룩진 햇빛. 기억이 되살아나기 시작했다! 그것은 내가 집에서 만든 글쓰기 스튜디오에서의 매우 특별한 그룹이었다. 이 스튜디오는 대학의 공식적인 지원과는 별개의 공간이었다. 정신과 환자가 아닌 동료 치료사들로 구성된 그룹이었다. 이것은 매우 특이하지만, 치료사들이 치료 과정에 대한 지식의 불균형 때문에 비치료사와 함께 그룹에 속하기를 꺼리는 경우가 많기 때문에 필요한 그룹이기도 했다. 그룹 치료 과정에 참여하는 사람들이 동료들과 서로의 감정과 충동을 관찰하는 데 능숙하다는 것을 느끼면서, 동시에 동료들 서로의 감정과 충동을 관찰하는 훌륭한 대인 관계 학습을 경험할 수 있는 환경을 구축하기 위해 내가 마련한 구조였다.

데비의 향수는 충분히 이해할 수 있었다. 나에게도 그 그룹은 매우 중요했다. 그 그룹은 몇 년 동안 나의 일주일 중에서 중요한 행사였다. 우리는 매주 목요일 저녁에 그 스튜디오에서 만났다. 그 스튜디오는 여러 그루의 큰 떡갈나무 사이에 지어진 건물 2층에 자리 잡고 있었다. 따뜻하고, 조명이 밝고, 항상 먼지가 조금 있었다. 멤버들과 느꼈던 유대감은 유난히 깊었다. 내 생각에 그 이유는 부분적으로는 우리 모두가 비슷한 관심사를 가진 전문가들이었고, 부분적으로는 그룹이 긴 기간 지속되었기 때문인 것 같았다. 다른 곳으로 직업을 옮기거나 단순히 삶을 살아가기 위해 떠나는 회원들과, 빈 자리가 생기면 새로 들어오는 회원들로 인해 수년 동안 계속되었다.

스탠퍼드에서의 그 초창기 시절은 정말 특별했다. 혁신과 흥분으로 가득한 시기였다. 내가 스탠퍼드에 도착했을 무렵, 대학은 새로운 정신과를 개발하고 있었다. 학과장인 데이비드 함부르크는 젊은 교수들을 한꺼번에 고용하고, 그들에게 각각 학생 건강 서비스 책임자, 입원 환자 프로그램 책임자, 외래 환자 서비스 책임자라는 구체적인 임무를 맡겼다. 운 좋게도 나는 유일하게 임무를 맡지 않은 사람이었다. 내가 어떤 일을 하게 될지 물었을 때, 함부르크 박사는 내가 쓴 글에서 깊은 인상을 받았으며, 계속해서 생각하고, 탐구하고, 글을 쓰는 것이 나의 일이라고 말했다. 정말 영광스러운 헌장(憲章)! 그래서 나는 치료 그룹을 이끌고, 그 힘을 핵심 아이디어로 추출하고, 다양한 치료 방법을 실험했다. 또한 나는 가족과 부부를 대상으로 한 혁신적이고 상상력이 풍부한 새로운 치료접근법이 개발되고 있는 일에 대해 많은 시간을 들여 공부했다. 정신과 의사로서 이 분야를 탐구하고 발전시키는 것은 매우 흥미롭고 보람 있는 일이었다!

데비가 나를 다시 데려간 그 그룹은 그런 흥미진진한 탐험 중 하나였다. 나는 그 특정 그룹을 잊어버렸다는 사실에 약간의 억울함을 느꼈다. 그 그룹이 무엇인지 확인한 지금조차도, 오랜 기간 내 인생에서 가장 심오한 관계 중 일부였다는 것을 알고 있음에도 불구하고, 그 그룹의 구성원 중 누구도 내 기억 속에 다시 떠오르지 않았다. 그것은 당혹스러운 일이었다. 내 자아는 고개를 들었고, 나는 한때 존경받는 리더였던 내가 얼마나 몰락했는지 그녀가 알기를 원치 않았다. 그럼에도 불구하고 나는 그녀의 기억을 더 듣고 싶어 갈망했다. 그녀의 기억이 어쩌면 내 기억을 되살려줄지도 모른다고 생각했기 때문이다.

"회원들에 대한 소식이 있으면 알려주세요." 조심스럽게 말을 꺼냈다.

"글쎄요. 작년에 글로리아의 결혼식에 참석했어요. 글로리아는 매우 행복해 보였어요."

글로리아. 글로리아? 아니, 아무것도.

"다른 사람에 대한 소식은 없나요?" 내가 물었다.

"안타까운 소식이 있습니다. 폴이 최근에 암으로 세상을 떠났습니다. 그리고 베르타도 10년 전에 세상을 떠났습니다."

"아, 그렇군요." 내가 대답했다. 베르타의 얼굴이 떠올랐다. 둥글고 비뚤어진 미소를 짓고 있는 얼굴이었다. 그녀는 사랑스러운 여성이었다. 나는 그녀가 죽기 전에 요양원에서 몇 번 만났다. 조금씩 다른 얼굴들이 기억나기 시작했다. 나와 다른 사람들과 많은 것을 공유했던 사람들이다.

"제리의 소식 들은 적 있어요?" 나는 오랜 기간 그룹의 일원이었던 인상적인 수염을 가진 남자의 이름을 기억하고 있어서 기쁘게 물었다.

"몇 년 동안 못 들었어요." 그녀가 말했다. "그런데 그거 알아요? 가끔 그 사람이 웃는 소리가 들리는 것 같아요. 마치 그 사람과 관련된 기억이 제 안에 조금씩 남아 있는 것 같아요."

나는 잠시 동안 이 생각을 했다. 내 머릿속에는 이름은 모르지만 반갑게 맞이했던 사람들의 얼굴이 번쩍번쩍 떠올랐다. 따뜻한 감정이 밀려들었다. 더 많은 이야기를 듣고 싶었지만, 그녀의 경험에 초점을 맞추는 것이 중요하다는 것도 알고 있었다.

"데비, 우리 그룹이 왜 그렇게 의미 있는 그룹이었는지 말해 줄 수 있겠어요?"

"이유는 정말 많아요! 가족과 같은 느낌이 들었어요. 항상 사랑스럽지는 않았지만, 중요한 존재였어요. 우리는 서로의 말을 진지하게 들었어요. 우리는 정말 많은 것을 배웠어요. 그리고 어쨌든, 어브 덕분에 우리는 어려운 일, 부끄럽거나 슬픈 일을 공유할 때도 안전하게 이야기할 수 있었어요."

"정말 멋지네요. 우리는 모두 함께 아주 잘 해낸 것 같아요."

1시간이 끝날 무렵, 데비는 나에게 감사의 인사를 하고 400달러짜리 수표를 건네주었다. 나는 그 수표를 손에 쥐자마자 얼어붙었다. 나는 그녀의 수표를 받는 것이 매우 불편했다.

"잠깐만요, 데비." 내가 말했다. 잠시 생각한 후, 나는 그 수표를 그녀에게 돌려주면서 수업료의 절반을 지불하라고 제안했다. 그녀는 기꺼이 수표를 찢고 다른 수표를 써주었다.

언젠가 데비가 이 이야기를 읽으면, 내가 왜 그녀의 전액을 받지 못했는지 이해할 것이라고 확신한다. 나는 그녀의 소중한 친구의 죽음에 대한 관점을 제시하고 그녀의 강력한 죄책감을 완화하는 좋은 일을 했다. 그러나 그녀는 나를 그 그룹과 내 삶의 그때 그 시기로 돌려보내서 나에게 많은 것을 주었다. 나는 에너지와 열정을 가지고 있었고, 사람들이 갑자기 자기 인식과 의식 향상을 추구하는 진정한 호기심으로 가득한 이 시기에 북부 캘리포니아에 정착할 수 있었던 것은 정말 행운이었다. 개방성과 가능성에 대한 감각이 있었고, 우리는 환자들과 함께 일하고, 새로운 아이디어와 접근법을 실험하고, 햇볕이 잘 드는 먼지가 많은 사무실에 앉아 서로의 어려움과 감정에 공감하고, 서로를 공유하는 일에 전념했다.

CHAPTER 18

주디 스타인버그의 생일

마사는 39세의 호주인 심리치료사로 나는 그녀가 스스로 참 편안해 보여서 부러울 정도였다. 상담을 시작하면서 그녀는 심리치료사로 성공적으로 활동하고 있으며, 어머니와 두 형제와도 가까운 사이라고 말했다. 20분 정도 이야기를 나눈 후, 나는 점점 의아해졌다. 상담이 거의 절반 정도 진행되었는데도, 그녀가 왜 나에게 연락을 했는지 아직도 알 수가 없었기 때문이다. 마사의 세계에서는 모든 것이 잘 돌아가는 듯했다.

그녀는 정신분석적 접근으로 치료하는 치료사에게서 2년 과정을 마쳤는데 그 과정이 도움이 되었다고 이야기했다. 나는 눈을 가늘게 뜨고 더 열심히 들으면서 그녀가 자기 인생의 문제로 이야기를 돌릴 때까지 기다렸다. 그러나 그녀는 부모님의 이혼과 4살 때 아버지와의 관계가 끊어진 것 외에는 고통의 흔적을 보이지 않았다.

그녀가 왜 나에게 연락했는지 여러 번 물어봤지만, 그녀는 매우 비싼 시간 동안 계속 잡담을 하는 것에 완전히 만족하는 듯했다. 나는 세션을 좀 더 깊이 있게 이끌어가기 위해 더 열심히 노력해야 한다고 생각했다. 그녀는 환자가 치료를 통해 무언가를 얻으려면 반드시 공유해야 한다는 것을 확실히 알고 있는 전문 치료사였다. 시계는 계속 돌아가는데, 내 안의 질문은 점점 더 절박해졌다. 무슨 일이 일어나고 있는 걸까? 왜 그녀는 이렇게 소극적인 걸까? 나는 환자가 말을 하도록 돕기 위해 평소 사용하던 방법을 시도해 보았지만, 모두 놀라울 정도로 효과가 없었다.

"마사" 나는 마침내 용기를 내어 말했다. "지금까지 저는 당신에게 개인적인 질문을 해왔으나 우리는 교착 상태에 빠진 것 같습니다. 잠시 동안 당신과 저의 역할을 바꿔 보는 것이 어떻겠어요? 당신이 제 삶에 대해 몇 가지 질문을 해 주었으면 해요. 당신이 어떤 질문을 하든 최선을 다해 대답할 것을 약속합니다."

그 결과 침묵이 흘렀다. 나는 기다렸다. 더 많은 침묵. 나는 살짝 그녀를 밀어붙였다. "뭐든 물어보세요, 마사. 더 깊고, 더 개인적인 질문일수록 더 좋아요."

침묵과 그녀의 차분한 시선뿐이었다. 그녀의 침묵은 무엇을 말하고 있었을까? 왜 이렇게 힘이 들까? 나는 그녀를 불편한 상황에 처하게 해서 조금 죄책감이 들기 시작했다. 그러나 그녀의 얼굴에서 보인 것은 평온함뿐이었다. 나는 계속해서 그녀를 자극했다.

"이제 궁금해할 차례예요, 마사. 저에 대해서는 걱정하지 마세요. 어떤 질문이 떠오르든 저는 편안해요."

그러나 그녀는 아무런 대답도 하지 않았다. 나는 몇 달 동안 가장 어려운 경우에 이 질문을 사용해 왔고, 거의 모든 사람이 이 질문을 했을 때 많은 질문을 받았다. 그러나 지금 내가 어떻게 표현하든 마사는 침착하고 조용했다. 그녀가 말하도록 설득하려는 나의 모든 노력은 실패했고, 시간은 흘러갔다. 나는 어안이 벙벙했다.

"마사, 정말 미안하지만 시간이 다 됐어요." 내가 말했다. "제가 도움이 많이 되지 못했던 것 같지만, 앞으로 며칠 안에 저에게 편지를 보내시고, 이번 세션에 대한 피드백을 주시면 정말 감사하겠습니다." 그리고 나는 이것으로 이 세션을 마쳤다.

완전한 실패작! 그녀는 단 한 마디의 질문도 하지 않았다. 그 차분한 미소는 흔들림이 없었고, 나의 새로운 비밀 병기는 처참하게 실패했다. 나는 마사가 우리의 시간이 쓸모없었다고 생각할 것이고, 다시는 연락이 오지 않을 것이라고 예상했다. 그러나 며칠 후, 그녀의 수표가 하늘색 종이에 손으로 쓴 메모와 함께 도착했다.

> 세션에 대해 정말 감사드립니다, 얄롬 박사님. 우리는 매우 중요한 것, 즉 실제적이고 깊은 두려움에 대해 이야기한 것 같습니다. 하지만 이해하기는 어렵습니다. 가능하시다면 또 다른 세션을 진행해 주시면 감사하겠습니다.

그녀의 연락을 받고 안도했다. 첫 만남의 수수께끼가 계속 내 머릿속을 맴돌고 있었다. 그 만남이 그렇게 실패적이었다는 점을 생각할 때,

우리가 무언가 매우 중요한 것을 발견했다는 그녀의 말은 놀라웠다. 이로 인해 내 머릿속의 수수께끼는 더욱 커졌다. 그녀가 '진정한 깊은 두려움'을 이야기했다는 말은 절실히 필요한 단서를 암시하는 것이었다. 나는 그녀를 다시 만나기로 하고, 그 단서들이 가리키는 어디로든 따라갈 준비를 했다.

몇 달 동안 나는 몇몇 다른 환자와의 두 번째 세션에 동의했다. 거의 모든 두 번째 세션은 첫 번째 세션이 매우 문제가 있는 것처럼 보였을 때였다. 마사의 경우도 확실히 그런 경우 중 하나인 것 같아서, 다음 세션을 시작하기 전에 더 잘하고 싶은 마음으로 더 열심히 마사의 노트를 읽었다.

"다시 만나서 반갑습니다, 마사." 스크린에 마사의 얼굴이 보이자 나는 이렇게 말했다. "지난번 세션에 대해 지금 어떤 생각과 감정이 드나요?"

"그 질문을 예상하고 있었지만, 머릿속이 너무 복잡해서요." 그녀가 말했다. "제가 마음을 열지 않았다는 것을 알고 있습니다. 그러고 싶었지만, 할 수 없었어요!"

"왜 그럴 수밖에 없었는지 이유가 있습니까?"

"어쩌면 선생님이 나에 대해 안 좋은 것을 알게 될까 봐 두려웠을지도 모릅니다. 아니면 올바른 방식으로 제 마음을 열지 못했을지도 모릅니다."

"치료사로서 당신은 질문을 던지는 데 익숙해서 응답자의 입장이 되는 것이 어려웠을지도 모르겠습니다."

그녀는 별로 공감하지 않는 것 같아서, 나는 조금 더 밀어붙였다.

"제가 질문해 달라고 부탁한 적이 있었죠. 기억하시나요?"

"네. 그게 가장 힘들었어요. 너무 당황스러워서 머릿속이 하얘졌어요."

흥미롭군! 나는 이 질문이 부분적으로 환자의 부담을 덜어주고, 방어벽을 허물고, 친밀감을 쌓을 수 있는 문을 열어주는 데 도움이 된다고 생각했다. 마사의 경우, 분명히 반대 효과가 있었다. 따라서 이 역할의 역전은 사실 무서운 도전이 될 수 있다. 이것은 유용한 계시였다. 앞으로는 이 방법을 사용할 때 더 조심해야 할 것이다. 나는 나 자신을 계발하기 위해 이 경험에 대해 더 많이 물어보고 싶었지만, 그녀에게 집중하는 것이 더 중요하다는 것을 알고 있었다.

"왜 이런 느낌이 들었는지 아시나요?"

"불안감"이라고 그녀는 말했다. '다른 사람들은 제가 말을 많이 하지 않고 항상 침착해 보인다고 말하곤 합니다. 하지만 저는 겉보기와는 달리 내면에는 평온함이 없습니다. 날것의 불안감이 있어요. 항상 그래 왔습니다. 제가 제대로 된 설명을 할 수는 없지만, 제가 4살 때 아버지가 우리를 떠난 것이 중심에 있습니다."

"중요한 이야기인 것 같군요. 더 말해 줄 수 있나요?"

"아마도 저에게는 누군가에게 보여주기 싫은 추한 면이 있는 것 같아요. 그래서 아버지가 떠난 것일지도 몰라요. 아버지의 떠남은 미스터리였어요. 어머니는 항상 그 일에 대해 말하기를 거부하셨어요. 그리고 제가 그 당시에는 너무 어렸지만, 어쨌든 그게 제 잘못이라고 느꼈어요. 말이 안 되는 일이라는 것을 알지만, 그 생각을 떨칠 수가 없어요."

"정말 깊은 상처군요, 마사. 당신은 어렸고, 그때 일어난 일은 당신의 잘못이 아니었어요."

"하지만 그렇게 느껴져요. 마음속으로요."

"아마도 그는 아버지로서 준비가 되어 있지 않았던 것 같아요. 아마도 우리는 진실을 결코 알 수 없을 거예요. 하지만 지금 이 순간의 진실은 발견할 수 있어요. 그러니 우리, 당신과 나를 살펴봅시다. 지금 당장 말하기가 왜 그렇게 어려운가요?"

"두려움. 다른 말로는 표현할 수 없습니다. 선생님에 대한 두려움입니다."

"나에 대해 어떤 점이 두려운가요?"

"모든 것이 두려워요. 선생님은 유명하고, 모두가 선생님을 존경합니다. 선생님이 나에게 얼마나 두려운 존재인지 상상도 못하실 거예요. 우리 교수님은 항상 선생님을 이야기했고, 우리는 여러 수업에서 선생님의 책을 사용했어요."

다시 한 번 내가 무섭다고 들었다! 나는 내 인생의 많은 시간을 온화하고 이해심 있는 사람이 되려고 노력했다. 이 두려움에 마주칠 때마다 나는 놀라곤 한다. 이전보다 지금 단일 세션에서 훨씬 더 자주 이런 두려움을 경험한다. 여기에는 몇 가지 핵심 요소가 있다고 생각한다. 전반적으로, 매주 같은 환자를 만났던 것보다 훨씬 더 많은 환자들을 만나고 있기 때문이다. 따라서 겁을 줄 기회가 훨씬 더 많고 상담을 요청하는 치료사들도 예전보다 훨씬 더 많아졌다. 아마도 일회성 상담은 장기 치료보다 비용이 적게 들기 때문일 것이다. 그리고 치료사들은 당연히 나를 가장 위협적으로 느낄 가능성이 높은 사람들이다. 짧은 시간 동안 함께해야 한다는 압박감까지 더해지면, 두려움과 위협의 표현은 압축된다. 환자가 몇 주에 걸쳐 나를 알아가고, 두려움을 극복할 수 있는 적응 기간 대신에, 그들은 이 모든 것을 한꺼번에 직면해야 한다. 이유가 무엇이든 나는 조심해야 했고, 이러한 두려움을 빨리 해소해야 했다.

"나는 그 사람이 위협적으로 느껴질 수 있다는 것을 알게 되었어요." 라고 나는 말했다. "이 모든 책을 쓴 그 얄롬 박사 말이에요. 지금부터 저를 어브라고 불러보면 어떨까요? 도움이 될까요?"

마사의 입가에 미소가 서서히 번졌고, 그녀는 나더러 계속하라는 듯 고개를 끄덕였다.

"나는 당신이 말하는 두 명의 중요하고 무서운 남자, 당신의 아버지와 저에 대해 듣고 있어요."

그녀는 다시 고개를 끄덕였다.

나는 그녀의 인생에 다른 남자가 있었는지 물었고, 그녀는 여러 번 연애를 했지만 오래 지속된 적이 없다고 말했다. 그녀는 연인이나 다른 사람들과 진정으로 가까워지는 데 어려움을 겪는 것 같았다. 나는 무엇이 그녀를 방해하는지 물었다.

"그들은 내가 어떤 사람인지 알게 될 거예요." 그녀가 말했다. "내가 충분하지 않다는 것을 알게 될 거예요. 내가 겉모습만큼이나 내면도 추하다는 것을 알게 될 거예요."

와! 마사는 못생기지 않았을 뿐 아니라 따뜻하고 친근한 미소와 반짝이는 눈을 가졌다. 나는 여성들은 끊임없이 자신의 외모에 대해 부적절함과 수치심을 느끼도록 만들어진다고 덧붙여서 말했다. 이것은 우리 문화에서 가장 지속적으로 심리적 피해를 주는 측면 중 하나이며, 내가 일해오고 있는 수십 년 동안 점점 더 악화되었다. 여성의 외모를 기준으로 여성의 가치를 평가하는(남성과 여성 모두에게서) 것은 사회에 깊이 뿌리박혀 있다. 내가 쓴 글을 되돌아보면, 때때로 나는 여성 환자들의 외모를 다른 어떤 것보다 먼저 묘사함으로써 나도 모르게 이런 문제를 조장했는지도 모른다는 생각이 든다. 그러한 묘사는 대체로 긍정적인 내용이지만, 오늘날처럼 권력과 성별 역학에 대한 인식이 커진 시대에는 외모를 본질보다 우선시하는 것으로 받아들여질 수 있다. 매릴린이 수십 년 동안 강하게 페미니스트적 입장을 취하며 투쟁했던 메시지가 메아리치는 것 같았다.

그럼에도 불구하고 나는 마사에게 그녀가 분명 못생기지 않았다고 말했다.

"감사합니다." 마사가 말했다. '하지만 저는 … 뭐라고 해야 할까… 속이 썩은 기분이에요."

"그건 아버지나 다른 사람들 때문일 수도 있겠네요."

"어떻게 하면 그 수치심을 극복할 수 있을까요?" 그녀가 물었다.

내가 나의 개인 심리치료 경험을 이야기하려고 할 때, 아주 오래전의 기억 한 조각이 내 머릿속에 떠올랐다. 수십 년 동안 한 번도 생각해 본 적이 없는 기억이었다.

"마사, 방금 아주 이상한 이미지가 떠올랐어요. 제가 이야기를 하나 해도 괜찮을까요? 도움이 될지는 확신할 수 없지만, 도움이 될 수도 있을 것 같아요. 위험을 감수할 만한 가치가 있을까요?"

그녀는 고개를 끄덕였다.

"좋아요. 오래전, 제가 열두 살쯤 되었을 때, 저는 워싱턴 DC의 매우 낡은 지역에 있는 부모님의 작은 식료품점 위 아파트에서 살았어요. 여름 방학이 되면, 부모님은 제가 겪을 수 있는 모든 문제나 위험에 대해 걱정하셨고, 비용을 아끼지 않고 저를 두 달 동안 좋은 여름 캠프에 보냈습니다. 어느 여름, 저는 메릴랜드에 있는 캠프 크레스트몬트에 갔습니다. 그곳에서 첫 여자 친구를 사귀었고, 첫 키스를 한 것 같아요. 방금 그녀의 이름—주디 스타인버그—이 갑자기 떠올랐어요. 사실 그 이름을 기억하고 있다는 사실에 저는 좀 놀랐어요. 수십 년 동안 그녀에 대해 생각하지 않았는데, 지금은 그녀를 완벽하게 떠올릴 수 있어요."

나는 잠시 멈춰서 뇌의 경이로움에 대해 생각해 보았다. 그리고 계속 이야기를 이어갔다.

"3, 4개월 후, 저는 주디의 13번째 생일 파티 초대장을 받았어요. 주디는 워싱턴 외곽의 고급 주택가인 체비 체이스에 살고 있었고, 그녀의 부모님은 매우 부유한 것으로 보였어요. 우리 어머니는 저를 파티에 데려다 주셨고, 주디의 부모님은 저를 우리 집까지 태워다 주셨습니다. 저는 주디의 아름다운 집에 있다가, 이렇게 지저분한 동네에 살고 있다는 사실이 너무나 부끄러웠던 기억이 납니다. 주디 부모님이 저와 주디를 뒷좌석에 태우고 집으로 데려다 주셨는데 집 근처로 차를 몰고 가면서 저는 구역질이 나기 시작했고, 부끄러움의 물결이 저를 덮쳤습니다. 그때 일을 생각하는 것만으로도 배가 아파오네요. 부모님의 가게에 가까워지자, 저는 길 건너편에 있는 훨씬 더 멋진 집을 보았어요. 저는 그곳이 제가 사는 곳인 것처럼 가장하고 주디 부모님에게 저를 거기에 내려달라고 부탁했습니다. 현관 계단을 올라가면서 이웃들이 문을 열고 내가 거기서 무엇을 하는지 묻지 않기를 기도했지요. 주디와 그녀의 부모님은 지켜보며 기다렸어요. 나는 뒤돌아 서서 몇 분 동안 계속 손을 흔들며 작별 인사를 했어요. 마침내 주디의 부모님이 차를 몰고 떠나고, 나는 부끄러움에 혼자 서 있었지요."

마사와 나는 잠시 동안 침묵을 지켰다. 내가 물었다. "내가 방금 한 말에 대해 어떻게 생각하세요?"

"충격적이었어요." 마사가 말했다.

"어떤 점에서 충격적이었는지 말해 주세요." 내가 물었다.

"내 인생의 그런 부분들을 다른 사람과 공유한다는 것이 상상조차 할 수 없었어요."

"왜죠? 무엇을 두려워하는 거죠?"

"내가 부족하다는 생각에 두려웠던 것 같아요."

"언제… 어디서… 그런 생각이 시작되었나요?"

그녀는 침묵을 지켰다.

"당신 아버지가 네 살 때 떠났어요. 그게 시작이었나요?"

"그게 바로 제 치료사가 하던 말이에요."

"치료사의 말에 대해 어떻게 생각하셨나요?"

"도움이 되지 않았어요."라고 말한 후 다시 침묵에 빠졌다.

"방금 있었던 일로 돌아가 봅시다. 다시 한 번 물어보고 싶은데요, 제 여자 친구의 13번째 생일 파티 이후에 제가 제 행동을 묘사했을 때 어떤 기분이 들었나요?"

"황당했어요. 정말 황당했어요."

"무엇 때문에요?"

"선생님이 나에게 이런 이야기를 했다는 사실 때문에요! 나는 선생님의 강의 영상을 보고, 책을 읽었어요. 이 내용을 공유하는 나는 누구일까요? 솔직히 말해서, 저는 환자와 그렇게 많은 내용을 공유할 생각은 전혀 없습니다. 저는 방금 2년간의 치료를 마쳤고, 그 100번의 세션 동안 저의 치료사가 자기 자신에 대해 그렇게 많이 말한 적이 없었던 것 같아요."

"글쎄요, 그 치료사는 그렇게 했어야 했죠! 그것은 바로 이 분야의 문제입니다, 마사. 당신 때문이라는 게 아니에요. 환자와 자신의 일부를 공유하는 것이 진정한 관계를 형성하는 데 필수적이라고 생각합니다."

"저는… 뭐죠? 영광이라고 해야겠네요."

"그 영광을 당신에게 주게 되어 기쁩니다! 하지만 당신은 스스로를 나보다 열등하다고 생각하고 있어요. 그럴 필요 없어요. 우리는 그렇게 다르지 않아요, 마사. 당신과 나는 둘 다 다른 사람들을 돕는 데 헌신하는 치료사예요. 그리고 우리 둘 다 우리를 괴롭히는 충격적인 어린 시절을 보냈어요."

"하지만 우리는 너무 달라요."라고 그녀가 대답했다. "선생님은 자신의 트라우마와 당혹스러움에 대해 사람들에게 이야기하는 것이 편해 보입니다. 어떻게 수치심을 극복할 수 있었나요?"

"저는 오늘 당신이 하고 있는 일을 그대로 하면서 극복했습니다. 도움을 받기로 결심하고 훌륭한 치료사들을 몇 명 만났습니다. 그리고 스스로 노력했습니다. 지금도 스스로 노력하고 있습니다."

잠시 침묵 후 나는 이렇게 말했다. "마사, 내 말에 집중해 보세요. 지금 당신 내면에 무슨 일이 일어나고 있나요?"

"너무 많아요. 감동적이고, 감사하고, 질문이 가득해요."

"질문 몇 개는 할 시간이 아직 남아 있어요."

"좋아요. 이런 걸 여쭈어 보아도 될지 모르겠지만, 선생님께서는 지금 치료 과정에서 어떤 문제를 다루고 계시나요?"

마사에게 이 정보를 어떻게 유용하게 전할 수 있을지 생각하며 잠시 망설였다. 사실 내 문제의 핵심이 그녀의 문제와 어떤 면에서는 비슷하게 느껴졌기 때문에, 아주 분명해 보였다. 나는 망설임 없이 이야기를 시작했다.

"몇 달 동안 저는 큰 도전을 받고 있습니다. 매일 수십 통의 이메일을 받는데, 이메일에서 그들은 제 책이 그들에게 얼마나 중요한지, 그리고 제가 얼마나 '놀라운' 사람인지, 또 얼마나 '중요한' 사람인지 알려주는 사람들이 많습니다. 이런 불평을 하는 것이 우습게 들릴 수도 있겠지만, 사실은 어쨌든 이런 이메일들은 제게는 잘 와닿지 않습니다. 당신도 저와 마찬가지로 이메일을 완전히 믿지 못할 수도 있습니다. 제 이메일함은 아무리 많은 이메일로 가득 차고, 아무리 날카롭거나 빛나는 이메일이라도, 그 말들이 내 피부 아래로는 침투하지 못합니다. 사람들의 삶에 도움이 되었다는 건 정말 기쁜 일입니다. 매우 기뻐요. 하지만 저의 일부에서는 여전히 가난한 집안의 창피한 소년이 어느 집에 살았는지 거짓말을 하는 것처럼 느껴집니다. 그들이 진짜 저를 안다면, 그들은 절대로 이메일에 그런 글을 쓰지 않을 것입니다. 그래서 우리 둘 다 같은 문제를 다루고 있는 셈입니다. 어린 시절의 트라우마는 지우기가 정말 어렵습니다."

"한 가지만 더 물어봐도 될까요?"

"물론이죠."

"치료사로서 선생님은 어떻게 그렇게 자신을 많이 드러낼 수 있게 되었나요? 대부분의 사람들은 그렇지 않잖아요. 그리고 선생님이 '이 분야에서는 문제가 됩니다.'라고 말했는데 어떻게 그렇게 할 수 있었나요?"

잠시 생각에 잠겼다. 자기 공개는 수십 년 동안 내 작업의 큰 부분을 차지해 왔다. 그런데 그 접근 방식은 어디에서 비롯된 것일까?

"마사, 두 가지 생각이 떠오르네요. 첫 번째는 제가 정신과 의사 훈련을 받을 때, 한 고전적인 정신분석가에게 개인 치료를 받았는데, 그녀는 대부분 가만히 앉아 제 이야기를 듣기만 하고, 자기 자신에 대해서는 아무것도 제공하지 않았습니다. 가끔 고개를 끄덕이거나 '흠' 하고 중얼거리는, 옛날의 프로이트식으로 빈 화면, 때로는 꿈 해석이나 자유 연상을 했을 뿐. 그녀는 차갑고 거리감이 있었지요. 나는 3년 동안 일주일에 4일씩 그녀의 소파에 누워 있었어요. 상상할 수 있겠어요? 총 600시간 동안. 그 모든 시간 동안 그녀에게서 배운 단 하나의 유용한 사실은 내가 원하는 치료사는 절대로 이런 사람이 아니라는 것뿐이었지요."

"선생님은 성공했어요." 마사는 웃으며 말했다. "빈 화면이 되지 않았어요!"

"휴우," 나는 웃으며 말했다. "두 번째로는 존스홉킨스대학의 훌륭한 정신과 의사 제롬 프랭크로부터 배울 수 있었던 것은 매우 행운이었어요. 그는 저에게 치료 그룹을 이끄는 방법을 가르쳐 주었고, 그가 한 일 중 특별했던 것은 그룹 구성원들 사이에 일어나는 일에 실시간으로 집중하는 것이었습니다. 그는 다른 멤버들이 하는 말에 솔직하게 자신의 생각을 공유하고, 자신의 감정에 대해 이야기하도록 격려했습니다."

"프로세스 그룹에 대해 알고 있어요." 마사는 말했다. "우리는 대학원에서 모두 선생님의 그룹 책을 읽었습니다."

"이 접근 방식이 지금은 혁명적으로 보이지 않을 수도 있지만, 그때는 치료사나 환자들에게 서로에 대해 진정으로 느끼는 바를 표현하도록 요청하는 것이 이 분야 대부분의 사람들이 하던 방식과는 크게 달랐습니다. 제리 프랭크는 부드럽고 호기심이 많았으며, 그룹 구성원들이 경험하는 것에 정말로 관심이 많았습니다. 저는 즉시 그 접근에 매료되었고, 그런 방식으로 그룹을 이끌기 시작했습니다. 그리고 시간이 지남에 따라 진화되어, 처음에는 제가 이끄는 그룹에서, 그리고 나중에는 개인 치료 접근 방식에서 '여기-지금'에 집중하게 되었습니다. 환자들에게 제 감정에 대해 솔직해지는 것이 중대한 진전이었습니다. 일단 제 감정적 반응을 드러내는 것이 편해졌을 때, 저는 점차로 제 자신과 저 자신의 경험을 더 많이 포함하도록 확장했습니다. 제 사적인 세계를 공유하는 것이 항상 쉽지만은 않았지만 저는 계속했고, 이런 공유가 저와 환자 사이의 신뢰를 쌓는 데 도움이 되는 것 같습니다. 지금은 이런 단일 세션에서 그 과정을 가속화하려고 노력하고 있습니다. 때로는 상당히 서두르는 느낌이 들지만, 일반적으로 제가 개방적일 때 환자는 더 쉽게 개방적으로 반응할 수 있어요. 오늘 세션에서처럼 말입니다. 어쩌면 이런 가속화가 당신이 첫 번째 세션에서 압박감을 느끼게 한 이유 중 하나일지도 모릅니다."

"네, 그런 것 같아요." 마사가 말했다. "선생님에 대한 두려움은 양쪽에서 생겼을 거예요. 하지만 준비가 안 된 상태에서 더 빨리 움직여야 한다는 압박감을 느꼈어요."

"그 점에 대해 사과드립니다. 저에 대한 두려움이 무엇이든 간에, 우리는 모두 인간이고, 모두 충격적인 어린 시절을 겪었다는 사실을 기억해 주셨으면 합니다. 어머니가 훌륭하셨을 수도 있고, 안정적이고 사랑이 넘치는 좋은 가정을 제공하셨을 수도 있습니다. 하지만 아버지가 남긴 상처를 어떻게 느끼지 않을 수 있겠어요? 의심과 자책이 너무 많아요. 왜 떠났는지 알지 못하는 상태조차도 실제적 트라우마이고 어린 소녀에게 큰 영향을 미칠 수밖에 없어요."

"그럼 앞으로 50년 동안 이런 식으로 고생해야 한다는 뜻인가요?"

"개선될 것입니다." 내가 말했다. "완전히 사라지지 않을 수도 있지만, 지금부터 노력할 수 있어요. 저는 어린 시절의 영향에 대해 아주 늦게까지 집중하지 않았습니다. 저는 아내인 매릴린과 매우 강한 유대감을 가지고 있었기 때문에, 편하게 세상에 뿌리를 내리고 그런 두려움에 덜 시달렸습니다. 돌이켜 보면, 저는 끊임없이 불안감을 가지고 있었고, 그 불안감을 환자 치료, 교육, 그리고 특히 글쓰기에 쏟아 부었습니다. 그래서 어떤 면에서는 저의 결혼 생활과 직업이 저를 보호해 주었지만, 유년 시절의 트라우마를 되살려서 재처리하는 데 도움이 되지는 못했습니다. 매릴린이 죽은 후로 저는 매일 그 트라우마와 마주하게 되었고, 마침내 치료 과정에서 직접 그 문제를 다루고 있습니다. 당신에게는 앞으로 수십 년의 시간이 남아 있고, 저보다 훨씬 더 많은 발전을 이룰 수 있으며, 훨씬 더 빨리 발전할 수 있습니다."

"이떻게 시작해야 할까요?"

"어린 시절의 트라우마에 초점을 맞춘 훌륭한 치료사 몇 명을 추천해 드리겠습니다. 어두운 곳을 피하려고 하지 말고 용감하게 탐험해 보세요. 그렇게 하면서, 당신 안에 있는 네 살짜리 어린 소녀를 동정해 주세요. 왜 아빠가 집에 오지 않는지 궁금해하며 앉아 있는 그 소녀 말입니다."

CHAPTER 19

런던에서의 지루한 날들

"지루해, 지루해, 지루해." 밀리의 첫 마디는 이랬다. "모든 것이 지루해요. 아무것도 제대로 돌아가지 않아요. 내 결혼 생활도 지루하고, 내 수업도 지루하고, 내 연구도 지루해요."

밀리는 34세의 런던 시민으로, 임상심리학 박사 과정을 마무리 중이었다. 그녀의 얼굴은 슬픔이 겹쳐진 매력적인 미소를 띠고 있는, 안타까운 캔버스 같았다.

"매일 아침 눈을 뜨면 무감각한 느낌이 듭니다." 그녀는 계속 말했다. "아무것도 제대로 작동하지 않습니다."

"'아무것도 제대로 작동하지 않는다'는 것에 대해 좀 더 자세히 말해 주세요." 내가 물었다.

"말로 표현하기가 어렵네요. 남편과 저는 서로 다른 길을 걷게 되었어요. 그는 컴퓨터 과학자이고, 일에 완전히 몰두하고 있어요. 저는 그의 분야를 이해하지 못해요. 솔직히 말해서, 별로 관심이 없어요. 그래서 그런 거죠."

그녀는 잠시 멈췄다. 내가 살짝 찔렀다.

"그래서요?"

"그래서 제 분야가 지루해요."

"어떤 부분이 지루한가요?"

"모든 것이요. 모든 것이 지루해요. 저 자신을 포함해서요. 특히 저 자신이 지루해요."

"심리학자가 되는 것에 흥미를 잃으셨나요?"

"그것에 대해 '의구심을 갖는 것'이 더 나을지도 모르겠네요. 제가 만약…이라면 어떻게 사람들을 도울 수 있겠어요?" 그녀는 말을 하려고 애쓰면서 말을 흐렸다. 마침내 그녀는 손을 펴면서 마치 내가 이런 사람이라면…이라고 말하려는 듯했다.

"미안해요. 지금이 힘든 시기라는 것을 알고 있습니다." 내가 말했다. "이번 세션에서 무엇을 기대하고 계신지 말씀해 주실 수 있겠습니까?"

"어브 — 어브라고 불러도 괜찮을까요?"

"물론입니다. 그렇게 부르는 것이 더 좋습니다."

"어브, 저는 …." 그녀는 잠시 침묵을 지켰다. "어떻게 시작해야 할지 모르겠어요." 그녀가 마침내 말했다.

"아무것도 떠오르지 않나요?"

"제 머릿속은 온갖 생각들로 엉망이에요. 지금은 아무것도 명확하게 보이지 않아요. 아니 중요하지도 않아요."

몇 분간의 헛된 시도 끝에 우리는 각각 알 수 없는 회색의 침묵으로 끝났고, 나는 방향을 바꾸었다.

"좋은 생각이 있어요. 저에게 몇 가지 질문을 해 보시는 건 어떨까요? 제 경험이 당신에게 도움이 될 수도 있을 것 같아요. 어쩌면 시작할 수 있는 계기가 될 수 있겠죠. 그렇게 해서 당신이 나를 도울 수 있고 나는 당신을 도울 수 있겠지요. 어떤 질문이든 기꺼이 대답해 드릴게요."

그녀는 고개를 들어 놀란 표정을 지었다.

"어떤 질문이라도? 대담하시네요."

"어떻게요?"

"그건 … 음, 그런 제안을 하는 치료사는 들어본 적이 없어요."

"한 번 해 보죠. 저에 대해 알고 싶은 것이 있나요?"

그녀는 잠시 생각에 잠겼다. 우울증의 세력과 호기심의 세력 사이에서 얼굴에 작은 전투가 벌어졌다. 마침내 후자가 이겼다.

"어딘가에서 선생님이 런던의 타비스톡 클리닉에서 1년을 보냈다는 글을 읽은 적이 있습니다. 그 경험이 선생님에게 어떤 의미였는지 알고 싶어요. 어쩌면 제 고향을 더 소중히 여기는 데 도움이 될지도 모르니까요."

"어려운 질문이네요, 밀리. 그건 아주 오래전 일이고, 오늘 아침에 먹은 음식도 기억이 잘 안 나네요. 하지만 어디 보자… 그 해에 런던에 가기로 결정한 것은 분명해요. 60년대 후반이었을 거예요. 그 당시 타비스톡 클리닉은 그룹 치료의 가장 유명한 센터 중 하나였거든요. 저는 안식년 동안 그룹 치료에 관한 책을 쓸 계획이었어요. 그 원시 시대에는 괜찮은 종합 교과서가 하나도 없었어요. 그래서 제가 그 문제를 해결하기로 마음먹었죠."

"저는 그 병원을 잘 알고 있어요." 밀리가 말했다. "그래서 그 질문을 드린 거예요. 저는 그 병원에서 그룹 치료 운영법을 공부하는 1년 과정을 막 마쳤어요. 물론 선생님 책도 읽었습니다. 아마도 5판을 읽은 것 같아요."

나는 그녀에게 더 많은 질문을 하라고 격려하려 했지만, 그녀의 말에 멈춰야 했다. 타비스톡 클리닉에서의 나의 경험은 레지던트 시절 개인 정신분석과 비슷했는데, 치료를 어떻게 하면 안 되는지를 보여주는 좋은 사례였다.

"미안해요, 밀리, 지금 내 교과서가 타비스톡에서 필수 교재라고 했어요?"

밀리는 나를 흥미롭게 바라보았다. "왜 아니겠어요? 그게 표준 교과서 아닌가요?"

"타비스톡 클리닉이 커리큘럼에 포함시킬 만한 교과서는 확실히 아니죠."

"정말이에요? 선생님, 거기서 그룹 치료를 가르치지 않았어요?"

그때부터 내가 웃기 시작했고, 밀리가 더 당황한 표정을 지었다.

"그게 합리적인 질문처럼 들린다는 걸 알고 있어요, 밀리."라고 내가 그녀를 안심시켰다. 하지만 나는 계속 웃음을 멈출 수 없었다. 그건 너무 터무니없는 상황이었다. 내가 그곳에 있을 때 받았던 대우를 떠올려 보면 그럴 만도 했다. 나를 존경받는 동료로 대하지도 않았고, 심지어 이방인으로서의 호기심조차 없었다. 마치 체셔 치즈의 맛있는 조각을 침범하는 곰팡이 덩어리처럼 대했다.

"이해가 안 돼요. 무슨 농담이죠?"

"그냥… 솔직히, 그들에게는 저를 위한 시간이 전혀 없었어요. 그 병원의 문화는 너무 경직되어 있었어요. 그들은 대영제국 외부의 것은 어떤 것이라도 배우려고 하지 않았어요. 특히 저 같은 미국인의 가르침은 더욱 더요."

"정말요? 어떤 곳이었나요?"

"글쎄요, 그들은 그룹을 이끄는 방식이 매우 비인간적이어서 저에게는 이상하게 느껴졌습니다. 그룹 리더는 개별 구성원에게 절대 말을 걸지 않았습니다. 절대. 모든 의견은 '그룹'에 대한 것이었고, 마치 그 방에는 실제의 사람이 없는 것처럼 말입니다."

"그리고 그들은 당신의 연구에 관심이 없었나요?"

"전혀 없었어요. 제가 밝혀낸 모든 것은 그들이 가르치는 내용과 정면으로 충돌하는 것이었어요. 더 많이 연구할수록, 제가 도출한 핵심 치료 요소인 희망, 이타주의, 집단 응집력을 이끌어내는 것은 그룹 구성원들 간의 연결이라는 것이 분명해졌어요. 솔직히 나머지는 지금 기억이 잘 나지 않아요."

"카타르시스" 밀리가 거들었다. "얼마 전 이 주제에 대한 시험을 봤는데, 목록이 너무 길어요! 대인 관계 학습, 실존적 요인, 보편성… 몇 가지 더 있습니다."

"잘하셨어요. B+를 드릴게요. 저에게는 슬프게도 C-네요."

"나중에 두 사람의 노트를 확인해 봐야 겠네요."라고 그녀는 웃으며 말했다. "그럼 타비스톡에서 보낸 1년은 좋지 않았겠네요?"

“네. 동료 관계가 전혀 없었어요. 교수진 중 단 한 명도 저에게 손을 내밀거나, 식사를 함께 하거나, 제대로 된 대화를 나눈 적이 없었어요. 별로 재미있지는 않았지만, 제 아이디어를 정리하고 글을 쓰기에 아주 좋았어요.”

그러자 밀리는 내가 그때 런던 어디에 살았는지 물어보았고, 우리는 레딩턴 로드에 있는 초가 지붕에 대해 이야기하게 되었다. 그 집에서는 매릴린과 우리 세 명의 큰 아이들이 살았다. 나는 그 동네의 몇몇 구체적인 거리와 공원을 떠올렸고, 밀리는 그 이름을 찾는 것을 도와주었다. 나는 아들이 학교가 끝난 후 매일 즐겨 찾았던 사탕가게에 대한 기억이 갑자기 떠올랐다. 오랫동안 잊고 있던 삶의 일부가 기억의 깊은 지하에서 솟아오르는 것 같은 기분이 정말 기묘했다! 길 아래쪽에 햄스테드 히스라는 거대한 공원이 있었고, 우리 집 바로 옆에는 고대 묘지가 있었다. 매릴린과 나는 그곳을 산책하곤 했다. 종종 16세기 묘비에 새겨진 거의 읽을 수 없는 비문을 읽기 위해 멈춰 서곤 했다.

“저 그 묘지 잘 알아요!” 밀리가 외쳤다. “그 골목 근처에 살거든요.”

“밀리, 당신은 지금 내 눈 앞에서 변하고 있어요. 당신은 15분 전과는 너무 달라졌어요. 어떻게 된 일이죠?”

“그건 아마 내 교과서 저자가 계속 타비스톡 클리닉이 얼마나 구식이고 낡았는지 떠들어대는 것과 관련이 있을지도 몰라요. 네, 약간 어지럽긴 해요. 더 물어봐도 되나요?”

“그래요, 밀리. 이 대화가 너무 좋아요. 당신이 내가 잊고 있던 반짝이는 기억을 꺼내 줄 뿐만 아니라 당신이 즐거워하는 것 같아서 좋아요.”

“그래요, 저도 즐거워요.”

"이제 덜 지루해졌어요?"

"물론이지요. 런던에 대한 다른 기억이 또 있나요?"

"네, 하나 더 떠오르는 게 있네요. 정신과와는 아무 관련이 없는데요. 익숙한 사람요. 둥근 얼굴에 흰머리에 시가를 피우는… 젠장, 이름이 뭐였더라? 아! 알렉스. 알렉스 컴포트. 몇 년 동안은 생각도 못 했네요."

"알렉스 컴포트?" 그녀가 놀란 표정으로 말했다. "성(性)의 기쁨을 쓴 그 알렉스 컴포트 말이에요?"

"바로 그 사람이에요. 그리고 그 책도요. 웃기죠. 그 책이 수백만 부가 팔렸는데도, 알렉스는 항상 불평을 했어요."

"왜요? 엄청난 부자가 되었을 텐데요."

"맞아요. 부자가 되었죠. 근데 그 대부분을 기부했어요. 그는 모든 것에 관심이 많았어요. 대단한 사람이었어요! 그리고 그는 엄청나게 많은 작품을 썼어요. 소설, 시, 사회 논평, 문학 비평 등 50여 권의 책을 썼어요. 하지만 딱 그 작품 하나만 주목을 받았어요. 그게 그를 짜증 나게 했어요. 다시 말하지만, 섹스만 팔리는 거예요."

"저도 부모님 서재에 몰래 들어가서 그 책 그림을 보며 킥킥 웃었던 기억이 납니다. 엄청 못된 짓을 했다고 느꼈어요! 그런데 그분은 어떻게 만나셨나요?"

"저는 정말 조연에 불과했어요. 알렉스는 제 아내 매릴린을 굉장히 좋아했어요. 매릴린이 아름다웠고, 중세 역사와 현대 문학 이론에 대해 함께 이야기할 수 있는 드문 사람이었기 때문일 거예요. 외모든 정신이든, 알렉스는 매릴린과의 대화를 질릴 줄 몰라했기 때문에, 우리는 그를 자주 보게 되었어요. 그는 진정한 천재였어요. 그리고 재미있었어요. 몇 년 후 그는 캘리포니아로 이사해서 거기서도 그와 만났어요. 그는 어쩌다 한 손의 손가락들을 잃었는데, 그게 우리 막내아들 벤지의 호기심을 자극했지요. 아들은 알렉스가 방문할 때마다 남아있는 손가락 끝을 꼭 살펴보겠다고 고집했지요."

우리의 시간은 순식간에 지나갔고, 나는 이 추억을 되짚어 보는 즐거운 시간을 보내고 있었지만, 이제 그녀의 고민에 다시 집중해야 했다.

"밀리" 내가 말했다. "당신은 확실히 제 마음을 들뜨게 했지만 이 세션은 저를 위한 것이 아닙니다. 몇 분 동안 '여기-지금' 상황에서 무슨 일이 일어나고 있는지 살펴보도록 하죠. 당신은 분명한 문제를 가지고 저를 찾아왔지만, 지금까지 대부분 시간은 저에 관한 이야기만 해왔어요. 솔직히, 저는 조금 걱정이 됩니다. 이 세션이 당신에게 도움이 되었나요?"

"음" 그녀는 잠시 생각에 잠기더니 말했다. "음, 아까도 말했지만, 저는 지난 몇 달 동안 모든 것이 너무 지루한 것 같았어요. 에너지가 전혀 없었어요. 이런 일은 모든 상황에서 일어나는 일인데, 오늘 상담을 시작할 때부터 그런 느낌이 들었어요. 저는 그저 동기부여가 되지 않았어요. 그런데 선생님이 런던에서의 하루하루에 대해 이야기하기 시작하자마자 모든 것이 바뀌었고, 저는 흥미를 느끼고, 활력이 넘치기 시작했어요."

"뭔가 바뀌었네요."

"그래요, 선생님이 어떻게든 저를 생기 있게 해줬어요."

"자신을 좀 더 믿어봐요, 밀리. 타비스톡 클리닉에 대한 나의 기억에 대해 물어봤을 때, 당신이 그 변화를 주도했잖아요."

"맞아요, 선생님이 선생님에게 물어보라고 했잖아요. 하지만 선생님처럼 저를 끌어들이는 치료사는 많지 않아요. 선생님은 정말 저를 믿어줬어요. 선생님이 마음을 열어 주셨기 때문에, 저도 좀 더 편안하게… 뭐랄까 … 저 자신에 대한 생각을 멈출 수 있었던 것 같아요."

"당신은 이 기회를 최대한 많이 활용했습니다. 이 도전이 당신에게 유용하다고 느꼈나요?"

"네, 매우 유용했어요. 적어도 지금으로서는 그렇습니다."

"다행이네요. 그리고 이 방법이 영구적인 해결책이 될 수는 없습니다!" 우리가 당신의 개인 치료에 대해 이야기할 시간이 없었지만, 계속해서 기쁨을 찾을 수 있도록 도와줄 수 있는 치료사와 함께 할 수 있다면 좋을 것 같습니다. 이 세션을 끝내고 몇 분 이름을 보내드릴게요, 괜찮죠?"

그녀는 고개를 끄덕이고는 "한 가지 더 여쭤봐도 될까요?"라고 물었다. "제가 하는 모든 질문에 답을 해준다는 것은 위험한 제안이었어요. 하지만 선생님은 자연스럽게 그 제안을 받아들이셨어요. 어떻게 그런 일을 할 수 있죠?"

"글쎄요, 저는 제 인생에서 그렇게 어렵지 않은 시점에 와 있어요. 그 이유 중 하나는 더 이상 다른 사람들이 저에 대해 어떻게 생각하는지 신경 쓰지 않는다는 거예요. 나는 나이고, 90세가 된 지금 그게 크게 바뀔 일도 없죠. 또한 같은 분야에서 일하는 다른 사람들이 나를 어떻게 생각하는지 신경 쓰지 않아요. 저는 심리학이나 정신의학의 주요 지침을 따르지 않거든요—단기 증상 중심 작업이나 모든 것에 대한 정신약물학적 해결책도 따르지 않았어요. 그래서 수년 동안 회의적인 시선과 반대에 직면해 왔죠. 하지만 저는 제가 많은 환자들을 도왔다는 것을 알고 있고, 그것이 항상 가장 중요한 일이죠. 저는 지금 그 어느 때보다 더 많이 나를 드러내고 있고, 그게 효과가 있는 것 같습니다."

"하지만 어떻게 그렇게 되셨어요? 어떻게 마음을 열게 되셨나요?"

"솔직히 말해서, 저에게도 쉽지 않은 과정이었습니다. 다른 사람에게 마음을 열 수 있는 능력이 제 성격에 내재되어 있지 않았어요. 저보다 훨씬 더 외향적이고 자신감 넘치는 매릴린을 만난 것이 큰 도움이 되었습니다. 저의 방어적인 태도를 낮추고, 자신에게 솔직해지며, 결점 있는 나 자신을 좋아하게 되는 데 많은 노력이 필요했지요. 치료, 자기 성찰, 환자들과 아이들을 지켜보면서 그들로부터 배우는 것. 이 모든 것이 얼마나 중요한지, 얼마나 환자와 저에게 유용한지 더 일찍 알았더라면 좋았을 텐데요. 그랬으면 더 어렸을 때 이 능력을 개발하려고 더 열심히 노력했을 겁니다. 그러나 저의 훈련 과정에서는 이런 것들이 치료사가 배워야 할 기술이라는 점을 강조하는 사람은 없었습니다."

"제 선생님들 중 누구도 가르쳐주지 않았어요."

"글쎄요, 그랬어야 했는데요. 그렇지 않았다는 것이 안타깝습니다. 지난 1년 동안 진행했던 수백 번의 단기 세션에서 배운 것이 있다면, 그건 바로 이겁니다. 제가 제 자신을 더 많이 드러낼수록, 사람들도 저에게 더 많이 드러냅니다."

"그렇다면 왜 그런 것을 가르치지 않는 걸까요?"

"기득권 세력들은 그것이 위험하다고 생각하는 것 같습니다. 글쎄요, 치료사는 용감해야 합니다! 진정한 공감 능력이 있으려면 감정적인 위험을 감수해야 합니다."

"그렇게는 생각해 본 적이 없었어요."

"그럼 이제 핵심 질문으로 가볼게요. 치료사가 되는 것이 여전히 지루하게 느껴지나요? 여전히 의구심이 드나요?"

"다른 사람들이 이 에너지, 이 연결을 경험할 수 있도록 도울 수 있다면 정말 흥미로울 거예요. 근데 우리가 배우는 것과는 너무 거리가 먼 것 같아요."

"교과서에서 배운 대로 치료법을 따를 필요는 없어요. 스스로 치료에 임하고, 자신에게 맞는 치료법과 영감을 주는 것을 찾아야 합니다. 만약 제가 타비스톡에서 하던 방식으로 그룹을 운영해야 한다면, 즉 서로 연결되지 않고, 구성원들을 개별적인 인간으로 대하지 않는 방식으로 그룹을 운영해야 한다면, 저도 꽤 우울했을 거예요. 아마 제 인생의 모든 것이 지루하고 차갑게 느껴졌을 겁니다."

"지루하고 차갑죠, 네."

그 말에 문득 한 가지 생각이 떠올랐다.

"밀리, 제가 지금 이 상담 내용에 관한 책을 쓰고 있는데, 이런 상담의 친밀함과 따뜻함을 담기 위해 책 제목을 '마음의 시간'으로 정했습니다. 하지만 타비스톡의 접근 방식은 뭔가 … 친밀함이나 따뜻함과는 거리가 멀었죠. '마음의 시간' … 그 반대라면 뭐가 있을까요?"

"차가운 발?"

"오, 차가운 발의 시간."

"잠깐만요. 젖은 양말 속 차가운 발의 시간."

"훌륭합니다!"

"젖은 진흙 투성이의 대단히 예민한 부츠 안의 젖은 양말 속 차가운

발의 시간!”

“출판사가 아주 좋아하겠네요!” 내가 말했다. “마지막 질문, 조금 전에 만났던 그 지루한 밀리는 어떻게 됐나요? 디킨스 소설에 나오는 건물처럼 그을음이 낀 것처럼 얼굴에 슬픔이 가득한 그 여자 말이에요.”

“저요? 도대체 그 여자를 어떻게 했어요?” 그녀는 거의 킥킥거리며 말했다.

우리는 장난스럽게 몇 분 더 이야기를 이어갔지만, 곧 시간이 다 되었다.

“지금 그만두기 싫지만, 훨씬 이 즐거운 밀리를 당신의 일과 결혼 생활에 조금이라도 적용할 수 있기를 바랍니다.”

“저도 그러길 바랍니다.” 그녀가 말했다. “저는 그녀가 저와 함께 있으며 도움을 줄 거라고 낙관해요. 그녀를 다시 만나게 해 주셔서 감사합니다.”

CHAPTER 20

끔찍한 시작

소냐는 26세의 여성으로 대학원을 막 졸업하고 뉴질랜드에서 사회복지사로 경력을 시작했다. 소냐는 내가 만난 환자들 중 인생의 시작이 가장 안 좋았던 사람 중 하나였다. 그녀는 6세 때 불가리아에서 어머니, 아버지, 16세의 언니와 함께 이민 왔다. 그녀의 부모는 서로를 너무도 싫어해서 침대도 따로 썼을 뿐 아니라 오클랜드에 있는 작고 낡고 좁은 집에서 각각 다른 층에 살았다. 아버지는 다락방 바닥에서 잠을 잤고, 소냐와 어머니, 그리고 언니는 작은 침실에서 작은 침대를 함께 썼다. 그녀의 부모는 서로 증오심에 사로잡혀 자녀들에게는 정서적인 지원을 전혀 하지 않았다. 그들이 자녀에게 보인 관심은 감정적으로나 육체적으로 학대였으며, 부모가 서로에게 가하고 싶은 고통을 소냐에게 대신 가하는 것처럼 보였다. 그래도 소냐에게 지원이나 완충 역할을 해줄 수 있었던 언니는 뉴질랜드에 도착한 직후 집을 떠나 다시는 연락을 하지 않았다.

학대가 심하지 않았을 때는 방치가 심했다. 소냐는 특별한 방법으로 스스로를 보호해야 했다. 그녀의 부모는 교육을 받지 못했고 가난했으며, 소냐에게는 이 새로운 나라의 낯선 관습을 헤쳐 나갈 수 있도록 도와줄 사람이 없었다. 그녀는 초라한 옷을 입고, 끊임없이 배고픔에 시달렸으며, 영어를 전혀 하지 못했다. 1학년 때부터 교사나 급우들과 전혀 의사소통을 할 수 없었다.

이런 역경에도 불구하고, 소냐는 통찰력 있는 젊은 성인으로 성장했다. 가톨릭 교회는 그녀에게 행정 업무를 하는 조건으로 수녀원에 숙소를 제공했고, 그녀는 그곳에서 2년 동안 임상심리학 교육 프로그램을 마쳤다. 그녀는 어머니와는 계속 연락을 하고 있었고, 더 좋은 관계를 맺고 싶다고 말했다. 아버지는 몇 년 전에 돌아가셨다. 우리가 만났을 때 그녀는 평온해 보였고, 적극적으로 참여하고, 자신이 선택한 분야에 대해 가능한 한 많이 배우고 싶어했다.

"많은 사람들이 자신을 도와줄 사람 없이 고통받고 있습니다. 저는 그런 도움의 손길이 되고 싶습니다."라고 그녀는 결론을 내렸다.

"당신이 극복한 모든 일들이 놀랍습니다!"라고 나는 그녀에게 말했다.

"감사합니다."라고 그녀는 웃으며 대답하고 나서 덧붙였다. "선생님을 만나는 것은 통과의례와 같은 느낌입니다."

소냐가 이민을 왔을 때의 고독, 부모의 지원 부족, 낯선 땅에서 낯선 사람으로 지내야 했던 것을 생각하면서, 나는 그녀에게 내가 어렸을 때

겪었던 고독에 대해 조금 이야기해 주었다. 도서관에서 책더미와 함께 지냈던 오랜 시간, 책들만이 내가 집으로 데려 올 수 있었던 가장 가까운 친구들이었다.

"트라우마는 쉽게 사라지지 않습니다." 내가 말했다. "저는 90세인 지금도 제 트라우마를 많이 들여다보고 있어요. 믿기세요? 다행히도 당신은 조금 더 젊은 나이에 그 사실을 약간 자각하고 있어요. 그렇다고 해서 그것 때문에 당신이 인생에서 멋진 일을 하지 못할 이유는 없어요. 그러나 그것이 존재한다는 것을 기억하고 그것이 당신에게 어떤 영향을 미치는지 늘 인식해야 합니다."

그녀는 고개를 끄덕였다. 이 모든 것을 인지하고 있는 듯했다.

"어려을 때 가장 가까운 사람은 누구였나요?" 그녀의 어렸을 때를 좀 더 알고 싶어 물었다.

그 질문은 그녀를 당황하게 만들었다. 그녀는 잠시 생각했으나 아무의 이름도 떠오르지 않았다. 우리가 이야기를 시작했을 때는 무척 명랑해 보였던 그녀였지만 이내 표정이 변했다.

"다시 질문해 볼게요." 내가 말했다. "지금 이 세상에서 당신은 누구와 가장 가까운가요?"

그러자 그녀는 더욱 슬퍼 보였고 내 시선을 피했다. 천천히 고개를 저었다.

"한동안 남자 친구가 있었어요." 그녀가 말했다. "그 친구를 통해 우정에 대해 몇 가지 배웠어요. 무엇보다도, 저는 더 나은 대접을 받고 싶다는 걸 깨달았어요."

"다른 친구들은요?"

"저는 어떻게 해야 하는지 잘 모르겠어요." 그녀가 말했다.

오, 소냐! 그녀에게는 친밀한 관계가 없다는 사실에 나는 충격을 받았다. 아마 평생 그런 관계를 맺어 본 적이 없는 것 같았다. 스스로 모든 것을 해결하는 사람들도 친밀한 관계가 필요하다. 나는 내가 무엇을 해야 할지 알았다. 나는 그녀가 다른 사람과 깊이 공유하는 것이 무엇인지, 무엇이 가능한지 이해하도록 도와야 했다. 그래야만 그녀는 인생의 다른 부분에서 그것을 만들어 낼 수 있게 될지도 모른다. 치료는 종종 인생살이의 소중한 드레스 리허설 역할을 하며, 치료사는 리허설 파트너 역할을 한다. 이 목표를 염두에 두고, 나는 소냐가 친밀감을 경험하기를 원했다.

"소냐, 좀 특이한 제안을 할게요. 잠시 동안 우리가 서로의 역할을 바꿔서 해 보도록 해요. 지금까지 내가 당신에게 개인적인 질문을 많이 했으니, 이제부터는 소냐 당신이 내 삶과 내 생각에 대해 질문해 주세요. 당신이 묻는 모든 질문에 대답할 것을 약속해요. 한 번 시도해 보세요."

소냐는 즉시 밝아지면서 그 일에 뛰어들었다. "닥터 얄롬, 부인께서 돌아가셨다는 이야기를 들었습니다. 부인에 대해 이야기해도 괜찮을까요? 아니면 너무 어려운 이야기인가요?"

"질문에 제한은 없습니다, 소냐. 개인적인 이야기일수록 더 좋습니다."

"부인을 어떻게 만났는지 말씀해 주실 수 있나요?"

"저는 제 아내 매릴린을 14살 때 만났지요. 제가 자란 도시의 불량한 지역에서 워싱턴 DC의 쾌적한 동네로 막 이사 온 때였습니다. 저는 친구 루이와 볼링을 치고 있었고, 볼링을 마치고 나서 '매릴린 코닉의 집에서 파티가 있는데 같이 갈래?'라고 묻길래 가겠다고 했지요. 도착하자마자 현관 앞에 십 대들이 모여서 현관 문을 통과하려는 것을 보았어요. 많은 사람들 속에서 불편함을 느끼는 어색한 아이였던 나는 집으로 돌아가고 싶었죠. 근데 장난꾸러기였던 루이가 창문을 통해 올라가자고 설득했습니다."

소냐는 흥미를 보였다. "두 사람이 무슨 이야기를 했나요? 그리고 첫 번째 진짜 데이트에서는 무엇을 했나요?"

나는 최선을 다해 대답했다. 매릴린과 나의 책에 대한 사랑과 함께 본 영화와 연극에 대해 이야기했다. 그리고 소냐를 격려했다. "소냐, 이런 질문을 해주어서 좋아요. 잘하고 있어요. 또 알고 싶은 것이 있어요?"

"얄롬 박사님 — "

"어브로 불러주세요."

"어브, 선생님이 정신의학에 관심을 갖게 된 계기는 무엇인가요? 그리고 철학? 니체, 쇼펜하우어, 스피노자에 관한 소설을 쓰셨는데, 정신의학과 철학 사이에 어떤 연관성을 보셨습니까?"

꽤나 큰 변화였다! 정말 훌륭하고 대담한 질문이었다! 나도 같은 수준의 정교함으로 대답하고 싶다는 생각으로 대답했다. 그리고 가능한 한 대인 관계의 연결을 강조했다.

"훌륭한 질문입니다. 바로 그렇게 된 것은 아니었어요. 매릴린과 저는 다른 대학에 다녔고, 서로 멀리 떨어져 있었습니다. 저는 멀리 떨어져 있는 것이 견딜 수 없었기 때문에, 급하게 의대에 진학하기 위해 필요한 과학 과목만 수강하면서 3년 만에 학업을 마쳤습니다. 그래야만 매릴린의 눈에 제가 진짜 미래가 있는 사람으로 빨리 자리잡게 될 것 같았고 매릴린이 다른 사람과 사랑에 빠지기 전에 서둘러야 했습니다."

"정말 그렇게 두려웠나요?"

"무서웠죠. 그 과학 수업은 대부분 암기 위주였고, 비판적 사고는 거의 없었으며, 문학이나 철학에 대하여 전혀 접해볼 수도 없었어요." 나는 의대에 진학하고 정신과를 선택한 이유를 계속 설명했다. 정신과를 선택한 이유는 정신의학이 문학에 가까운 것 같았기 때문이라고 말했다. 그러고 나서 롤로 메이의 책 존재를 접하게 된 이야기와 그 책이 내 사고에 어떤 영향을 미쳤는지에 대해 이야기했다.

"롤로 덕분에 저는 수천 년 동안 많은 현자들이 인간 삶과 의미에 관한 큰 문제에 관심을 가져왔다는 것을 알게 되었어요. 그리고 저는 이러한 아이디어를 우리 분야에 적용할 수 있는 방법이 분명히 있을 것이라고 생각했습니다. 그러나 그 당시 저는 철학에 대한 이해가 전혀 없었죠. 그래서 바로 존스홉킨스대학에서 1년 동안 일주일에 세 번 저녁에 진행되는 철학 입문 과정에 등록했습니다. 제 전 교육 과정 중 가장 중요한 수업 중 하나였습니다. 60년이 지난 지금도 그 교수님들의 얼굴을 떠올릴 수 있어요. 비록 이름은 기억나지 않지만요."

"감사합니다! 정말 감사합니다, 얄롬 박사님. 문제의식을 가진 사람들에게 의학만큼이나 철학이 필요하다는 것을 알아주셔서." 소냐는 초조하게 시계를 바라보며. "한 가지 더 질문해도 될까요?"라고 말했다.

"좋습니다, 소냐. 하지만 그 후에 마지막으로 나도 한 가지 질문을 할 수 있다면 말입니다."

그녀는 재빨리 고개를 끄덕이고는 거의 탐욕스럽게 달려들었다. "선생님 부부는 어떻게 그렇게 좋은 친구가 되었나요? 어떻게 그 방법을 배웠나요? 두 사람은 어떻게 다른 사람들과 친구가 되었나요? 두 사람은 같은 사람들을 좋아하나요?"

"마지막 질문이 아주 좋은 질문들로 변했네요, 소냐! 모두 대답하기는 어렵지만, 우정에 대한 두 가지 생각이 떠오릅니다. 첫째, 매릴린은 우리 부부를 위해 그리고 결국 우리 가족을 위해 친구를 사귀어 준 사람, 나는 아직도 그렇게 느껴요 — 더 세련된 사회적 모임에서는 침입자처럼요. 매릴린은 자신에 대해서 편안한 태도를 가지고 있었고, 밖에 나가는 것을 좋아했지만, 저는 대체로 좀 불안해하고 집에서 책을 읽고 싶어 했습니다. 그래서 제가 좋은 친구를 많이 사귀는 사람이었다고 말할 수는 없습니다. 그러나 오랜 세월 동안 사귄 친한 친구들을 소중히 여기며 그 관계를 발전시키기 위해 노력했습니다. 전 세계 어디에 있든 그 친구들에게 정기적으로 전화를 걸었고, 가능할 때마다 그들을 방문했습니다. 그리고 저는 항상 그들에게 저의 희망과 두려움에 대해 솔직했습니다 — 오늘 당신과 제가 그랬던 것처럼 말이죠. 우정을 쌓으려면 노력과 때로는 위험이 따릅니다."

나는 거기서 끝내려고 했다. 마지막 말이 마치 현명한 조언처럼 들렸기 때문이었다. 하지만 소냐가 나를 열심히 쳐다보고 있었고, 그 순간 나는 그녀와 너무 연결되어 있는 것 같아서 나의 다음 생각이 저절로 흘러나왔다.

"그리고 이제 그들은 모두 사라졌습니다." 내가 말했다. "모두 다요. 그리고 저는 혼자 남아서 기억을 붙잡으려고 노력하고 있지만, 제 마음은 점점 사라지고 있습니다."

나는 휴지를 꺼내서 눈을 닦았다. 나를 휩쓸어오는 감정을 숨길 수 없었고, 우리는 침묵 속에 함께 앉아 있었다. 소냐는 어두우면서도 부드러운 눈으로 내 곁에 있었다.

"이제 제가 질문을 할게요, 괜찮죠?" 나는 잠시 후 이렇게 말했다.

그녀는 고개를 끄덕이고 의자에 앉아 어깨를 펴고 앉았다.

"제 질문은 이겁니다. 오늘 우리 대화는 어땠나요? 어떤 점이 좋았나요?"

내가 말을 끝내기도 전에, 그녀의 눈에서 눈물이 솟구치기 시작했다. 그녀는 눈물을 닦으려고 하지도 않았고, 큰 소리로 흐느끼기만 했다. "오. 얄롬 박사님, 정말 감사합니다. 정말 감사합니다. 지금까지 제가 해온 대화 중에서 가장 친밀하게 느껴지는 대화였습니다. 저와 이렇게 많은 이야기를 나눈 사람은 아무도 없었습니다. 나는 평생 동안 그 대화를 기억할 것입니다. 이제 저는 우정을 알게 되었습니다. 이제 우정이 어떤 것인지 알게 되었습니다. 이런 감정을 느끼게 해 주셔서 감사합니다."

소냐는 눈물을 흘렸고, 곧 나도 눈물이 흘렀다. 나 자신과, 내 아내와, 나의 친구들을 위해, 그리고 무엇보다도 그렇게 끔찍하게 삶을 시작하고도 온전한 삶을 살려고 노력하는 이 젊은 여성을 위해 눈물이 흘렀다.

며칠 후, 소냐는 나에게 이메일을 보내며 자기를 이렇게 변화시켜 준 만남에 대해 감사하다는 말을 전했다. "언젠가 제가 저의 내담자들에게도 이런 강렬한 경험을 제공할 수 있기를 바랍니다."라고 그녀는 썼다.

"소냐," 내가 대답했다. "당신은 훌륭한 치료사가 될 거라고 확신합니다. 이 글에 나타나 있습니다. 의심스럽거나 당황스러울 때마다 내가 보내는 이 메시지를 보세요."

나는 이 말을 가볍게 한 것이 아니다. 그녀가 극복해 온 모든 일들과 배우려 하고 다른 사람들을 돕고자 하는 그녀의 열정에 깊은 감동을 받았다. 그리고 내가 울고 있을 때도 그녀는 현재에 집중하면서 나와 함께 하고자 하는 태도에 감명을 받았고, 그 점에 대해 감사했다. 그녀는 평생 그 누구로부터도 받지 못했던 지원을 이제 받을 자격이 있었고, 내가 기꺼이 그 지원을 제공했다. 내가 나 자신에 대해 싫어하는 부분도 있지만, 다른 사람들을 돕고 싶어 하는 마음은 정말 좋아해서 나는 환자나 학생들에게 긍정적인 감정을 표현하는 것을 주저하지 않는다.

내가 칭찬과 지원을 아끼지 않게 된 데에는 그녀와의 이메일을 한 후 생각하게 된 배경이야기가 있다. 수십 년 전, 정신과 수련을 마친 직후 나는 스탠퍼드대학의 교수직을 지원했다. 새로 설립된 정신과 학과장인 데이비드 함부르크를 만나서 짧은 인터뷰를 마친 후, 바로 그 자리에서 나에게 조교수 자리를 제안해 주어서 나는 깜짝 놀랐다. 매릴린과 이야기를 나눈 다음 날, 그 제안을 받아들였고, 스탠퍼드에서 내 일생의 교수직을 보내게 되었다.

나는 가끔 왜 함부르크 박사가 그렇게 짧은 면접 후에 나에게 그 훌륭한 자리를 제안했는지 궁금했다. 남에게 말할 만한 큰 실적도 없는 나에게, 상당한 학문적 자유를 부여하는 종신 교수직은 결코 작은 보상이 아니었다. 그에 대한 답을 알게 된 것은 30년 후였다. 함부르크 박사는 새 건물로 이사하느라 사무실을 정리하다가, 내가 정신과 레지던트 과정을 밟았던 존스홉킨스대학의 정신과 과장인 존 화이트혼 박사가 수십 년 전에 보낸 나를 위한 추천서를 발견했다. 화이트혼 박사는 몇 년 전에 세상을 떠났기 때문에, 함부르크 박사는 이제 그 추천서를 나와 자유롭게 공유해도 된다고 생각했다. 나는 그 편지가 어떤 내용일지 잘 몰랐다. 화이트혼 박사는 내가 존경하는 훌륭한 선생님이었지만 그는 항상 약간 거리가 있었고, 내가 레지던트 생활을 하는 동안 나와 개인적인 대화를 나누는 경우가 거의 없었다. 그는 존경받는 교수였고, 우리 수련의들이 존경하는 분이었지만, 언제나 새하얀 셔츠와 갈색 정장, 넥타이를 착용하고 있어서 다소 위압감을 주는 분이기도 했다.

그 추천서는 나를 놀라게 했다. 마지막 줄에는 이렇게 적혀 있었다. "얄롬 박사는 매우 창의적인 학생이었고, 저는 그가 미국 정신의학의 리더가 될 것이라고 생각합니다."

나는 닥터 화이트혼이 나를 그렇게 높이 평가했다는 사실을 전혀 몰랐다. 마침내 그의 의견을 알게 되어 기뻤지만, 그 이후로 나는 종종 "아, 그 편지를 몇 년 전에만 봤어도 좋았을 텐데."라고 생각했다. 아니면 "화이트혼 박사님이 나에게 직접 이런 말을 해주셨으면 좋았을 텐데."라고 말하는 것이 더 나을 수도 있다. 이렇게 말하면 내가 나 자신에 대해 느끼는 감정이 근본적으로 바뀌었을 것이고, 자신감이 더 커졌을 것이고, 불안감이 줄어들었을 것이고, 대학에 침입한 사람처럼 느껴지지 않았을 것이다. 내가 매릴린의 집, 창을 넘어 기어들어갔던 것처럼!

그래서 나는 소냐에게 그녀와 그녀의 미래에 대한 나의 열정적인 감정을 꼭 전하고 싶었다. 그녀의 미래는 그녀의 과거보다 훨씬 더 풍요로울 것이다. 나는 수년 동안 사람들에게, 환자든 친구든 동료든 칭찬을 아끼지 말아야 한다고 배웠다. 60년 동안 사람들의 내면의 고충을 접해오며 내가 배운 것이 있다면, 그것은 사람들이 겉으로 드러내는 자신감과 성공이 실제로 그들이 내면에서 느끼는 감정과는 거의 관련이 없다. 누가 절실히 인정받거나 사랑을 느끼고 싶어 하는지는 알 수 없는 법이다.

CHAPTER 21

멋진 시작

사실, 소냐는 내가 지금까지 만난 사람들 중 인생의 시작이 가장 안 좋았던 사람들 중 하나였다. 정말 우연의 일치라고 생각했던 사실은, 다음 날 아침에 상담했던 리처드는 인생의 시작이 가장 좋았던 사람들 중 하나였다는 점이다. 그는 48세의 호주인 남성으로, 중년의 폴 뉴먼을 닮은 외모에 유창한 말솜씨와 침착한 태도, 그리고 잘생긴 외모를 갖춘 사람이었다. 나는 그가 하루 동안 월스트리트에 관한 영화를 촬영한 후, 코트를 한쪽 어깨에 걸치고, 황금빛 늦은 오후의 햇살을 받아 완벽한 미소를 짓고 할리우드 세트장을 느긋하게 걸어가는 모습을 쉽게 상상할 수 있었다.

세션에서 당당하게 주도권을 잡은 리처드는 먼저 부모님에 대해 찬사를 아끼지 않았다. 두 분 모두 매우 성공적인 회사의 오랜 CEO였으며, 지금은 사람들이 꿈꾸는 그런 은퇴 생활을 즐기며, 호화로운 스타일로 세계를 여행하고, 파리의 박물관을 여유롭게 산책하고, 그레이트 배리어 리프에서 다이빙을 즐기고 있다. 그는 그런 부모님의 모범을 따라 지난 10년 동안 번영하는 투자 은행의 CEO로 일해 왔다고 설명했다.

리처드는 흠잡을 데 없는 행복한 삶을 살았다. 명망 있는 대학의 졸업생 대표이자 학급 대표, 그리고 우수한 경영대학 학생이었다. 게다가 그는 우수한 여자 대학을 우등으로 졸업한 어린 시절의 연인과 25년 동안 행복하게 결혼 생활을 해오고 있으며 세 명의 아름다운 자녀를 두었다.

그 놀라운 미소와 부러운 인생 스토리에도 불구하고, 리처드는 나에게 도움을 요청했다. 모든 것을 가진 듯 보였던 이 남자는 무언가 부족하다고 느꼈던 것 같다. 그는 나의 모든 질문에 완벽하고 설득력 있게 대답했지만, 20분 동안의 상담을 마친 후에도 나는 그가 왜 나의 도움을 요청했는지 전혀 알 수 없었다. 아마도 그가 그렇게 동요하지 않는 것처럼 보였기 때문에 나도 긴장을 풀고 그의 가면이 깨지고 더 괴로운 표정이 드러나기를 참을성 있게 기다렸다. 그의 미소와 자신감은 나를 편안하게 만들어서 최대한 효율적으로 시간을 활용하기 위해 즉시 강요하지 않았다. 나는 그가 무엇을 고민하고 있는지 묻지 않고 빨리 파보려고 하지도 않았다. 그의 고민은 깊은 자기 의심이었을까? 그의 부모님을 만족시킬 수 없는 불가능한 도전이었을까? 호주 오픈 결승전에서 뛰는 상상을 하루 종일 해보지 않았던 것일까? 아니면 어떤 수치심이 있었을까? 그는 금기시되는 유혹에 시달리며 페티시 포르노그라피(특정한 물건에 대한 강한 성적 선호나 집착을 중심으로 제작된 포르노그

라피－역주)에 매료되었던 것일까? 금기시된 유혹 때문에 괴로워하는가? 이 방에서 나는 그보다 더 기이한 고백들을 들어본 적이 있으니 말이다.

"지금까지, 리처드" 나는 마침내 용기를 내어 말했다. "당신의 인생은 정말 멋져 보입니다. 당신은 많은 것을 성취했고, 부모님은 당신을 자랑스러워 하실 거예요."

"오, 그렇죠! 자랑스러워 하세요. 아주 큰 소리로 자랑스러워 하시지요."

"그런데도 지구 반대편에 있는 심리치료사인 나에게 왜 연락하셨나요?"

리처드는 폴 뉴먼처럼 무장 해제시키는 미소를 지으며 아무 말도 하지 않았다.

"왜냐하면 …?" 내가 살짝 찔렀다.

"왜냐하면" 그는 길게 대답했다. "제 마음속에는 격렬한 질문들이 소용돌이치고 있습니다. 모든 사람의 마음속에 있는 질문들, 관심을 끌기 위해 윙윙거리는 질문들 말입니다."

"좀 더 자세히 말해 주세요." 나는 흥미를 느끼며 격려했다.

"제가 말하는 것은 정말로 중요한 질문들입니다. 제가 지금까지 평생 동안 무시하거나 밀어내 왔던 질문들 말입니다. 모두가 무시하는 질문. 통찰력 있는 질문."

"어떤 질문들…?"

"예를 들어, '왜 무(無)가 아닌 유(有)가 존재하는가?' 같은 질문들 말입니다."

"뭐라고요?" 나는 거의 삐걱거리는 목소리로 물었다.

"왜 나는 큰 문제에 당당하게 맞서지 않고, 마치 양철 병정처럼 살아

왔을까요? 증시 종소리에 맞춰 황금동전을 향해 달려가는 삶 말입니다. 다른 중대한 질문들도 있습니다." 내가 질문하기도 전에 리처드는 계속 해서 말을 이어갔다. "빅뱅 이전에 무엇이 있었을까요? 어떻게 무(無)에서 유(有)가 생겨날 수 있었을까요? 그리고 무한이란 무엇일까요?"

리처드의 질문은 나를 완전히 당황하게 만들어서 나는 잠시 동안 말문이 막혔다. 나는 대답을 찾기 위해 철학 영역에 손을 뻗었지만, 머릿속에 떠오르는 것이 없었다. 리처드는 내 침묵에 신경 쓰지 않고 계속 해서 말을 이어갔다. "알겠습니다, 얄롬 박사님. 저의 유죄를 인정합니다. 포기한 죄, 중요한 질문을 무시한 죄. 대신, 제가 제 인생에서 한 일은 주식 시장에서 매시간 울려 퍼지는 종소리에 부끄럽게 고개를 숙이는 것이었습니다. 돈, 돈, 돈. 점점 더 저는 제 탐욕과 금을 움켜쥐려는 욕심 때문에 제 자신을 혐오하게 되었습니다."

"잠시 그 이야기를 살펴봅시다."라고 나는 말하며 내면의 균형을 회복했다.

"분명히 당신의 성공은 좋은 영향을 미쳤을 것입니다. 당신이 다른 많은 사람들이 더 잘 살고, 집을 사고, 가족을 키우는 데 도움을 주었을 것이라고 생각합니다."

"그렇게 함으로써 저는 그들이 이 중요한 질문에서 벗어나도록 도왔습니다."라고 그는 여전히 미소를 지으며 대답했다.

"좋아요."라고 내가 말했다. "하지만 어떤 차원에서는 대부분의 사람들이 생계를 위해 돈을 벌어야 하지 않나요? 나는 이런 중대한 질문들에 완전히 공감하지만, 생계를 유지했다고 해서 자책할 필요는 없잖아요?

"하지만 저는 싸울 필요조차 없었어요. 제가 태어나면서 받은 모든 자원과 특권을 가지고, 왜 더 잘할 수 없었을까요?"

나는 그가 매일 아침, 천 달러짜리 정장과 이탈리아산 송아지 가죽 신발을 신고 '양철 병정' 동료들과 함께 줄 서서 더러운 돈을 향한 전투를 알리는 종소리를 기다리는 모습을 상상했다. 그리고 나는 문득 그가 안타깝게 느껴졌다. 의심할 여지 없이 그는 도움이 필요했고, 나는 익숙한 조력자 역할로 다시 돌아갔다. 나는 실존주의 문제에 대해 자주 생각하고 글을 써 왔기 때문에, 리처드처럼 철학적 딜레마를 가진 누군가에게 훌륭한 치료사가 되어야 한다고 생각했다. 그런데 내가 필요한 도구를 찾으려고 해도 찾을 수가 없었다. 나의 철학적 탐구의 대부분은 의미 있는 삶을 사는 방법, 위대한 사상가의 생각을 일상생활에 적용하는 방법에 대한 아이디어에 초점이 맞추어져 있다. 리처드의 질문은 너무 추상적이고, 형체가 없었다. 빅뱅 이전의 세계는 무엇이었을까? 이런 질문은 물리학자나 신학자의 영역에 속하는 것 같았다. 잠시 동안 나는 아이디어가 떠오르지 않았다. 그러다가 나는 다시 우리들의 공간으로 초점을 돌렸다. 내 임무는 이러한 질문에 답하는 것이 아니라, 리처드에게는 왜 이 질문들이 그에게 그렇게 중요한지, 왜 그가 이 질문들을 피하고 있는지, 그리고 그가 어떻게 이 질문들에 맞설 수 있을지 이해하도록 돕는 것이었다.

나는 겸손한 제안으로 시작했다. "리처드, 이 두 가지 활동이 반드시 상호 배타적인 것은 아니라는 것을 알고 있죠? 왜 한 가지를 위해 다른 하나를 배제해야 하는 거죠?"

"이해가 안 되는데요. 좀 더 자세히 설명해 주실 수 있나요?"

"둘 다 할 수 없는 이유가 뭐죠? 제 말은, 이 생생한 형이상학적 질문을 탐구하면서, 가족을 부양할 수 있는 일상적인 일을 계속할 수 있지 않겠냐는 거죠."

"좀 더 자세히 설명해 주세요."

"몇 가지 옵션을 살펴봅시다. 당신은 분명 이런 강력한 이슈를 다루는 첫 번째 사람이 아니므로, 깊이 있게 읽어보는 것부터 시작할 수 있어요. 지침을 얻기 위해 멜버른대학의 저녁 철학 강좌에 등록하거나, 같은 생각을 가진 사람들과 소규모 토론 그룹을 구성할 수도 있습니다. 지역 저임금 철학자를 그룹의 리더로 참여시키는 데 어려움이 없을 것입니다."

"흥미롭군요."라고 그는 말했다. "하지만 규모가 매우 작을 것 같아요."

"좋아요. 조금 더 나아가 봅시다. 이 위대한 질문들에 대해 토론하고 연구하기 위해 호주의 싱크탱크에 자금을 지원해 보는 것은 어떨까요? 당신은 재정적 자원을 가지고 있습니다. 지적 자원을 생각해 보세요. 당신의 나라와 다른 나라에 있는 많은 훌륭한 인재들이 가르치는 일을 그만두고 순수한 형이상학 탐구에 전념하고 싶어 할 것입니다."

이 이야기가 그의 관심을 끌었고, 그래서 나머지 세션 동안 그와 나는 그러한 형이상학적인 싱크탱크의 탄생을 상상했다. 우리는 그러한 센터가 미칠 수 있는 영향, 연구가 어떻게 진행될 수 있는지, 그리고 새로운 아이디어가 어떻게 사회 전반에 걸쳐 다른 사람들에게 전파될 수 있는지에 대해 이야기했다. 강의 시리즈, 팟캐스트, 삶의 의미에 대한 뉴스레터가 CEO부터 은행 직원에 이르기까지 모든 사람에게 전달되는 것이다. 그것은 매우 흥미로운 주제였고, 나는 그 시간이 끝날 무렵 몇 달 동안 느껴보지 못했던 활력을 느꼈다.

흥미진진한 브레인스토밍의 열기는 몇 시간 동안 지속되었다. 그러나 그날 밤 늦게, 그 열기는 무너져 내렸다. 나는 리처드와의 작업에 대해 경악을 금치 못했다. 심리치료를 필요로 하는 환자에게 제공할 수 있는 것이 싱크탱크를 설립하는 꿈뿐인가? 내 분야가 그렇게 무너져 내린 건가? 리처드가 필요로 하는 것은 그의 삶에 적용할 수 있는 실제적인 통찰력이었다. 그의 돈을 투자할 유산 프로젝트가 아니었다. 아마도 나는 그런 막대한 자원을 갖게 되면 무엇을 할 수 있을지 상상하는 데 정신이 팔려 있었던 것 같다. 그러나 그것은 리처드가 필요로 하는 것이 아니라고 나는 확신했다. 나는 곧 부끄러움을 느꼈다. 내 마음속에는 생각의 폭풍이 휘몰아쳤다. 왜 나는 리처드가 부모님이 제공해 주신 것에 대해 감사하지 않는다는 사실을 리처드에게 직면시키지 않았을까? 그리고 왜 나는 금화를 얻기 위한 매일매일 탐욕스러운 경쟁을 무시하는 리처드의 발언에 대해 반응하지 않았을까? 결국, 그 금화는 그와 그의 자녀들에게 지구상에서 가장 훌륭한 교육을 제공해 주었고, 그 금화는 그에게 형이상학이라는 단어의 의미를 이해하게 해주었다. 에이브러햄 매슬로는 지금쯤 나를 보고 웃고 있을지도 모른다고 생각했다.

아니면 리처드에게 그의 사고방식을 형성하는 데 도움이 될 수 있는 다른 관점을 제시할 수도 있었을 것이다. 이러한 질문들이 실제 변화를 가져오지 않는다면, 이러한 질문들에 답하는 것이 무슨 의미가 있을까? 예를 들어, 그의 형이상학적인 질문에 대한 답이 그의 자녀들에게 더 나은 삶을 제공할 수 있을까? 그가 가진 것과 똑같은 경험을 반복하는 것을 방지할 수 있을까? 그리고 친절과 자비, 평등, 기회, 정의는 어떨까?

다음 날, 리처드에게 내가 무엇을 말했어야 했는지 계속 고민하던 중, 다그핀 펠스달의 얼굴이 떠올랐다. 다그핀은 스탠퍼드와 노르웨이에서 철학 교수로 재직하고 있으며, 그의 고향인 노르웨이에서는 오랜 세월 동안 나의 좋은 친구였다. 나는 스탠퍼드에서 20세기 철학자 중 중요한 인물인 후설과 하이데거의 강의를 듣는 것을 좋아했다. 그는 신성한 강사이고, 내가 지금까지 만난 사람들 중 가장 명석하고 예리한 마음을 가진 사람이다. 매릴린이 세상을 떠난 지 불과 몇 달 만에 다그핀의 아내 베라가 세상을 떠났고, 다그핀은 슬픔을 극복하기 위해 몇 주 동안 나에게 와서 머물 계획이었다. 나는 그를 맞이하고 우리 둘 모두에게 치유될 수 있는 깊은 대화를 나누기를 매우 고대하고 있었는데 코로나19로 인해 그는 여행을 연기해야 했다.

갑자기 브레인스토밍이 떠올랐다. 아마도 다그핀이 도움이 될지도 모른다! 다그핀의 창의력에는 한계가 없었다. 나는 그에게 이메일을 보냈다. 철학과 정신의학의 관계에 대해 더 깊이 생각할 수 있는 아이디어를 제안해 주기를 바랐다. 특히 리처드가 형이상학적인 사고에 참여하도록 돕고, 그의 삶의 다른 요구 사항과 균형을 맞추는 방법에 대한 아이디어를 제안해 주기를 바랐다. 이 메시지를 보낸 후, 나는 매릴린의 벤치로 일상적인 산책을 나갔다.

거의 매일 오후 5시쯤, 공원의 흙길에 보행 보조기를 밀고 가면 자주색 스웨터를 입은 남자가 자전거를 타고 지나가면서 친근하게 고개를 끄덕인다. 이 남자는 뭔가 매우 친숙하다. 그가 지나갈 때마다 고개를 끄덕이고, 나도 그를 아는 척하면서 고개를 끄덕인다. 그런데 그는 누구일까? 희미해지는 기억 속에서 그를 찾을 수가 없다. 그러나 이 날은 놀랍게도, 그리고 나같지 않게(나는 내성적인 성격이다), 평소와는 다른 행동을 했다. 그가 나를 지나치면서 자전거를 타는 동안 나는 큰 소리로 외쳤다. "멈춰! 멈춰 줘요. 물어볼 게 있어요."

그는 자전거를 세우고 내리더니, 얼굴에 크고 따뜻한 미소를 띠고 나에게로 걸어왔다.

"안녕하세요."라고 인사했다. "이 길에서 자주 마주치죠. 분명히 당신을 알고 있는 것 같은데. 이제 아흔이 되다 보니 기억력이 좀 흐려졌어요. 성함이 어떻게 되시죠? 저는 어브 얄롬입니다."

"오, 어브, 선생님을 잘 알고 있습니다." 자전거 타는 사람이 말했다. "저는 마빈이고, 선생님은 제 스승님입니다. 몇 해 전, 저는 선생님 댁에서 다그핀 펠스달과 함께 진행한 철학 및 정신의학 강좌에 참석했습니다. 선생님은 제게 큰 영향을 주었고, 여러 면에서 영향을 받았습니다. 저는 그 이후 박사 학위를 받았고, 지금은 스탠퍼드에서 철학을 가르치고 있습니다. 또 저는 선생님 집과 이 동네가 너무 마음에 들어서 두 블록 떨어진 곳에 집을 샀습니다."

"이 근처에서 자전거를 자주 타세요?"

"하루도 빠짐없이 저녁 식사 전에 한 시간 정도를 탑니다." 우리는 몇 분 동안 더 이야기를 나누었고, 그는 자신이 가르치고 있는 과정, 특히 학부생들을 가르치는 과정이 얼마나 즐거운지 이야기했다.

"다시 만나서 반갑습니다, 마빈. 하지만 미리 말씀드리지만, 다음에 지나갈 때 당신의 이름을 기억하지 못할 수도 있을 겁니다."

"선생님이 기억하실 수 있도록 확실히 할게요." 그는 웃으며 말했다.

정말 특별한 만남이었다. 나는 이 남자를 지나칠 때마다 조용히 고개를 끄덕였었다. 아마도 몇 년 동안 일주일에 두세 번씩 그랬을 것이다. 나는 그가 누구인지 항상 궁금했다. 그리고 오늘, 다그핀에게 편지를 쓴 직후, 나는 갑자기 그리고 매우 이례적으로 그에게 이름을 물어봤다. 그가 수십 년 전에 다그핀과 내가 함께 가르쳤던 반의 학생이라는 것을 알게 된 것은 우연 이상의 것이었다.

암묵적 기억이라는 개념이 다시 떠올랐고, 나는 그 감각을 따라가 보기로 했다. 어쩌면 이전에 다그핀에 대해 내가 생각한 것이 마빈이 자전거를 타고 지나갈 때 집중할 수 있도록 준비시켜 준 것일 수도 있다. 내 마음의 일부는 우리 사이에 연관성이 있다는 것을 알고 있었지만, 그것을 명확하게 기억하지는 못했다. 그리고 나는 무의식적으로 그에게 말을 걸었다. 마빈은 그때 다그핀과 내가 철학과 정신의학의 교차점에 관한 전체 과정을 가르쳤던 것을 상기시켜 주었다. 정확히 내가 환자 리처드와의 상담에서 막혀 있던 부분이다. 아, 정신. 정신은 쇠퇴하는 상태에서도 얼마나 경이로운지.

다음 날 아침, 노르웨이에서 온 메시지로 잠이 깼다. 다그핀은 아내 베라의 무덤으로 산책을 나갔다. 1만 마일이나 떨어져 있는 두 노인이 서로의 배우자를 그리워하고 있었다. 다그핀은 우리의 현재 공통상황에 대해 몇 가지 관찰을 했고, 코로나 팬데믹 때문에 방문할 수 없다는 사실을 안타까워했다. 그는 리처드에게 내가 철학적 제안을 통해 직접적으로 어떤 것을 '해결'하려고 시도하지 말 것을 제안했다. 오히려 리처드가 그런 공부를 위해 자신의 삶의 길을 찾아야 할 것이라고 했다. 이상적으로는 그의 삶의 특정 영역에서 그를 감동시켰거나 의문이 일어났던 영역을 통해서 그렇게 해야 한다고 지적했다. 다그핀에게는 베라와의 결혼이 그랬다. 그 전에 다그핀은 수학자였지만, 결혼을 앞두고 다양한 종교 전통에서 결혼에 대한 사상을 읽기 시작했고 평생을 철학적 탐구에 바쳤다.

다그핀이 맞았다. 나는 리처드에게 단순히 사고의 방향을 제시하는 것만으로는 충분하지 않다고 생각했다. 게다가 리처드는 직장에서처럼 다른 사람에게 연구를 맡기거나 프로젝트 관리자를 지정할 수 없었다. 그러면 싱크탱크는 필요 없고, 리처드는 스스로 이러한 것들을 찾아내야 할 것이다. 아마도 내가 그의 호기심을 자극하고 어느 방향으로든 부드럽게 밀어줄 수 있을지도 모른다. 그후 며칠 동안 나는 내 머리가 전처럼 더 민첩했더라면 리처드와 이야기했어야 했고 할 수도 있었던 수많은 것들에 대해서 생각했다. 왜 그는 이런 훌륭한 질문들에 그렇게 관심을 두었을까? 이 질문들이 아내와의 관계에 영향을 미쳤을까? 아니면 손주들에 대한 염려에서 비롯된 것일까? 아니면 태어나지 않은 증손주들에 대한 염려에서 비롯된 것일까? 이런 형이상학적인 질문에 대한 답이 그가 이 세상을 더 나은 곳으로 만드는 데 도움이 될까? 그는 후손들을 위해 어떤 세상을 원할까? 그는 어떻게 그리스도, 부처, 달라이 라마의 지혜와 사랑에 찬 공헌을 받아들일 수 있을까?

오, 그가 나에게 또 다른 세션을 요청해 주기를 정말로 바랐다. 이제 나는 모든 준비를 마쳤다고 느꼈다! 나는 리처드가 추구하는 심오한 형이상학적인 질문에 대한 풍부한 답변을 가지고 있었다. 정말 안심이 된다! 그렇다, 심리치료에는 결국 답이 있다. 리처드와, 그리고 우리 모두를 진정으로 풍요롭게 하는 개인적인 실존적 사고의 종류들!

아쉽게도, 나의 만족감과 확신은 오래 가지 못했다. 내가 소냐에게 말했듯이, 나의 경력 초기에 나에게 큰 영감을 주었던 것은 위대한 사상가들이 수천 년 동안 삶과 의미에 관한 이 위대한 질문들에 대해 연구해 왔고, 그들의 관찰이 절망에 빠진 사람들에게 도움이 될 수 있다는 것이었다. 한편으로는 이러한 아이디어를 심리치료에 적용하는 데는 의심할 여지 없는 가치가 있었다. 왜냐하면 이러한 지혜의 상당 부분이 고통받는 사람들에게 도움이 되었기 때문이다. 반면에, 아마도 사람들은 아무도 충분한 답을 제시하지 못했기 때문에 수천 년 동안 이러한 질문에 대해 고민해 왔을 것이다. 아마도 이러한 해결 불가능한 질문들은 영원할 것이다. 아마도 그것에 대해 고뇌하는 것이 우리의 운명일지도 모른다. 그것은 인간 조건의 피할 수 없는 측면이다.

아아, 내 마음은 계속해서 미끄러져 내 의식은 분명하고 선명한 추론에서 멀어지고 암묵적으로 기억된 것에 더 많이 의존하게 될지도 모른다. 어쩌면 내가 의도치 않게 스스로 답을 찾을 수도 있겠지만, 심리치료가 이러한 큰 질문을 어떻게 가장 잘 탐색할 수 있는지에 대해 더 깊이 고심하는 것은 미래 세대의 치료사와 철학자에게 맡겨야 할 것이다.

CHAPTER 22

치매, 아 치매

남부 캘리포니아 주치의 조나단과의 대화에서 나는 그의 말 한마디 한마디에 집중했다. 그의 어려움은 나의 어려움과 너무나도 흡사했다. 조나단은 자신의 기억력이 날이 갈수록, 주가 갈수록 점점 더 나빠지고 있다고 말했다. 약 1년 전부터 기억력 저하가 눈에 띄기 시작했는데, 처음에는 사람 이름을 기억하는 데 어려움을 겪다가, 딸이 대화 중에 그가 자주 같은 말을 반복하는 것을 알아차렸다고 한다. 지난 4개월 동안 이 문제는 점점 더 심각해져서, 성인이 된 두 자녀가 최근에 조나단에게 은퇴를 고려할 때가 되었다고 제안할 정도가 되었다. 이 말을 듣고 조나단은 충격을 받았다. 조나단은 여전히 의학적으로 유능한 활동을 할 수 있다고 생각했지만, 상황이 좋지 않다는 것을 알고 있었다.

그는 끊임없이 힘든 생각에 시달렸다. 이건 정상적인 노년기 정신 쇠퇴였을까? 아니면 좀 더 공격적인 알츠하이머형 치매였을까? 그의 정신은 얼마나 빨리 쇠퇴할까? 그가 일을 하지 않는다면 그는 어떤 사람이 될까? 그는 어떻게 시간을 보낼까? 그의 아내는 얼마 전에 세상을 떠났고, 그의 아이들은 다른 곳에서 각자의 삶을 살고 있다. 그는 친구가 있었지만, 자신의 쇠퇴를 드러내는 것이 너무 부끄러워서 그들을 피하고 있었다. 그는 무엇을 할 수 있었을까? 그리고 왜 계속 살아야 했을까? 노쇠함으로 인해 기억, 일, 우정 등 그가 사랑했던 모든 것들을 잃게 될 것을 알면서도 말이다. 그는 자살이 서서히 죽어가는 것보다 훨씬 낫다고 생각했다고 말했다.

물론 내가 쉬운 해결책을 제시할 수는 없었지만, 조나단에게 깊이 공감하고 나 자신의 두려움도 공유했다. 우리는 함께 그가 변화를 시도할 수 있는 몇 가지 방법을 살펴보았다. 예를 들어, 부끄러움을 떨쳐버리고 사랑하는 사람들과 경험을 공유하는 것이다. 결국 비판보다는 지원과 공감을 제공하는 것이 훨씬 더 가능성이 높다. 우리는 또한 조나단이 진지하게 생각해 온 자살 문제에 대해서도 직접 살펴보았다. 그는 가까운 미래에 자신의 삶을 끝낼 생각은 전혀 없다고 확신하면서 내 의견을 듣고 싶다고 했다. 나는 특히 말기 질환에 직면한 사람이 자신의 삶을 끝내는 것을 혐오스러운 일이라고 생각하지 않는다고 말했다. 기억이 확실하지는 않지만 니체의 "적절한 때에 죽어야 한다"는 비판적 사상을 말한 것 같고 매릴린은 결국 극심한 고통을 견디지 못하고 의사의 도움을 받아 삶을 끝내기로 결정했다고 말한 것 같다. 우리 둘에게 강력한 대화였다고 믿으며, 나는 노트에 많은 메모를 적었다. 세션이 끝나갈 무렵, 나는 스스로에게 이렇게 자문하기도 했다. 내가 나 스스로를 도울 수 없다면, 그에게 어떤 도움을 줄 수 있단 말인가?

나는 조나단이 매우 실망했을 것이라고 느끼면서 세션을 마쳤다. 아마도 우리가 더 많은 시간을 함께 보냈거나, 내가 더 젊고 지속적인 치료를 받게 할 수 있었다면, 그에게 진정한 도움을 줄 수 있었을 것이다. 내 마음 한쪽에서는 그렇게 느꼈다. 그러나 다른 목소리가 이것을 반박했다. 우리가 더 많은 시간을 함께 보냈다고 해도, 기억 상실의 여정에서 함께할 수는 있어도 그 외에는 거의 도움이 되지 않을 것이라고 확신한다고 반박했다. 우리는 잘 살아온 삶, 가족, 성공적인 커리어에 대해 생각해 볼 수 있다. 그러나 이것은 우리가 모두 무덤을 향해 걸어가는 상황에서, 노쇠에 직면했을 때 냉정한 위안이 될 수 있을 뿐이다.

그리고 이 한 시간 동안에? 결국 내가 제공할 수 있는 것은 인간적인 연결의 순간과 훌륭한 치료사 몇 분의 이름뿐, 그 이상은 없다.

매일 어떤 사건이 일어나면, 그것은 나의 미래, 나의 치매, 나의 절망, 그리고 어쩌면 나의 자살을 떠올리게 한다. 자살. 때때로 내 삶을 끝내겠다는 생각이 들기는 하지만, 개인적인 삶을 생각하면서는 그 끔찍한 단어를 사용하는 경우는 거의 없다. 나는 좀 더 부드러운 용어를 사용하려고 한다. 예를 들어, … 예를 들어, … 짜증 난다! 늙어가는 나의 뇌가 더 맛깔스러운 단어를 떠올리지 못하게 막고 있다. 나는 단어 검색을 포기하고 치료사로서의 내 미래에 대한 질문으로 돌아간다.

다른 사람들을 돕지 않고는 내 삶을 상상할 수 없다. 내가 치료사가 아니라면 나는 무엇일까? 그리고 내가 교사나 작가가 아니라면 어떨까? 이것들도 역시 언젠가는 끝이 나기 마련이다. 나는 네 명의 아이들의 아버지이고, 여덟 명의 아이들의 할아버지이며, 지금은 두 번이나 증조할아버지가 되었다. 그리고 내가 언급했듯이, 나의 글이 독자들에게 얼마나 중요한지 알려주는 감사 이메일이 하루도 빠지지 않고 도착한다. 나는 지금보다 더 큰 위로를 받을 수 있다면 좋겠다. 이것은 내가 개인적으로 받는 주간 치료에서 자주 등장하는 주제이며, 나를 위로하려고 애쓰는 치료사에게 큰 공감을 느낀다. 그래서 나는 다양한 사람들에게 다양한 모습으로 존재한다. 그러나 나의 매일의 경험은 많이 줄어들었다.

분명히 내가 조나단과 가졌던 세션은 깊은 생각을 불러일으켰다. 조나단과 내가 세션을 마쳤을 때, 나는 항상 하듯이 내가 손으로 쓴 세션의 핵심 요점을 요약문으로 쓰기 위해 준비했다. 그때 나는 세 통의 전화 메시지로 방해를 받았다. 전화 메시지 모두 즉각적인 대응이 필요한 것 같았다. 20분 후에야, 나는 조나단과의 세션으로 돌아갔다. 내 기억을 되살려줄 메모를 훑어보았다. 필연적으로 내 기억을 되살려 줄 메모였는데 이번에는 그렇지 않았다. 나는 조나단과의 세션에 대해 아무것도 기억하지 못했다. 우리가 방금 나눴던 한 시간짜리 대화의 세부 사항이 하나도 기억나지 않았다. 우리가 대화를 나눴다는 것은 알고 있었다. 나는 세션을 준비하고, 집을 나서 길을 걸으며, 사무실 입구에 있는 분재에 물을 뿌렸던 것도 기억했다. 그리고는 아무것도 기억나지 않았다. 전화 통화 전까지의 단 하나의 이미지도 기억에 없었다. 내 노트에는 철저하고 중요한 토론이 있었다고 적혀 있었지만 나는 그 내용을 전혀 기억할 수 없었다.

나는 놀라움과 불안감에 휩싸인 채로 멍하니 있었다. 다시 노트를 보았지만, 쓸모가 없었다. 내 필체는 언제나처럼 형편없었고, 아무리 열심히 봐도 단어는 전혀 알아볼 수 없었다. 우리가 한 시간 동안 집중적으로 상담을 하면서 무슨 이야기를 나눴을까? 나는 우리가 설득력 있는 토론을 했다고 확신했다. 더구나, 메모에서 '가능한 교육 이야기'라는 문구를 알아볼 수 있었는데, 이는 어떤 면에서 흥미로웠다는 것을 의미했고, 그 시간을 되살리는 것이 더욱 중요하다는 것을 의미했다.

그러나 나는 아무것도 기억할 수 없었다. 이런 일은 나에게 처음 있는 일이다. 나는 처음에 이것을 더 나빠진 건망증으로 돌리려고 했으나 지금까지 내 기억력 장애가 그런 식으로 나타난 적은 없었다. 나는 많은 사람들의 이름과 얼굴, 친구와 환자들과의 약속, 그리고 내 인생에서 겪은 수천 가지 이야기와 다른 사람들이 나와 공유한 이야기와 같은 세부 사항을 잊어버리긴 했지만 최근에 있었던 일들이 갑자기 통째로 사라진 적은 없었다. 그 후 30여 분 동안 나의 머릿속을 뒤적거리면서, 나는 당혹감, 짜증, 미래에 대한 두려움 등 다양한 감정을 경험했다. 나는 내 기억이 완전히 사라졌다는 사실에 경악했다. 그 모든 정보와 경험은 어디로 사라진 걸까? 마치 공상과학 소설이 내 뇌 속에서 펼쳐지는 것처럼, 내가 관찰자이자 동시에 실험 대상인 것처럼 느껴졌다. 얼마나 심오하고 이상한지, 불안하지만 동시에 어딘가 끌리는 기분이기도 했다.

나중에 가서야 그 30분을 돌이켜 보면서, 이 헛된 감각과 그때 무슨 일이 있었는지 이해할 수 있었다. 내가 그 세션에 대한 기억을 지우기로 선택한 것이 나 자신을 보호하기 위한 것이라고 생각하기 시작했다.

조나단의 상황은 나의 불편한 상황을 그대로 반영했다. 조나단이 일을 그만둬야 하는지, 자신의 정체성과, 자신의 노쇠를 인정하는 것에 대한 수치심에 대해 생각한 것이 나에게도 매우 친숙한 일이었다. 너무 친숙했다. 그래서 나는 그런 것들을 잊어버림으로써 위협적인 상담의 세부사항에 직면하는 것을 효과적으로 막고 있다고 생각했다. 또는 더 정확하게 말하자면, 내 마음의 한 부분이 나머지 부분의 무언가를 숨기고 있었다. 그래, 그렇게 표현하는 것이 더 나은 것 같았다. 그러나 내가 그 문제를 그런 식으로 표현하자마자, 짜증나는 질문이 떠올랐다. 도대체 그것은 누구의 생각일까? 그 생각은 특히 어지럽게 느껴졌고, 나는 나의 내면의 목소리가 조용히 속삭이는 것을 느꼈다. 그 질문에서 벗어나라! 그러나 나는 그 질문에서 벗어날 수 없었다. 오히려 나는 나의 일부가 나를 나로부터 보호하고 있다는 생각에 머물려고 했다. 그것은 너를 위한 것이다. 하나의 내가 다른 나에게 말하고 있는 것이라고 상상했다.

우리는 참으로 이상한 마음을 가지고 있다. 아니면, 영리한 마음을 가지고 있다고 해야 할까? 어떤 마음은 스스로를 분할하여, 한 부분은 다른 부분이 알고 있는 것을 잊어버리기로 선택했다. 환상적이지 않은가! 의식 가장자리에서 전투가 벌어지고 있었다. 그러나 마음의 어느 부분이 의식하고 있었을까? 아마도 먼저 한 부분이, 그다음에 다른 부분이었을 것이다. 나는 이 현상을 계속 탐구해 보려고 했지만, 그것은 순탄치 않은 과정이었다. 한 부분은 잠시 동안 인식의 폭발을 일으키고, 그 다음에는 즉시 다른 부분으로 그것이 가려진다. 자신의 역할이 처음 그 부분이 눈에 띄지 않게 막는 것인 양 말이다. 여기에 내가 탐구할 수 있는 유일한 도구는 내가 살펴보려는 바로 그 마음이라는 사실을 더해 본다. 내가 관찰한 것을 어떻게 믿을 수 있을까? 지금도 이것을 나 자신에게 설명하려고 할 때 현기증이 일어난다. 이 마지막 문장을 쓰는 동안 내 마음의 다른 한 부분이 외친다. **이건 너무 복잡해. 이럴 가치가 없어. 다른 것에 대해 생각해 봐! 다른 것에 대해 써 봐!**

나는 한 발 물러서서 좀 더 부드럽고 덜 직접적인 접근 방식을 시도했다. 세션의 기억이 사라지기 전에는 무슨 생각을 하고 있었으며, 무엇을 하고 있었을까? 아침 식사, 길을 걷는 모습, 분재에 물을 주는 모습에 대한 기억 속에 단서가 있을지도 모른다. 신경과학자들은 세션에 대한 나의 기억이 사라진 것이 아니라 숨겨졌다고 말할 것이다. 그러나 누가, 무엇에 의해 숨겨졌을까? 나는 마치 익사하는 듯한 느낌을 받아 도움을 구했다. 나는 정신신경생물학자이자 절친인 데이비드 스피겔 박사에게 전화를 걸어 이 문제에 대해 설명해 줄 수 있는지, 그리고 이런 식으로 마음의 분할이 가능한지의 여부를 알려줄 수 있는지 물어보았다.

"물론이죠, 어브" 데이비드가 말했다. "우리의 뇌는 복잡해요. 여러 가지 부분이 작용하고 있죠. 신경해부학을 떠올려 보세요. 먼저 감정과 기억을 관리하는 변연계부터 생각해 보세요. 이 부분은 정보를 숨기고 감정으로 넘쳐나게 할 수 있어요. 또한 기억 형성을 억제하고 주의력에 영향을 미칠 수 있습니다. 프로이트의 용어를 빌리자면, 이것은 id(본능적 충동)예요.

"그리고 ego(자아)를 생각해 보세요. 후부 대상피질, 내측 전두엽 피질, 디폴트 모드 네트워크의 일부. 이것들은 자기 성찰과 자아를 관리해요.

"마지막으로, 작업을 수행하고, 계획을 세우고, 생각하고, 쓰고, 이해하고, 다른 사람들을 돌보는 전두엽 피질을 생각해 보세요. superego(초자아)를 생각해 보세요. 프랑스의 분석가들은 그것을 surmoi(쉬르뫄)라고 불러요. 즉 나(moi)를 초월하는(sur) 부분입니다. 따라서 용어에서도 뚜렷하게 구분되는 부분이 있습니다. 당신과 당신을 초월하는 부분'이 그것입니다."

데이비드의 설명은 도움이 되었다. 구체적인 정보와 함께 친숙하고 신뢰할 수 있는 사람과 이야기할 수 있다는 점이 도움이 되었다. 뇌가 실제로 다른 영역에 집중하고 여러 가지 의도를 동시에 유지할 수 있는 잠재력을 가지고 있다는 사실을 알게 되어 마음이 놓였다. 그러나 신경학적 설명이 가능하다는 사실을 알게 된 것만으로는 완전히 만족스럽지는 않았다. 이 모든 것은 내가 막 끝마친 한 시간짜리 상담에 대한 기억을 지워버린 순간부터 시작되었다. 이 '나'는 '나'에게서 무엇을 숨기고 있었을까? 내 안에 두 개의 존재가 있었을까? 아니, 분명히 그 이상이 있을 것이다. 이 문장을 쓰고 있는 세 번째 '나'가 있었고, 그것은 다른 두 개의 나의 존재에 영향을 받았다.

그 후 몇 시간 동안 조나단과의 만남에 대한 자세한 내용이 내 의식에 다시 스며들었다. 마치 내 마음속에 돌봐주고 지켜보는 부모가 있는 것처럼, 조나단과의 상담 내용을 요약하여 받아쓰려고 할 때, 이 자료 중 일부는 나에게 너무 고통스러울 것이라고 판단한 부모가 내가 기억할 수 있는 부분만 조금씩 꺼내 주었다. 그런 다음, 내 마음의 배려하는 부모의 일부가 내 상담 대상인 조나단을 돌보고, 그의 이야기를 집중적으로 듣고, 참고 자료를 보내야 한다는 성인으로서의 내 마음과 격렬한 투쟁을 벌였다. 내 마음속에서 격렬하게 충돌하는 투쟁을 느낄 수 있었다. 잊어버림으로써 나를 돌볼 것인가, 기억함으로써 다른 사람을 돌볼 것인가?

그리고 지금, 나는 점점 희미해지는 기억에 대해 더 이상 생각하고 싶지 않은 자기를 돌봐야 할까? 아니면 내 경험을 글로 쓰고 싶어 하는 자기를 돌봐야 할까? 그래야 다른 사람들이 직접 경험해 볼 때 이 낯선 영역이 덜 무섭게 느껴질 수 있을까? 아니면 내 뇌와 몸에 흩어져 떠다니는 수많은 다른 자기들을 돌봐야 할까?

강력하고 자비로운 또 다른 자기가 등장한다. 그것은 독자 여러분을 나라는 혼돈의 바다에 빠지지 않도록 보호하고자 하는 자기이다. 나는 독자 여러분과 공유하고 싶어서 그것을 막기 위해 싸운다. 나는 독자 여러분에게 어떤 생각을 제공할 수 있을지 상상하며 하루하루를 보낸다. 나는 글을 통해 여러 가지 면에서 내 삶을 이해하려고 노력한다. 글을 통해 해결되지는 않지만, 존재의 고립을 줄이기는 하는 것처럼 느껴지는 경우가 많다. 그러나 이제는 나를 집어삼키는 이런 혼란으로부터 독자들을 구해야 한다는 것을 알고 있다. 따라서 이 두 마디의 부드러운 마지막 말로 내 마음을 전한다.

이 제 끝

벤저민 얄롬의 후기

아버지는 조나단과의 불안한 상담 세션이 끝난 직후 환자 상담을 중단하셨다. 그래서 이것으로 환자 상담은 끝이 났다. 그러나 글쓰기는 계속하신다. 지금 아버지는 자신이 마지막 책이라고 주장하는 작업에 몰두하고 계신다. 기억력 저하와 예전처럼 몇 시간 동안 집중하는 데 어려움을 겪는 점을 고려하면, 아마도 그럴 가능성이 크다. 하지만 무대 뒤에서 이 장면을 지켜보는 가족과 친구들 사이에는 살짝 웃음 섞인 눈짓이 오가고 있다. 왜냐하면 아버지는 적어도 15년 동안 "이번이 마지막이다"라고 단호하게 말했지만, 아이디어와 책은 계속 나왔기 때문이다.

이 책 *Hour of the Heart*(마음의 시간)에 나오는 많은 이야기들은 치료사와 환자의 관계를 치료의 중심에 두는 것이 얼마나 강력한지를 보여주고, 치료사의 개방성이 어떻게 치료에 변화를 가져올 수 있는지를 보여주고 있다. '여기-지금' 접근법에서부터 치료사의 삶에 대한 이야기까지, 치료사의 이러한 개인적인 공유는 환자들이 친밀감을 발견하고 중요한 방식으로 성장하는 데에 도움이 된다. 나 자신의 초기 진료에서도 나는 이런 공유가 매우 강력하다는 것을 발견했다. 그러나 아버지는 종종 이러한 기술이 널리 보급되지 않는 것을 안타까워 하셨다.

아버지가 이 분야를 떠나시는 그 시점에 내가 이 분야에 발을 들여놓게 되었고, 나도 똑같은 이상한 단절감을 느꼈다. 학생들로부터 **나는 사랑의 처형자가 되기 싫다**나 **치료의 선물**을 읽은 것이 치료사가 되기로 결심한 이유였다는 말을 자주 듣는다. 이 책들이 치료사가 될 수 있다는 믿음을 갖게 해주었다고 한다. 이러한 책들을 통해 아버지가 탐구한 심리치료 과정은 매우 큰 영향을 미쳤다. 그럼에도 불구하고, '여기-지금' 중심의 대인 관계적 접근을 강조하는 교육 프로그램은 거의 없다. 치료사의 자기 공개, 특히 개인 정보를 공개하는 것은 의심스러운 것으로 간주되어 대부분의 경우 피해야 할 것으로 여겨지고 있다. 이것은 환자들과 매우 개인적인 수준에서 작업하기 위한 교육을 시작하는 많은 학생들에게 혼란을 야기할 수도 있기 때문이다.

이 도전적 과제의 핵심은 어디에 있는가? 많은 성공 사례가 있다는 것을 고려할 때, 이러한 기법들이 널리 알려졌을 것이라고 생각할 수 있다. 그러나 치료사가 환자들과 상담하는 과정에서 자신을 완전히 드러내는 것에 반대하는 많은 의견이 있다는 것도 알 수 있다. 이 글에서는 포괄적인 세부 사항에 대해서는 다루지 않겠지만, 이러한 공개에 반대하는 가장 강력한 의견 중 일부를 간략하게 소개하기로 한다.

- 정신과 의사가 반드시 전문가로 보여야 했던 정신과의 역사적인 의료 모델
- 프로이트의 백지 접근법의 잔존하는 영향력
- 치료사가 너무 많이 마음을 열면, 환자가 불편하거나 당황스러운 개인적인 질문을 하거나 다른 방법으로 사생활을 캐묻는다는 두려움
- 환자와 치료사 사이에 낭만적인 감정이나 기타 부적절한 감정이 생길 수 있다는 우려(성별에 따라 이러한 감정이 더욱 심해질 수 있으며, 여성 치료사에게는 특히 위험할 수 있음)
- 치료사가 자신을 개방하면, 역전이에 압도되어 환자에 대한 객관적인 시각을 왜곡할 수 있다는 두려움
- 치료사를 대체 가능한 것으로 간주하는 단기간의 '증거 기반' 치료와 단계별로 명확하게 구분된 매뉴얼에 따라 진행되는 치료의 보급
- 환자보다는 치료사에 초점을 맞추는 것이 필연적으로 자기 만족적이며 환자의 이익에 부합하지 않는다는 생각
- 그리고 마지막으로, 특히 아버지의 경우에 한해, 그건 얄롬이니까 가능하고, 마법 같은 재능이 있는 사람에게나 통하는 기법이라고 여긴다는 점. (믿지 마세요! 본질적인 권고는 단지 치료사가 환자에게 개방적이고, 정직하며, 인간적으로 다가가야 한다는 것입니다.)

이러한 생각은 치료사의 자기 공개에 대한 저항을 어느 정도 설명해 준다. 그러나 나는 치료사 훈련에 관한 진실은 조금 더 복잡하고 조금 더 희망적이라고 생각한다. '여기-지금' 모델을 구체적으로 가르치는 치료 프로그램은 거의 없지만, 그중 일부 측면, 특히 치료사와 환자, 그

리고 파트너나 가족 사이에 실시간으로 일어나는 일을 조사하는 측면은 심리역동적 치료에서 마음 챙김 치료, 애착 기반 접근법, 부부 및 가족 양식에 이르기까지 다른 인기 있는 치료 접근법에 통합되어 있다. 이 중 몇 가지 유형에는 치료사가 마음을 열고 솔직한 감정적 피드백을 제공할 수 있는 공간이 있다. 이 공간은 치료 세션에서 일어나는 일에 대해 어떻게 느끼는지 반영하고, 환자가 치료사가 자신을 깊이 있게 드러내는 것을 경험하는 것이 어떤 느낌인지 묻는다. 이러한 유형의 감정적 공개에는 메타프로세싱, 일치성, 진정성 등의 다양한 용어가 사용된다. 대부분의 경우, 이러한 모델은 치료사와 환자의 관계에 주로 적용되지는 않지만, 개방성과 정직한 교류의 핵심 요소는 이 분야를 통해 전파되고 있다.

치유하는 것은 관계이다. 아버지는 이 '만트라'를 자주 언급하신다. 알고 보니, 이것은 단순한 개인 철학이 아니었고, 수십 년에 걸친 연구가 이 핵심 아이디어를 강력하게 뒷받침하고 있다. 심리치료에 대한 수백 가지 이론과 접근 방식이 있으며, 어떤 종류의 치료를 찾고 싶거나 실행하고 싶은지 아는 것은 압도적일 수 있다. 그러나 치료의 성공적인 결과를 이끌어내는 요인에 대한 데이터를 좀 더 자세히 살펴보면, 그 결과는 매우 놀랍다. 성공의 가장 큰 요인은 환자의 동기 부여 정도이다. 연구에 따라, 이 동기 부여가 결과의 40~50%를 차지하며, 이는 본질적으로 치료사의 통제 범위를 벗어난다. 치료사가 영향을 미칠 수 있는 것들 중에서, 가장 중요한 것은 치료사와 환자 사이의 관계인 치료적 동맹이다. 이것이 치료의 성공 또는 실패의 30~50%를 차지한다. 이 두 가지 외에도 특정 유형의 치료법과 특정 치료사의 기술로 인해 나머지 10~20%가 나뉜다.* 이 모든 것을 고려할 때, 기술을 통해 관계를 구축하는 방법을 배우는 것이 매우 중요하다는 것이 분명해 보인다. 그리고 이것이 바로 아버지가 이 모든 자기 고백을 통해 하고 있는 일이다. 자신의 부드러운 부분을 드러냄으로써, 그는 개방적이고 취약한 태도를 취하는 방법의 모범을 보여주고, 환자들에게 보답을 하도록 권유한다.

그러나 심리치료의 대부분의 접근 방식은 이 관계의 구축에 거의 초점을 맞추지 않고, 이 관계가 존재하거나 존재하지 않는 것으로 취급한다. 치료사와 환자 간의 동맹 관계가 성공적인 치료에서 가장 중요한 요소라는 것을 보여주는 풍부한 증거를 감안할 때, 이것은 매우 자기모순적인 것처럼 보인다.

아버지의 접근 방식이 유대감을 형성하는 유일한 방법은 아니다. 예를 들어, 환자와 치료사는 환자를 돕는 공동 프로젝트를 통해 유대감을 형성할 수 있다. 또는 치료사의 강렬하고 끈질긴 관심이 그 자체로 매력적이고 강력하게 느껴질 수도 있다. 또는 대체 부모, 더 강하고 현명한 다른 사람과 같은, 일반적으로 따뜻하고 공감하는 존재감으로 인해 치료사에게 끌릴 수도 있다. 이들 각각은 하나 이상의 이론에 포함되어 있다. 그러나 이 책의 이야기에서와 같이 친밀한 관계로 깊이 연결되어 있

---

* 약간의 차이는 있지만 이러한 수치는 전반적인 경향을 나타낸다. 더 많은 메타분석 정보는 다음 논문을 참고하라. C. Flückiger, A. C. Del Re, B. E. Wampold, and A.O. Horvath, "The Alliance in Adult Psychotherapy: a Meta-Analytic Synthesis," *Psychotherapy* 55, no. 4 (2018), 316-40; also Allison L. Baier, Alexander C. Kline, and Norah C. Feeny, "Ther-apeutic Alliance as a Mediator of Change: A Systematic Review andEvaluation of Research," Clinical Psychology Review 82 (2020).

는, 가장 자연스럽고 친숙하며 효과적으로 보이는 이것이 여전히 깊은 의심을 받고 있다.

왜 우리는 이처럼 인간적이고 친숙한 관계를 피하면서 스스로를 제약하는 것일까? 너무 어렵기 때문일까? 너무 위험하기 때문일까? 치료사의 감정적 회복력이 너무 많이 필요하기 때문일까? 이것들은 나에게 있어서는 빈약한 답변으로 보인다. 우리는 대신에 용감하게 마음의 곡예사**가 되어, 환자와 친밀하게 교류하고 깊이 공유할 수 있어야 한다. 내 경험에 따르면, 어떤 치료사들은 바로 이런 식으로 환자를 소중히 여기고 자신을 공유한다. 그러나 그들은 종종 조심스럽게 행동한다. 마치 이 강력한 접근 방식을 수용하는 것이 아니라 금기를 깨는 것처럼 느끼기 때문이다.

"정신과 의사를 아버지로 둔다는 것은 어떤 느낌인가요?" 나는 이 질문을 셀 수 없이 많이 받아왔다. 물어보는 사람들은 온갖 선입견과 관점을 가지고 있었다. 심리치료에 회의적인 사람들(마치 내가 사기꾼에게서 길러진 것처럼), 내가 어린 시절 내내 정신 건강에 대한 면밀한 관찰을 받았을 것이라고 걱정하는 사람들(그 결과 고통을 겪었을 것이라고 생각하는 사람들), 그리고 내가 심리 조작의 비밀 능력을 배웠을 것이라고 생각하는 사람들(그리고 나를 멀리하는 것이 최선이라고 생각하는 사람들)이 있었다. 일반적으로 말하면, 나는 정신과 의사가 아닌 다른 아버지와 비교할 수 있는 경험이 없기 때문에 통찰력 있는 답변을 드

** 이 제목을 쓴 극작가 스티븐 왕의 훌륭한 책에 경의를 표한다. 이 책은 배우들이 캐릭터의 어렵고 변화무쌍한 감정적 지형을 구현하기 위해 사용할 수 있는 신체적 접근법을 연구한다.

릴 수 없다고 대답했다. 내가 아는 세계는 이게 전부다. 그러나 이것 역시 도전이 없었던 것은 아니다. 내가 십 대였을 때, 한 주요 신문사에서 나의 아버지의 사진을 크게 실었는데, 대담한 제목은 '현실의 심판자'였다. 특히 건방진 사춘기 시절에, 자신이 다른 사람들보다 더 많이 알고 있고, 구시대적인 부모는 절망적으로 시대에 뒤처졌다고 확신하는 그 시기에 그런 공식적인 성명이 당신 위에 드리워졌다고 상상해 보라.

아버지가 앞서 언급하셨듯이, 나는 심리학 분야를 수십 년 동안 피했다. 그 이유는 내 직업적 삶이 아버지의 그늘 아래서 빛을 찾아 싸우는 삶이 되는 것을 원하지 않았기 때문이다. 대신 나는 연극에 끌렸고, 샌프란시스코에 기반을 둔 활기차고 반항적인 실험적 공연 앙상블인 foolsFURY를 설립했다. 20년 동안 우리는 아름답고 기발한 예술 작품을 만들고, 남녀노소를 위한 워크숍을 열며 가르쳤고, 다양한 예술적 목소리를 지원하기 위한 축제를 만들고, 투어를 하며, 21세기 연극이 어떤 모습이어야 하는지에 대한 개념을 완진히 뒤집어 놓았다. 정말 놀라운 경험이었다. 그리고 나이가 들면서, 세 아이의 아버지로서의 역할과 양립할 수 없다는 것도 알게 되었다. 그렇지만 전 세계의 모든 무대가 문을 닫은 덕분에(코로나19에 감사해야 할 일) 진지하게 진로 변경을 고려하게 되었다. 그리고 시간을 두고 생각해 보니, 연극에서 가장 중요한 부분은 엄격한 리허설, 긴 시간, 가끔 있는 공연, 그리고 깊은 개인적 성찰을 통해 우리가 사람으로서 성장하고 다른 사람들도 그렇게 할 수 있도록 돕는 것이라는 사실을 깨달았다. 바로 그게 진짜 핵심이었다. 이런 관점에서 보면, 정신과 의사를 아버지로 둔다는 것은 타인을 더 풍요롭고 충만한 인간으로 만들려는 욕구가 내 마음 깊이 자리잡고 있다는 것을 의미한다. 그리고 이것을 위해서 내가 아는 가장 좋은 도구는 바로 연극과 심리치료이다.

나는 내 이야기를 중심으로 삼기 위해서가 아니라, 아버지에 대한 내 경험을 여러분과 공유하고, 이 책이 치료에 관한 이야기인 것만큼이나 아버지의 개인적인 여정에 관한 이야기이기도 하다는 점을 존중하기 위해 이 글을 쓴다. 아버지가 깊은 성찰을 강조하셨던 것은 내가 마음에 새기고 있는 유산이다. 이 책을 마무리하면서, 마지막으로 몇 장면의 부드러운 이미지를 여러분과 공유하고 싶다. 이제 나와 함께 나의 아버지를 지켜보고자 여러분을 초대한다. 그는 60년 동안의 치료사 여정을 마쳤고, 그의 기억은 옅어져서 허물투성이의 발판만 남았다. 그러나 그는 계속해서 나아간다. 등은 굽고, 흰 수염을 기른, 온화하고 불안한 표정을 짓고, 항상 호기심으로 가득하다. 파나마 모자를 쓴 그는 보행기를 천천히 조금씩 길을 따라 밀면서, 좌우로 눈을 돌리며 관찰하고, 우리에게 보여줄 것을 찾는다. 그의 작업은 환자와의 친밀한 관계에 있으며, 그 친밀함을 통해 인간이 된다는 것이 무엇을 의미하는지에 대한 큰 문제를 함께 탐구한다. 그는 많은 책에서 자신의 접근 방식에 대해 설득력 있게 썼지만, 구체적인 기법보다 더 중요한 것은 그가 지향하는 목표이다. 궁극적으로 그의 치료법은 인간과의 연결, 다른 사람이 우리에게 깊이 중요하게 여겨지도록 하는 것, 의미를 찾고 가능한 한 가장 풍부하고 유용한 방법으로 자신을 공유하는 것이다. 이 유산을 바탕으로 치료사, 환자, 동료 등 모든 풍요로우면서 결함이 많은 존재들 사이에서 진정으로 서로를 마주하려고 노력하자.

감사의 글

이 책을 집필하는 데 많은 분들의 도움을 받았다. 나의 에이전트인 산드라 딕스트라, 편집자 데이비드 그로프, 그리고 나의 조수이자 수호천사인 조셉 몬젤을 비롯한 많은 분들이 도움을 주었다. 이브 얄롬과 트레이시 라루 얄롬은 초기 원고를 읽고 신중한 피드백을 주었다. 그 외 많은 분들도 도움을 주었지만, 나의 기억력 부족을 용서해 주기 바란다. 마지막으로, 이 페이지에 영감을 준 많은 환자들과 지난 수십 년 동안 나의 일과 삶의 의미, 통찰력, 끝없는 매력을 불어넣어 준 수백 명의 다른 환자분들께 큰 빚을 졌음을 고백한다.

-어빈 D. 얄롬

나는 이 책을 공동 집필하는 과정에서 다양한 기술과 경험을 쌓고 지금의 내가 될 수 있도록 도와주신 많은 분들께 깊이 감사드린다. 먼저, 나에게 글을 가르쳐 주신 분들께 깊은 감사를 드린다. 어머니인 매릴린 얄롬을 시작으로, 항상 훌륭한 문법으로 표현되는 지식에 대한 열정을 이 책에 담아냈다. 아이오와 작가 워크숍에 참가한 모든 분들, 특히 제임스 맥퍼슨, 매릴린 로빈슨, 프랭크 콘로이, 그리고 코니 브라더스 덕분에 내 목소리와 실력을 갈고 닦을 수 있었다. 코니 브라더스, 코니 브라더스의 격려가 없었다면 나는 결코 가면증후군을 극복하지 못했을 것이다. 나에게 많은 영향을 준 동료이자 친구인 더그 도스트에게도 감사의 말을 전한다.

20년 동안 foolsFURY 극단에서 함께 일한 모든 훌륭한 예술가들과 이사회 멤버들에게 감사한다. 그들은 인간 본성의 복잡성, 욕망, 창의성, 감정을 더 잘 이해할 수 있도록 도와주었다. 나를 품어주고 더 나은 사고와 더 큰 꿈을 가질 수 있도록 도와준 다른 극단 제작자들에게도 감사드린다. 특히 폴 웰시, 코리 피셔, 나오미 뉴먼, 테리 그리스, 메리 오버리, 앤 보가트에게 감사드린다.

특히 치료사로 가는 길에서 나를 가르쳐 주신 토마스 스톤 칼슨(토마스 스톤 칼슨은 우리는 더 나은 치료사가 될 수 있다고 계속해서 강조!), 앨리슨 브라운리(내가 바랄 수 있는 가장 격려적이고 지지적인 감독자), 스콧 울리에게 깊은 감사를 드린다. 빅터 얄롬과 트레이시 라루 얄롬은 아버지의 기법을 활용하는 작업에 대한 지속적인 지원과 관점을 제공해 주었다. 그리고 셸리 나탄스와 제인 마티센은 나 자신의 마음을 다루는 데 오랜 시간을 함께 해주었다.

이 책은 우리의 훌륭한 에이전트인 산드라 딕스트라와 그녀의 뛰어난 팀인 엘리스 카프론, 안드레아 카발라로, 닉 반 오든, 제니퍼 김이 없었다면 세상에 나오지 못했을 것이다. 또한 이 과정을 통해 우리를 이끌어 준 하퍼콜린스의 사라 하우겐과 에즈라 쿠퍼에게도 깊은 감사를 표한다. 추가적인 중요한 편집, 피드백, 연구 작업은 데이비드 그로프, 안젤라 산틸로, 조셉 몬젤이 담당했다.

마지막으로, 지난 2년 동안 나를 이해해 주었고, 앞으로도 평생 나를 이해해 줄 가족에게 사랑을 전한다. 아드리안, 마야, 팔로마(그리고 집안 일을 도맡아 하는 털북숭이 동물들 : 솜이 토끼 체스트넛, 살구, 버터컵, 푹신한 루나, 그리고 우아한 백묘 고양이). 아니사, 이 모든 일이나 내가 해낼 수 있었던 다른 일들은 여러분들 없이는 불가능했을 것이다.

-벤저민 얄롬

지은이

어빈 D. 얄롬

선구적인 심리치료사이자 국제적인 베스트셀러 작가인 어빈 D. 얄롬 박사는 세계 최고의 정신과 의사 중 한 명이다. 그는 뉴욕타임스 베스트셀러인 『나는 사랑의 처형자가 되기 싫다』, 『폴라와의 여행』, 『니체가 눈물을 흘릴 때』, 『쇼펜하우어, 집단심리치료』, 그리고 가장 최근에 그의 고인이 된 아내인 마릴린 얄롬 박사와 함께 쓴 회고록 『죽음과 삶』의 저자이다. 그의 교과서 『The Theory and Practice of Group Psychotherapy』와 『Existential Psychotherapy』는 전 세계에서 훈련 중인 치료사들의 필독서로 자리 잡았다. 얄롬 박사는 현재 북부 캘리포니아에서 집필활동을 이어가고 있다.

벤저민 얄롬

샌디에이고에서 활동하는 심리치료사이자 창의력 코치이며, 아버지인 어빈 D. 얄롬과 오랫동안 집필 작업을 함께 해 왔다. 결혼 및 가족 치료 박사 과정을 밟기 전, 극단 foolsFURY을 설립하여 2000년대 초 샌프란시스코의 공연 예술계를 변화시키는 데 앞장섰다. 또한 아이오와 작가 워크숍을 수료했으며, 수상 경력이 있는 소설가이기도 하다.

옮긴이

이혜성 leehs@kcgu.ac.kr

한국상담대학원대학교 총장

이화여자대학교 명예교수

서울대학교 사범대학 졸업

미국 버지니아대학교 교육학 박사(상담자교육 전공)

서울여자대학교, 이화여자대학교 교수 역임

한국청소년상담원 원장 역임

저서

여성상담

문학상담

사랑하자 그러므로 사랑하자

아름다움은 영원한 기쁨이어라

내 삶의 네 기둥

삶 속의 상담, 상담 안의 삶

역서

쇼펜하우어, 집단심리치료

폴라와의 여행 : 삶과 죽음, 그 실존적 고뇌에 관한 심리치료 이야기

카우치에 누워서

보다 냉정하게 보다 용기있게

어빈 D. 얄롬의 심리치료와 인간의 조건

매일 조금 더 가까이

스피노자 프로블럼

삶과 죽음 사이에 서서

비커밍 마이셀프 : 정신과의사 어빈 얄롬의 회고록